야살의 책 1

야살의 책 1

초판   1쇄 발행 | 2015년 9월 4일
개정판 15쇄 발행 | 2025년 12월 1일

옮긴이 | 이상준
펴낸곳 | 이스트윈드
등록 | 제 2014-000067호
주소 | 서울특별시 서초구 서초대로54길 39 지하
홈페이지 | birdnamoo.com 버드나무 아래

값 12,000원

ISBN 979-11-954252-9-7   04230
ISBN 979-11-954252-1-1   (전2권)

* 잘못된 책은 바꾸어 드립니다.
* 이 책의 전부 또는 일부를 다시 사용하려면 저작권자의 동의를 받아야 합니다.

야살의 책 1

버드나무말씀연구회 이상준 역

Eastwind
이스트윈드

차례

서문 7
영문판 서문 15
히브리어판 서문 21

1장 창조에서 아벨까지 31
2장 셋에서 에녹까지 37
3장 에녹의 생애 43
4장 배교에서 노아의 출생까지 49
5장 노아에서 므두셀라의 죽음까지 53
6장 홍수 57
7장 노아의 족보 63
8장 니므롯의 지혜자들 69
9장 아브람과 바벨탑 75
10장 노아의 자손들 81
11장 니므롯의 악한 통치 87
12장 아브람이 니므롯에게서 달아남 97
13장 가나안에서의 아브람 107
14장 바로 리카욘 113
15장 이집트에서의 아브람 (기근) 119
16장 다섯 왕을 대적한 아브람 125
17장 사비나인들이 납치당함 131
18장 할례의 시작 135

19장 소돔의 멸망 141
20장 아브라함과 블레셋 사람들 149
21장 이삭이 태어남 153
22장 아브라함의 우물과 데라의 죽음 159
23장 아브라함이 이삭을 바침 165
24장 이삭과 리브가 177
25장 그두라의 아들들 183
26장 아브라함의 죽음 187
27장 니므롯의 죽음 193
28장 이삭과 블레셋 사람들 197
29장 야곱의 속임수 201
30장 야곱과 라헬 209
31장 야곱의 결혼 213
32장 야곱과 에서의 화해 223
33장 세겜과 디나 233
34장 세겜의 살육 241
35장 아모리 사람들의 반응 251
36장 에돔 사람들의 힘이 커짐 255
37장 가나안 전쟁의 시작 261
38장 가나안 전쟁 267
39장 가나안 전쟁 275
40장 가나안 사람들이 평화를 구함 285

서문

야살의 책은 성경이 언급하는 고대 역사서 가운데 하나로 여호수아서와 사무엘서에 언급된다. 여호수아서에서 하나님은 여호수아의 군대가 아모리 사람들을 모두 물리칠 때까지 태양을 멈추셨다. 여호수아서의 저자는 이것이 야살의 책에 기록되어 있다고 말한다. 이것은 야살의 책이 여호수아서가 기록되기 전에 이미 있었다는 것을 의미한다.

> 여호수아가 여호와께 아뢰어 이스라엘의 목전에서 이르되
> 태양아 너는 기브온 위에 머무르라
> 달아 너도 아얄론 골짜기에서 그리할지어다 하매
> 태양이 머물고 달이 멈추기를
> 백성이 그 대적에게 원수를 갚기까지 하였느니라
> **야살의 책에** 태양이 중천에 머물러서 거의 종일토록
> 속히 내려가지 아니하였다고 **기록되지 아니하였느냐**
> 여호수아 10:12-13

야살의 책은 이 일을 다음과 같이 기록하고 있다.

여호수아가 온 백성들의 눈 앞에서 말하기를
태양아 너는 기브온 위에 머무르라
달아 너는 아얄론 골짜기에 머무르라
너희는 이 민족이 그 대적들에게 원수를 갚을 때까지 그리하라 하였다.
주께서 여호수아의 목소리를 들으셔서
태양이 하늘들의 가운데에 서른여섯 때 동안 멈추었고
달도 멈추어 온종일 속히 내려가지 않았다.
야살의 책 88:63-64

사무엘서는 다윗이 사울과 그의 아들 요나단의 죽음을 애도할 때 야살의 책을 언급한다.

다윗이 이 슬픈 노래로 사울과 그의 아들 요나단을 조상하고
명령하여 그것을 유다 족속에게 가르치라 하였으니
곧 **활 노래라 야살의 책에 기록되었으되**
사무엘하 1:17-18

개역개정 성경은 다윗이 유다 족속에게 가르치라고 한 것을 '활 노래'라고 번역했지만 히브리어 성경에는 오직 '활'을 의미하는 '카셰트 (קשת)'라는 단어만 기록되어 있다. 히브리어 성경의 이 부분은 직역하면 '유다 자손에게 활을 가르치라고 말했다'가 된다. 킹제임스 성경은 이것을 '활 다루는 법'이라고 번역했다.

다윗이 이 애가로 사울과 그의 아들 요나단을 위해 애곡하고
(또 그들에게 명하여 **활 다루는 법**을 유다 자손에게 가르치게

하였으니, 보라, 그것이 야살의 책에 기록되어 있느니라)
사무엘하 1:17-18 킹제임스 성경

다윗이 유다 자손에게 가르치라고 한 것은 '활 노래'가 아니라 '활 다루는 법'이라고 해석하는 것이 더 정확하다. 그 이유는 사울이 죽게 된 결정적인 원인이 그가 활에 맞아 중상을 입었기 때문이다.

사울이 패전하매 활 쏘는 자가 따라잡으니
사울이 그 활 쏘는 자에게 중상을 입은지라
사무엘상 31:3

또한 다윗은 사울과 요나단을 위한 애가에서 요나단의 활을 찬양한다.

죽은 자의 피에서, 용사의 기름에서 **요나단의 활이** 뒤로 물러가지
아니하였으며 사울의 칼이 헛되이 돌아오지 아니하였도다
사무엘하 1:22

그리고 바벨론 포로기 이후에 유대인들이 히브리어 성경의 의미를 어떻게 해석했는지를 알려주는 아람어로 기록된 탈굼 성경은 사무엘하 1장 18절을 다음과 같이 해석했다.

그가 말하기를 유다 자손에게 **활 당기는 법**을 가르치라 하였다 …
사무엘하 1장 18절 탈굼 요나단

그러므로 야살의 책에 기록된 것은 사울과 요나단을 애도한 '활 노래'가 아니라 '유다 자손에게 활 다루는 법을 가르치라'는 내용이다. 이것은 야살의 책에 야곱이 죽기 전에 열두 아들에게 예언하는 장면에 기록되어 있다. 야곱의 열두 아들에 대한 예언은 성경의 창세기 49장에 기록되어 있지만 유다에게 활을 가르치게 하라는 내용은 없다. 그러나 야살의 책은 다음과 같이 기록했다.

> 야곱이 유다에게 말했다. …
> 다만 네 아들들에게 **활과** 모든 종류의 **전쟁 무기들을 가르쳐**
> 그들이 **자기 대적들을 다스릴 그들의 형제**의 전쟁에서 싸우게 하라.
> 야살의 책 56:8-9

여기서 '자기 대적들을 다스릴 그들의 형제'는 궁극적으로 유다 자손 중에서 원수들을 다스릴 예수님을 예언하는 것이다.

> 여호와께서 내 주에게 말씀하시기를 내가 **네 원수들로**
> **네 발판이 되게 하기까지** 너는 내 오른쪽에 앉아 있으라 하셨도다
> 여호와께서 시온에서부터 주의 권능의 규를 내보내시리니
> **주는 원수들 중에서 다스리소서**
> 시편 110:1-2

또한 이것은 구약에서 예수님을 예표하는 대표적 인물인 다윗을 예언하는 것이다. 다윗은 그의 말년에 하나님이 그의 모든 원수를 굴복시키신 것을 노래하며 하나님이 전쟁을 위하여 그를 가르치셔서 활을 당기게 되었다고 말한다.

내가 내 원수를 뒤쫓아 멸하였사오며
그들을 무찌르기 전에는 돌이키지 아니하였나이다
내가 그들을 무찔러 전멸시켰더니
그들이 내 발 아래에 엎드러지고 능히 일어나지 못하였나이다
사무엘하 22:38-39

다윗의 원수들이 그의 발 아래에 엎드러진 것은 시편 110편에 원수들이 예수님의 발판이 되어 그분의 발 아래에 있는 것과 연결된다.

내 손을 가르쳐 싸우게 하시니 **내 팔이 놋 활을 당기도다**
사무엘하 22:35

하나님이 다윗의 손을 가르쳐 전쟁하게 하셔서 그가 활을 당기게 되었다는 것은 곧 하나님이 전쟁을 위하여 다윗에게 활 쏘는 법을 가르치셨다는 것이다. 이처럼 다윗은 전쟁에서 활을 중요하게 생각했고 사울이 적의 활에 맞아 치명상을 입어 죽었을 때 야곱이 유다 자손에게 활을 가르치라고 한 예언을 다시 강조하여 말한 것이다. 성경과 야살의 책을 함께 연구하면 이렇게 성경에 나오지 않는 숨은 연결고리를 발견하는 유익이 있다.

신약에는 야살의 책이 직접 언급되지는 않지만 신약의 저자들이 야살의 책을 참고했음을 알 수 있는 구절이 있다. 바울은 디모데후서에 모세에게 대항한 두 마술사의 이름을 기록했다.

얀네와 얌브레가 모세를 대적한 것 같이 그들도 진리를 대적하니
디모데후서 3:8

바울은 출애굽기 7장 8-13절을 말하고 있지만 구약 성경 어디에도 이 마술사들의 이름은 나오지 않는다. 바울과 다른 사도들은 성경 이외의 다른 자료들을 참고하고 인용했다. 그 자료 중 하나로 야살의 책이 포함될 수 있다. 이 책은 이 사건을 다음과 같이 기록했다.

> 그들이 떠나자 바로는 마술사 발람과 그의 아들
> **얀네와 얌브레**와 왕에게 속한 모든 마술사들과 모사들을 불러
> 그들이 모두 와서 왕 앞에 앉았다.
> … 아론이 급히 그의 손에 있던 지팡이를
> 바로와 그의 신하들 앞에 던지자 그 지팡이가 뱀이 되었다.
> 야살의 책 79:27, 36

랍비들이 야살의 책을 연구 자료로 활용했다는 증거도 있다. 세데르 올람(Seder Olam)은 히브리어 역사서로 기원후 169년경에 기록되었다. 이 책에 랍비 엘리에셀(Rabbi Eliezer)이 그의 연대기를 기록할 때 야살의 책을 사용했다는 내용이 여러 번 나온다. 이 책은 또한 그가 계산한 날짜와 절기가 가장 정확했는데 그것이 그가 야살의 책을 최고의 자료로 사용했기 때문이라고 말한다. 이것은 야살의 책이 기원후 2세기에 이미 사용되고 있었고 잘 알려진 책이었다는 것을 말해준다.

야살의 책이 발견된 역사는 다음과 같이 전해진다. 랍비 전승에 의하면 야살의 책과 다른 고대의 비성경적 히브리어 문서들은 기원후 70년 예루살렘이 함락된 후에 예루살렘에서 스페인으로 옮겨졌다. 티투스의 장교 중 한 사람인 시드루스는 히브리인의 하나님을 믿는 사람이었다. 그는 여러 성문서들을 안전하게 보관하기 위하여 그 문서들을 예루살렘에서 스페인의 세비야로 옮겼고 세파르디 랍비들이 그 문

서들을 안전하게 보관했다. 그리고 1613년에 이탈리아 베니스에서 최초로 야살의 책의 공식적인 히브리어판이 출판되었다. 야살의 책 히브리어판을 처음으로 영어로 번역하는 일은 1840년에 완료되었다. 현재 남아있는 가장 오래된 야살의 책은 1625년 베니스에서 히브리어로 인쇄된 것이다.

야살의 책은 최소한 두 개의 위작이 있었다. 하나는 중세 시대의 윤리적인 논문인데 현재 영어로 된 것은 존재하지 않는다. 그 책은 창조의 신비에 대한 부분으로 시작하는 데 그 내용이 다소 영지주의적이다. 또 다른 위작은 1829년에 출판된 것으로 플라쿠스 알비누스 알퀴누스(Flaccus Albinus Alcuinus)가 번역한 것으로 추정된다. 이 두 책은 이 책의 가치에는 미치지 못하며 성경에 두 번 나오는 야살의 책에 대한 내용을 찾을 수 없다.

이 책이 고대에 기록된 야살의 책이라는 직접적인 증거는 없다. 하지만 이 책은 성경이 야살의 책에 대하여 말하는 내용을 담고 있는 유일한 책이다. 또한 이 책은 많은 히브리어의 관용적 표현으로 기록되었다. 히브리어 학자인 사무엘 H. 터너(Samuel H. Turner) 교수는 1840년에 처음 영문판이 출판되었을 때 이 책이 히브리어로 기록된 원서의 내용과 어려운 히브리적 관용구들을 잘 표현하고 있다고 인정했다. 이것은 이 책이 히브리인에 의하여 히브리어로 기록되었으며 많은 히브리적 개념을 담고 있다는 것을 의미한다.

야살의 책은 창세기부터 사사기 1장까지의 이야기를 다루고 있으며 성경에 짧게 나오거나 성경에는 나오지 않는 사건들 사이의 이야기들을 기록했다. 특히 창세기의 내용은 성경보다 약 두 배 정도 더 많은 정보를 담고 있나. 또한 이 책은 한글이나 영어 성경으로는 알 수 없는 성경 원문의 히브리적 개념을 설명하고 있다.

예를 들면 성경은 야곱이 '조용한 사람'이고 '장막에 거주한다'고 말한다(창 25:27). 이 두 가지 표현은 성경의 히브리적 개념을 말하는 것이지만 번역된 성경으로는 그 뜻을 알 수 없다. 여기서 '조용한'은 히브리어로 '톰'인데 '흠이 없는, 완전한'이라는 뜻으로 '하나님의 말씀을 듣고 행하여 하나님이 보시기에 흠이 없고 완전한 자'를 의미한다(창 17:1, 욥 1:1). 또한 '장막에 거한다'는 것은 '장막 안에서 그의 부모나 조부모로부터 하나님의 말씀을 배운다'는 것을 의미한다. 하나님은 이스라엘 백성에게 부모가 집에서 자녀들에게 하나님의 말씀을 가르치도록 명령하셨기 때문이다(신 6:7). 야살의 책은 이 히브리적 개념을 정확하게 설명하고 있다.

> 야곱은 **온전하고 지혜로운 자**로 장막 안에 거하며 양 떼를 먹이고
> **주의 교훈과 그의 아버지와 어머니의 명령을 배웠다**
> 야살의 책 26:17

이 외에도 이 책은 우리가 성경에서 읽지 못하고 놓치고 있는 중요한 히브리적 개념들을 담고 있다. 그러므로 말씀에 관심이 있는 사람이라면 이 책 안에서 하나님께서 성경을 통하여 이스라엘 백성과 우리에게 가르쳐 주시려는 중요한 가르침들을 발굴해 낼 수 있을 것이다.

이 책은 누구든지 말씀을 알고자 하는 사람들에게 참고 자료로 추천할 만한 훌륭한 책이다. 이 책을 통해서 많은 사람들이 성경의 이야기들을 읽는 기쁨과 말씀 속에 감추어져 있는 하나님의 놀라운 가르침에 대한 깨달음을 얻기를 바란다.

영문판 서문

미국 국민에게 야살의 책 번역본을 내놓을 수 있게 되어 기쁘다. 이 책은 여호수아와 사무엘하에서 언급되었다. 나는 영국에 있는 원작의 소유권자 및 번역가와 수년 간의 협상 끝에 이것을 얻을 수 있었다.

구약에 이름이 등장하는 많은 책이 있는데 그것들은 이제 분실되었거나 유대에서 일어난 많은 혁명 가운데 사라진 것으로 분류되고 있다. 그 책들은 유대 정경에 포함되지 않았으며 탁월한 저자들이 쓴 것으로 여겨지는 그 책들이 사라졌다는 것에 대하여 의문이 제기되고 있다. 왜냐하면 사람들이 성경에서 열거하는 책들을 열심히 찾아보았으나 찾을 수 없게 되자 그 제목들이 다른 책들이나 같은 작품의 다른 버전에 적용되었다고 결론을 내렸기 때문이다.

이를테면, 언약서(출 24:7)는 전능하신 하나님이 모세에게 주신 법과 명령을 모은 것이다. 그래서 이것을 또한 율법책(신 30:9)이라고 부르기도 했을 것이다. 여호와의 전쟁기(민 21:14)는 발견되지 않았으며 모든 곳에서 사라진 책 중 하나라고 말한다. 라이트풋 박사는 그의 역대기 저서에서 이것이 모세가 하나님의 명령(출 17:14)으로 모세 자신이 기록한 책을 말하는 것이라고 했다. 그러나 우리는 사사기가 여호와의 전쟁기로 언급되는 책이라고 생각한다. 왜냐하면 우리가 그 책에서 히브리인들의 업적을 자세히 볼 수 있기 때문이다.

우리는 역대기와 열왕기에 이름이 나오는 많은 책을 볼 수 있는데 그 책들은 발견되지 않았다. 다윗 왕의 행적은 선견자 사무엘의 책과 선지자 나단의 책과 선견자 갓의 책에 기록되었다(대상 29:29). 솔로몬의 행적은 선지자 나단의 책과 실로 사람 아히야의 책에 기록되었다(대하 9:29). 르호보암의 행적은 선지자 스마야의 책에 기록되었다(대하 12:15). 여호사밧의 행적은 예후의 책에 기록되었다(대하 20:34). 유다와 이스라엘 왕들의 역대기, 지혜로운 왕이 쓴 3,005개의 노래와 동식물에 대한 글들은 사라졌다. 므낫세의 행적도 마찬가지이다. 에스라가 발견하지 못한 이 작품들은 구약에 삽입될 수 없었으며 결과적으로 하나님의 영감에 의하여 기록된 것으로 여겨질 수 없었다. 그럼에도 불구하고 그 이상이 요구되는 것으로 여겨져 에스라의 시대에 하나님의 영감으로 여겨지는 것들 외에는 다른 책이 없었다.

성 오스틴은 이렇게 말했다. "성서의 저자들은 어떤 것들은 역사적 지식과 근면함을 가진 사람인 그들 자신으로서 기록했고, 다른 것들은 하나님에게서 온 영감으로 선지자로서 기록했다." 그래서 우리는 역사가와 선지자로서 그들이 수고한 것에 대한 분류를 가지고 있다. 고대 유대인들의 태만과 그들의 한 나라에서 다른 나라로 계속되는 이주로 많은 거룩한 문서들이 분실되었다. 신명기는 오랫동안 사라졌었다. 많은 책이 정경에 의하여 거부되었는데 그것들은 여전히 호기심의 대상이고 오래되어 유서가 깊은 것들이다. 므낫세 왕의 기도, 벨과 용, 에스드라의 두 책, 마카비서, 에녹서는 최근에 발견되어 에티오피아어로 된 것을 번역했다.

여호수아와 사무엘하에 언급되는 야살의 책은 오랫동안 큰 호기심의 대상이었다. 일부 히브리어 저자들은 이것이 야셔림(Jasherim), 즉 의인들이라고 불렸던 아브라함과 이삭과 야곱과 다른 족장들의 삶과 행적이라고 강하게 주장했다. 라이트풋 박사(Dr. Lightfoot)는 이것이 여호와의 전쟁기(민 21:14)라고 생각했고 독자들도 이 책이 이야기하고 있는 다양한 전쟁들을 읽고 그렇게 생각했다. 그로티우스(Grotius)는 이것을 승리의 시라고 불렀다. 요세푸스(Josephus)는 이렇게 말했다. "이 책은 목적을 가지고 어떤 안전한 곳에 확실한 기록들을 보관한 것으로 이해해야 하고, 해마다 히브리인들 가운데 어떤 일이 일어났는지를 설명하고 있으며, 역사적 기록의 정확성으로 인하여 야살, 또는 정직함이라고 불렸다."

이 잃어버린 책을 발견하는 것에 대한 호기심과 열망이 있어서 이 책의 이름으로 된 위조 작품들이 때때로 나타났다고 알려졌다. 혼 목사(Rev. Mr. Horne)는 그의 성서 연구 개요에서 야살의 책의 다양한 위조 작품들의 역사를 수집하기 위해 애썼다고 한다. 그중 가장 주목할 만한 것은 일리빅(Illivc)이라는 사람이 1750년 영국에서 출판한 것으로 그는 이것이 페르시아에서 앨퀸(Alcuin)이 발견한 히브리어 작품을 번역한 것이라고 주장했다. 이 책은 1829년에 브리스톨에서 다시 출판되었으며 나는 그 책 한 권을 갖고 있다. 그것은 형편없는 위조작으로 63페이지로 되어 있고 상세한 주석이 있으며 야살을 사사 중 한 사람으로 기록했지만 야살을 정직한 자 또는 정확한 기록으로 번역했다.

혼 박사는 같은 작품에서 야살의 책에 대한 참고 사항을 말했는데 이것이 랍비 히브리어로 기록되었으며 예루살렘이 티투스 장군에게 점령되었을 때 그곳에서 발견되어 베니스에서 1613년에 인쇄된 것으로 전해진다고 했다. 이제 이 책이 처음으로 영어로 번역된 것이다.

예루살렘이 파괴되기 오래전에 유대인들은 스페인과 이탈리아의 다양한 지역에 정착했다. 역사가들의 주장에 따르면 그들은 역사의 초기에 지브롤터 만에서 무역을 했다. 바나쥐(Basnage)는 스페인에 있는 마을인 사군토에서 발견된 묘비에 히브리어로 다음과 같은 비문이 새겨져 있었다고 한다. "이것은 아도니람의 무덤이다. 그는 솔로몬 왕의 신하로 공물을 징수하러 왔으며 ____에 죽었다." 스페인과 아마도 프랑스와 이탈리아가 솔로몬에게 공물을 바쳤다는 것은 의심의 여지가 없다.

그러나 유대인들이 흩어져 스페인으로 가면서 엄청난 수의 사본과 성문서를 함께 가져가 그곳에서 오랫동안 살았고 11세기에 그것을 코르도바의 큰 대학에 두었다. 그리고 그것은 인쇄가 처음 발명되었을 때에 베니스로 옮겨졌다. 야살의 책 인쇄인이 쓴 히브리어 서문은 그것이 아주 오래되고 거의 읽기 힘든 히브리어 문서를 인쇄하는 힘든 작업이었고 베니스에 있는 율법학자 대회의 승인을 받아 그들에 의하여 인쇄되었다고 말한다. 오직 그들만이 그들이 진짜라고 생각하는 히브리어 기록 문서들을 인쇄할 수 있는 권위를 갖고 있었다.

야살의 책의 베니스판에 이어서 수년 후에 렘베르크와 갈리시아에서 다른 판들이 출판되었다. 나는 히브리어로 된 두 판 모두를 보유하고 있다. 왕립 아시아 협회는 캘커타에서 야살의 책 한 권을 발견하여 그것을 번역하라고 명령했다. 그러나 영국에서 이 번역문이 상당 부분 진행되었다는 것이 확인되자 그 명령은 철회되었다. 아래에 장관이 번역가에게 보낸 서신의 사본은 이 작품에 대한 왕립 아시아 협회의 견해를 보여준다.

왕립 아시아 협회
1831년 9월 2일, 런던 본드 가 그래프톤 가
친애하는 귀하께

노아 씨의 서신을 보고 당신이 저에게 호의를 베푼 것으로 인해 당신의 서신에 대한 답으로 동양 번역회는 당신의 작품에 어떤 요구도 고려하지 않는다고 말하고 싶습니다. 만약 아담스 목사님이 야살의 책을 번역했다면 몇 년이 걸려도 못했을 것입니다. 당신의 그 흥미로운 작품에 대한 훌륭하고 값진 수고가 곧 어떤 형태로든 대중들에게 보이기를 기원합니다.

Wm. 후트만

주석가들이 야살의 책 위작들과 관련된 어떤 주석들을 기록하고 출판하였든지 간에 그들이 인쇄가 처음 발명되었을 때 베니스에서 출판된 이 작품에 대하여 언급한 것이 없었음이 확실하다. 혼 박사는 이 작품에 대하여 살짝 다루긴 했다. 그러나 그는 이것이 원래 예루살렘에서 가져온 것이라는 소문 외에 그것의 기원이나 역사에 대해서 아는 것이 없다. 야살의 책에 기록된 어떤 사건들은 탈무드에서도 볼 수 있는데 그것은 의심할 여지없이 야살의 책에서 베낀 것이다. 우리는 탈무드와 미쉬나와 게마라에서 도덕적, 종교적 목적으로 영향을 주기 위한 많은 우화와 상상의 이야기들을 발견한다. 그러나 우리는 야살의 책에서 볼 수 있는 모든 것이 성경에 기록된 것을 알 수 있는데 차이점은 야살의 책이 성경의 일들을 더 상세히 서술하고 길고 자세하다는 것이다. 유명한 철학가인 멘델슨은 이 작품을 높이 평가했다.

그럼에도 불구하고 야살의 책에 기록된 일부 사건들은 놀라움을 주는데 특히 사비나 사람들이 납치당하는 부분의 상세함이 그렇다. 나는 처음에 이것이 후대의 편집에서 삽입된 것으로 생각했다. 그러나 약간의 심사숙고 후에 그것이 연대기적으로 적합한 순서 안에 놓인 사건이라는 것을 알았다. 피즈론은 그의 제국들의 변혁이나 국가들의 유물에서 이렇게 말했다. "그러므로 그것은 내가 말한 것과 같이 우라누스 또는 적어도 새턴의 치세에서 티탄인들 중 몇이 테베레와 아펜니노 근처인 이탈리아의 한 지역에 머물러 정착했으며 그들은 나중에 움브리아인이라고 불렸다. 그렇다면 티탄인들이 이탈리아에 정착한 일은 아브라함이 부름 받은 때, 즉 그가 갈데아를 떠나 가나안 땅에 가서 거하던 때쯤이었을 것이다. … 이 모든 일이 일어났다면 그것은 대략 데우칼리온이 그리스에서 통치하던 시대나 그가 다스리던 때에 대홍수가 일어난 지 몇 년 후에 일어난 것이 분명하다." 피즈론이 말한 것처럼 만일 사비나인들이 움브리아인들로부터 분리된 것이 주전 1500년경에 일어났다면 그때는 야살이 사비나 여인들이 납치당한 사건을 둔 때, 즉 아브라함이 91세였을 때보다 그리 멀지 않았을 것이다.

히브리어판의 역자는 그의 공인된 학식과 능력에도 불구하고 원래 히브리어의 아름다움과 고상함과 단순함을 충분히 보여줄 수 없었다고 말한다. 나는 또한 히브리어 서문과 인쇄인 서문의 번역에도 참여했으며 그 문서들도 보유하고 있다.

이 책을 세상에 하나님의 영감으로 된 작품으로 공표하거나 이것이 영감으로 된 책이 아니라고 말하는 것에 책임을 묻기보다는, 나는 이것을 위대한 고대의 작품이자 흥미로운 것이며, 비록 이것을 진귀한 문학작품으로 여기더라도 성서 연구를 좋아하는 사람들 가운데 널리 읽힐 수 있는 작품으로 주저 없이 발표하는 바이다.

M. M. 노아
1839년 4월 뉴욕에서

히브리어판 서문

 이것은 곧바른 책이라고 불리는 그 책이다.
 이맘때쯤이었다. 티투스가 거룩한 성 예루살렘을 파괴하고 모든 군 지도자들이 들어와 도둑질하고 약탈했다. 티투스의 신하들 가운데에 시드루스라는 이름을 가진 사람이 들어와 예루살렘 안에서 매우 넓은 집을 발견하여 그가 그곳에서 발견한 모든 전리품을 가져갔다. 그가 그 집을 나가려고 할 때 그가 벽을 보고 그 안에서 보물들을 발견할 것으로 생각했다. 그래서 그가 그 벽과 건물을 부수자 율법과 선지자들과 성문서의 다양한 책들과 또한 이스라엘 왕들의 책들과 다른 나라 왕들의 책들과 이스라엘의 많은 다른 책들과 채택되고 확립된 미쉬나의 책들이 가득한 통을 발견했다. 그곳에는 또한 많은 두루마리가 있었다.
 그가 또한 그곳에서 모든 종류의 식량과 포도주를 많이 발견하고 한 노인이 그곳에 앉아 있는 것을 발견했는데 그 노인은 그 책들을 읽고 있었다. 그 신하가 이 큰 광경을 보고 매우 놀라 그 노인에게 말했다. "당신은 왜 홀로 이곳에 앉아 있고 다른 사람들은 당신과 함께 있지 않은 것이오?" 그러자 그 노인이 대답했다. "여러 해 전에 나는 예루살렘의 이 두 번째 멸망을 알았기 때문이네. 그래서 나는 이 집을 짓고 나를 위하여 발코니를 만들고 읽을 책들과 충분한 식량을 사서 그것으로 내 목숨을 구하려고 했네." 그러자 하나님께서 그 노인이 그 신하의 눈에 은혜를 입게 하셔서 그가 그 노인을 존경하는 마음으로 그의 모든 책을 그 노인에게 가져다주었다. 그리고 그들은 도시들과 나라들을 돌아다니다가 세비야에 이르렀다. 그 신하는 이 노인이 지혜와 명철을 갖고 있고 다양한 종류의 과학을 알고 있다는 것을 발견했다. 그가 이것을 알고 그 노인을 부양하고 예우하며 그의 집에서 계속 지내면서 그로부터 모든 종류의 지혜를 배웠다. 그들이 세비야의 근처에 크고 높은 집을 짓고 그 모든 책을 그곳에 두었다.

이 집은 오늘까지 여전히 세비야에 있다. 그들이 그곳에서 이후에 우리의 메시아가 오실 때까지 세상의 왕들 가운데 일어날 사건들을 모두 기록했다.

하나님께서 우리를 에돔 왕들의 손에 의하여 강력하게 붙들어 데려가셔서 우리가 깊은 염려 가운데 도시들과 나라들을 돌아다닐 때 '아담의 세대'라고 불리는 이 책이 다른 책들과 함께 우리의 손안에 들어오게 되었다. 왜냐하면 이 책들이 세비야의 그 집으로부터 온 것이며 이후에 우리 도시인 나폴리로 왔기 때문이다. 나폴리는 스페인 왕의 통치 아래 있었다. (그의 영광이 높여지기를.) 우리가 이 책들이 모든 지혜의 책들이라는 것을 보고 우리 손에 들어온 모든 책들처럼 이 책들을 출판하겠다고 마음속으로 정했다. 그런데 이 책은 모든 책들 중에서 최고이며 가장 귀한 책이다. 이 책은 우리에게 열두 권이 왔는데 우리는 그 책들을 살펴보고 모두가 한 권의 책에서 나온 것이고 차이가 없다는 것을 알게 되었다. 거기에는 더해지거나 빠진 것이 없었고 글자나 단어나 사건이 변경된 것도 없었다. 그 책들은 모두 한 권의 책처럼 같은 것이었다.

우리는 이 책에서 이 결심을 행할 큰 가치를 발견했기에 이것을 인쇄하기로 했다. 이 책의 이름이 곧바른 책이라고 기록된 것을 발견했다. 왜냐하면 순서와 연속성에 대하여 모든 일이 그것이 세상에서 일어난 그 순서대로이기 때문이다. 그래서 이 책에서는 앞의 사건이 뒤로 가거나 뒤에 일어난 사건이 앞에 나오는 것을 찾을 수 없고 모든 일이 그것의 장소와 시간 안에서 기록되었다.

그래서 이 책은 한 사람의 죽음이 다른 사람의 인생의 어느 시기에 일어났다고 계속해서 말한다. 이것으로 인하여 이 책은 '세페르 하야샬(Sepher Hajashar)'이라고 불렸다. 그러나 관습적으로 이 책을 '아담의 세대'라고 불렸는데 그 이유는 사람들이 이 책이 시작되는 부분으로 그 이름을 불렸기 때문이다. 그렇지만 이 책의 대표적인 이름은 '야살(JASHER) 책'인데 이것은 우리가 말한 이유 때문이다. 이제 이 책은 'Lo libris de los divitiis'라는 제목으로 그리스어로 번역되었다.

우리가 갖고 있는 아스모니아 사람들의 책에는 이렇게 기록되어 있다. 이집트 왕 프톨레미의 때에 그는 그의 신하들에게 가서 그들이 세상에서 찾을 수 있는 모든 율법책과 모든 역사서를 수집하도록 했다. 그가 그것들을 통하여 지혜로워지고자 했고, 그것들을 연구하여 세상의 주제들과 사건들을 알고자 했으며, 그 책들로부터 인생의 일들에 관한 모든 재판의 문제를 한 권의 책으로 편찬하고, 그것으로 순전한 정의를 행하고자 했다. 그래서 그들이 가서 965권의 책을 수집하여 그에게 가져갔다. 그가 그들에게 다시 가서 1,000권의 책을 채우라고 명령하자 그들이 그렇게 행했다.

이 일 후에 이스라엘을 박해하는 자들 중 몇이 그의 앞에서 일어나 말했다. "오 왕이시여, 왕께서 어찌하여 이 일로 스스로 괴롭게 하십니까? 예루살렘에 있는 유대인들에게 사람들을 보내어 그들의 선지자들에 의하여 주의 입에서 나온 말씀을 기록한 그들의 율법책을 가져오게 하셔서 그것으로 당신이 지혜롭게 되고 당신이 원하는 대로 모든 심판을 행하소서." 왕이 그들의 말을 듣고 이 일로 유대인들에게 사람을 보냈더니 유대인들이 왕에게 이 책을 보냈다. 이는 그들이 그에게 주님의 책을 줄 수 없었으므로 그들이 말하기를 "우리는 주의 율법을 이방인에게 줄 수 없습니다"라고 했기 때문이다. 이 책이 프톨레미의 손에 이르자 그가 이것을 읽고 크게 만족했다. 그가 그 안에서 지혜를 찾고자 했고 그것을 연구하여 그가 원하는 것을 그 인에서 발견했다. 그는 그들이 그를 위하여 모은 다른 모든 책은 신경 쓰지 않았고 그에게 이 일을 하도록 조언한 사람을 축복했다.

얼마 후에 이스라엘의 박해자들이 이스라엘 사람들이 왕에게 율법책을 보내지 않았다는 것을 알게 되었다. 그들이 와서 왕에게 말했다. "오 왕이시여, 이스라엘 사람들이 당신을 모욕했습니다. 그들이 우리가 당신에게 말씀드린 율법책을 당신에게 보내지 않고 그들의 손에 있는 다른 책을 보냈습니다. 그러므로 그들에게 사람을 보내어 그들이 왕께 그들의 율법책을 보내도록 하십시오. 그들이 당신에게 보낸 책보다 그 책에서 당신이 원하는 것을 훨씬 더 많이 얻게 될 것입니다." 왕이 그들의 말을 듣자 그가 이스라엘 사람들에게 몹시 화가 났다. 그들이 그에게 율법책을 보내도록 그가 다시 사람들을 보내기까지 그의 안에서 화가 타올랐다. 그가 그들이 계속 그를 경멸할까 걱정하여 그들에게 신중하게 행했다.

그가 그들의 장로 70명에게 사람들을 보내어 그들을 집 70채에 두고 각 사람이 율법책을 기록하게 하고 그것들 가운데 변개함이 발견되지 않도록 했다. 하나님의 영이 그들 위에 임하여 그들이 책 70권을 기록했는데 그것들이 모두 하나였고 가감된 것이 없었다. 왕이 이 일로 크게 기뻐하여 그가 장로들과 모든 유대인들을 존귀하게 여겼다.

그가 기록된 대로 예루살렘에 헌물과 선물들을 보냈다. 그가 죽을 때 이스라엘 사람들이 그의 아들과 교묘히 행하여 그의 보물들 중에서 율법책은 가져왔으나 이 책은 그곳에 두고 가져오지 않았다. 이는 앞으로 올 모든 왕들이 주의 이적들을 알고 그분의 이름을 축복하며 주께서 모든 나라 중에 이스라엘을 택하시고 그분 외에는 하나님이 없다는 것을 알게 하려는 것이었다. 그래서 이 책이 오늘까지 이집트에 있고 그때로부터 이것이 온 땅으로 전해지게 되어 오늘 스페인 왕의 통치 아래 나폴리 도시에서 포로 생활을 하는 우리에게 이르게 되었다. 비록 이 책이 그런 목적이나 의도에서 기록된 것은 아니지만, 이 책은 그 시대에 있었던 에돔과 깃딤의 왕들과 아프리카의 왕들 중 몇몇을 언급하는 것을 발견하게 될 것이다.

이것을 기록한 이유는 이 책을 얻는 모든 사람에게 이스라엘의 전쟁과 이방인들의 전쟁 사이의 큰 차이를 보이기 위한 것이다. 이방인들의 왕들이 하나가 다른 하나를 정복하는 것은 우연히 된 것이지만, 이스라엘 왕들이 이방인을 정복하는 것은 그렇지 않다. 그것은 이스라엘이 우리 주의 높은 이름을 믿는 한 주께서 행하신 기적으로 이루어진 것이다.

이 책은 많은 유익이 있지만 그 모든 것은 우리가 하나님을 믿는 것에 이르게 하며 (그분의 이름이 높임을 받기를) 우리가 그분과 그분의 길들에 신실하도록 이끈다.

첫째 유익은 이 책이 제공하는 추가적인 정보들로 인간의 창조와 대홍수의 주제에 대한 것과 스무 세대의 시대와 그들의 악한 행위들을 기록한 것이다. 또한 그들이 어떤 시기에 태어났으며 언제 죽었는지, 이런 것을 통해 우리가 주께서 이전의 날들에 행하신 놀라운 일들을 보고 우리의 마음이 주께로 고정되도록 한다.

둘째 유익은 아브라함의 출생과 그가 어떻게 주께 붙어 다녔는지와 그와 니므롯 사이에 있었던 일에 관한 추가적인 설명이다. 또한 바벨탑을 지은 자들에 대한 설명과 주께서 어떻게 그들을 땅의 사방으로 쫓아내셨는지와 그들이 어떻게 오늘까지 그들의 이름을 따라서 나라들과 땅을 세웠는지와 그것으로 우리가 우리의 창조주께 더 가까이 가게 되는 것이다.

셋째 유익은 족장들이 어떻게 주께 붙어 다녔는지와 그들이 주를 경외한다는 것을 우리가 확신하게 하는 그들의 일들에 대한 설명이다.

넷째 유익은 소돔의 일들과 그곳의 사람들의 악행에 대한 기록들과 그들의 죄와 그들의 징벌이 무엇인지에 대한 것으로 그것을 통해 우리가 모든 악한 행위를 삼가도록 하는 것이다.

다섯째 유익은 이삭과 야곱이 주를 믿은 것과 이삭이 제물로 묶였을 때 사라가 기도하고 애통한 것에 대한 설명으로 이것은 우리의 마음을 주님을 섬기도록 이끄는 큰 유익이다.

여섯째 유익은 야곱의 아들들이 세겜 사람들과 아모리 사람들의 일곱 성읍과 전쟁하는 것에 대하여 주는 정보이다. 이것은 우리의 마음을 깨워 우리 하나님을 믿도록 한다. 만일 그들의 마음에 주님에 대한 믿음이 없었다면 어떻게 열 명이 일곱 성읍을 멸할 수 있었겠는가?

일곱째 유익은 이집트에서 요셉이 보디발과 그의 아내와 이집트 왕 사이에 일어났던 모든 일에 대한 정보다. 이것이 우리의 마음을 일깨워 주를 경외하게 하고 우리의 마음으로부터 모든 죄가 사라지도록 하여 우리가 마지막 때에 잘되도록 하기 때문이다.

여덟째 유익은 구스와 미디안에서 모세에게 일어났던 일들에 대한 설명을 제공하는 것이다. 그것은 우리가 주께서 의인들을 위하여 행하신 이적들을 이해하여 주님을 온전히 따르게 하는 것이다.

아홉째 유익은 이집트에서 이스라엘 사람들에게 무슨 일이 있었는지와 그들의 노역이 언제 시작되었는지와 그들이 모든 고된 일로 어떻게 이집트 사람들을 섬겼는지와 무엇을 위하여 이 모든 일이 일어났는지와 이 일 후에 그들이 주를 믿음으로 주께서 어떻게 그들에게 은혜를 베푸셨는지에 대한 기록이다. 이 책에서 유월절 밤에 이집트에서 일어난 사건들을 읽는 자는 큰 상을 받을 것인데 축복받은 기억을 가진 우리의 율법학자들이 말하기를 출애굽을 이야기하는 것에 종사하는 자들은 찬양받을 것이라고 했다. 거기에는 이 책도 포함되는데 이 책은 하가다 다음으로 읽혀야 하는 진실한 이야기로 이것을 읽는 사람은 그가 크게 상을 받을 것이라고 확신할 것이기 때문이다. 우리는 오늘 스페인 지역의 포로생활에서 이렇게 한다. 하가다 읽기를 마친 후에 우리는 이 책을 읽기 시작하여 이스라엘 사람들이 이집트로 내려가는 것부터 그들의 출애굽까지 이집트의 모든 일을 읽는다. 이는 사람이 이 책에서 그것을 읽어야 하기 때문이다.

(열째 유익에 대한 내용은 없음 – 역자 주)

열한째 유익은 우리의 랍비들과 율법을 설명한 다른 주석가들의 해설이다. 이 책에서 야곱이 에서에게 갔다가 그 후에 메소포타미아에서 올 때 그를 만난 천사들의 이야기와 또한 요셉에게 70개의 언어를 가르치는 가브리엘에 관한 이야기를 설명하는 것을 발견할 수 있다. 또한 모압 들에서 미디안을 친 사람에 대하여 제공하는 설명과 같은 것들도 있다.

열두째 유익은 사람들 앞에서 강의하며 주석가들이 설명하지 않는 이 책의 주제들을 제시하는 모든 사람은 그것으로 인하여 청중들의 마음에 감명을 줄 것이라는 점이다.

열셋째 유익은 율법을 공부할 기회를 가진 모든 상인과 여행자는 이 책을 읽고 그들의 상을 받을 것이니 다른 어떤 책에도 기록되지 않은 새로운 내용을 발견하고 그 안에 마음의 보상과 몸의 기쁨이 있기 때문이다. 이것으로 사람들은 주를 아는 것을 깨닫고 그분을 따를 것이다.

이제 우리가 이 책의 장점, 큰 유익을 알았으니 우리는 이것을 가감 없이 인쇄해야 하며 지금부터 우리가 이 책을 인쇄하기 시작하여 이러한 책들이 우리의 언약 공동체와 우리의 포로 생활하는 사람들의 손에 있어 이것이 모든 세대와 모든 성읍과 족속과 나라에 더 멀리 퍼지도록 할 것이다. 그래서 사람들이 주께서 우리 조상들을 위하여 행하신 이적들과 예로부터 그들에게 베푸신 그분의 은혜와 그분이 모든 나라 중에 우리를 택하신 것을 알게 할 것이다.

주의 기름 부음 받은 자가 말한 것과 같이 자신의 마음을 주를 경외하는 데 헌신하는 자들이 이것을 공부함으로 유익을 얻게 되고 우리가 신들의 신이신 주를 신뢰하고 그분을 의지하며 그분으로부터 구원과 도우심을 구하고, 이 하늘의 작품으로 그분이 우리를 옳은 길로 번성하게 하고 실수로부터 구하고 숨은 허물에서 정결하게 하소서.

> 자기 허물을 능히 깨달을 자 누구리요
> 나를 숨은 허물에서 벗어나게 하소서
> 시편 19:12

주께서 우리에게 선한 길을 가르치시고 그분의 은혜와 자비로 우리를 순조로운 길로 인도하시며 우리 마음의 소원을 자비롭게 이루어 주시기를, 아멘, 그분의 뜻이 이루어질지어다.

야살의 책 1

1 창조에서 아벨까지

창조

1 하나님이 말씀하시기를 우리의 형상을 따라 우리의 모양대로 우리가 사람을 만들자 하시고 자기의 형상대로 사람을 창조하셨다. 2 하나님이 땅으로부터 사람을 지으시고 그의 콧구멍에 생명의 숨을 불어넣으시니 사람이 말을 하는 살아있는 혼이 되었다. 3 주께서 말씀하시기를 사람이 혼자 있는 것이 좋지 않으니 내가 그에게 배우자를 만들어 주겠다 하셨다. 4 주께서 아담을 깊이 잠들게 하시고 그의 갈빗대 하나를 뽑으셨다. 그리고 그 위에 살을 만드시고 그것을 지으셔서 아담에게 데리고 오셨다. 아담이 잠에서 깨어 그의 앞에 서 있는 여자를 보았다. 5 아담이 말했다. 이는 내 뼈 중의 뼈요 남자에게서 나왔으니 여자라 부를 것이다. 아담이 그 여자의 이름을 이브라 불렀으니 이는 그 여자가 모든 생명의 어머니이기 때문이다. 6 하나님이 그들을 지으신 날에 그들을 축복하시고 그들의 이름을 아담과 이브라 부르셨다. 하나님이 말씀하시기를 생육하고 번성하며 땅에 충만하라 하셨다.

에덴 동산

7 주 하나님이 아담과 그의 아내를 데려다가 에덴의 동산을 가꾸고 지키게 하려고 그들을 그곳에 두셨다. 그리고 그들에게 명령하시고 말

씀하시기를 동산의 모든 나무에서 나는 것은 너희가 먹을 수 있으나 선과 악의 지식의 나무에서 나는 것은 먹지 말라. 너희가 그것에서 나는 것을 먹는 날에 너희가 분명히 죽으리라 하셨다. 8 하나님이 그들에게 복을 주시고 명령하신 후 그들로부터 가시니 아담과 그의 아내가 주께서 그들에게 말씀하신 명령을 따라 동산에 거하였다.

타락

9 하나님이 땅에서 사람과 함께 창조한 뱀이 그들에게 와서 하나님이 그들에게 말씀하신 명령을 어기게 하려고 호기심을 갖게 했다. 10 그 뱀이 그 여자가 지식의 나무에서 나는 것을 먹도록 미혹하고 설득하니 그 여자가 그 뱀의 말을 듣고 하나님의 말씀을 어겨 선과 악의 지식의 나무에서 나는 것을 취하여 먹었다. 그리고 그 여자가 그것을 취하여 남편에게 주니 그도 먹었다. 11 아담과 그의 아내가 하나님이 그들에게 말씀하신 명령을 어기자 하나님이 아시고 그분의 화가 그들을 향하여 타올라 그들을 저주하셨다. 12 주 하나님이 그 날 에덴의 동산에서 그들을 내쫓으시고 그들이 나온 땅을 갈게 하셨다. 그들이 에덴 동산의 동쪽으로 가서 거하였다. 아담이 그의 아내 이브를 알게 되어 그 여자가 두 아들과 세 딸을 낳았다.

가인과 아벨

13 그 여자가 첫 아이의 이름을 가인이라고 부르며 말하기를 내가 주로부터 남자를 얻었다 하였고 다른 아이의 이름을 아벨이라고 부르며 말하기를 우리가 헛되이 흙이 되고 우리가 헛되이 흙에서 취하여질 것이다 하였다. 14 아이들이 자라자 그들의 아버지가 땅에서 그들에게 소유를 주었다. 가인은 땅을 가는 자였고 아벨은 양을 지키는 자였다.

가인과 아벨의 제사

15 몇 년이 지나서 그들이 주께 가까이 나아가는 제물을 가져오는 때에 가인은 땅의 소산을 가져왔고 아벨은 그의 양 떼 중 첫 새끼들의 기름을 가져왔다. 하나님이 아벨과 그의 제물을 향하여 마음을 기울이셨고 하늘에서 주께로부터 불이 내려와 그것을 불살랐다. 16 그러나 주께서 가인과 그의 제물에게로 향하지 않고 마음을 기울이지 않으셨으니 이는 가인이 그보다 못한 땅의 소산물 중에서 주 앞으로 가져왔기 때문이다. 가인이 이 일로 자기 동생 아벨을 시기하여 그를 쳐죽일 구실을 찾았다.

가인이 아벨을 죽임

17 얼마 후 어느 날 가인과 그의 동생 아벨이 일하러 들로 나갔다. 그들이 둘 다 들에 있었는데 가인은 그의 땅을 갈아 일구었고 아벨은 그의 양 떼를 먹였다. 그 양 떼가 가인이 일군 땅을 지나가자 가인이 이 일로 몹시 근심했다. 18 가인이 화가 나서 그의 동생 아벨에게 가까이 가서 그에게 말했다. 나와 너 사이에 무엇이 있기에 네가 나의 땅에 와서 네 양 떼를 먹이느냐? 19 아벨이 그의 형 가인에게 대답했다. 나와 형 사이에 무엇이 있기에 당신이 나의 양 떼의 고기를 먹고 그 양털로 옷을 입습니까? 20 그러니 이제 당신이 입은 내 양의 양털을 벗고 당신이 먹은 나의 양들이 낸 것과 그 고기를 변상하십시오. 당신이 그렇게 하면 내가 당신이 말한 대로 당신의 땅에서 떠나겠습니다. 21 가인이 그의 동생 아벨에게 말했다. 정녕 내가 오늘 너를 죽이면 누가 나로부터 너의 피를 요구하겠느냐? 22 아벨이 가인에게 대답하였다. 흙에서 우리를 만드신 하나님이 확실히 나의 일을 보복하시고 당신이 나를 죽인 것에서 나의 피를 요구하실 것입니다. 주께서는 심판자와 중

재자이시며 사람을 그의 악에 따라 갚고 악한 자에게는 그가 땅에서 행한 악을 갚는 하나님이시기 때문입니다. 23 이제 당신이 여기서 나를 죽인다면 확실히 하나님이 당신의 은밀한 생각들을 아시고 이 날 당신이 나에게 행하겠다고 선언한 악에 대하여 심판하실 것입니다. 24 가인이 그의 동생 아벨이 말한 말들을 듣자 보라 가인이 그의 동생 아벨이 말한 것으로 인하여 화가 났다. 25 가인이 급히 일어나 땅을 일구는 기구의 쇠로 그의 동생을 쳐서 죽였다. 가인이 그의 동생 아벨의 피를 땅에 흘려 아벨의 피가 땅 위에서 양 떼 앞으로 흘렀다.

가인의 저주

26 이 일 후에 가인이 동생을 죽인 것을 후회하고 매우 슬퍼하며 그의 죽음으로 인하여 슬피 울었다. 그것이 그를 몹시 괴롭게 했다. 27 가인이 일어나 들에 구덩이를 파고 그 안에 동생의 시체를 넣고 그 위에 흙으로 덮었다. 28 주께서 가인이 그의 동생에게 한 일을 아시고 가인에게 나타나 그에게 말씀하셨다. 너와 함께 있던 너의 동생 아벨이 어디 있느냐? 29 가인이 모른 체하며 말했다. 내가 알지 못합니다. 내가 동생을 지키는 자입니까? 주님께서 그에게 말씀하셨다. 네가 무엇을 하였느냐? 네가 그를 죽인 땅에서부터 네 동생의 피의 목소리가 나에게 부르짖고 있다. 30 네가 너의 동생을 죽이고 내 앞에서 모른 체하고 네 마음속으로 내가 너를 보지 못하고 너의 모든 행위를 알지 못한다고 생각하는구나. 31 그러나 네 동생이 너에게 옳게 말한 것으로 인하여 네가 이 일을 행하고 네 동생을 헛되이 죽였다. 땅이 입을 벌려 네 동생의 피를 받고 네가 그 안에 그를 묻었으니 땅으로부터 네게 저주가 임할 것이다. 32 네가 땅을 갈 때 처음과 같이 너에게 그 효력을 주지 않을 것이니 이는 땅이 가시와 엉겅퀴를 낼 때문이다. 너는 네가

죽는 날까지 땅에서 돌아다니며 방황하게 될 것이다. 33 그 때에 가인이 하나님의 임재에서 그가 있던 곳에서 나와 그와 그에게 속한 모든 자가 에덴의 동쪽으로 옮겨 방황하였다.

가인에서 므두사엘까지

34 그 무렵에 가인이 그의 아내를 알고 그 여자가 임신하여 아들을 낳았다. 가인이 그의 이름을 에녹이라고 부르며 말하기를 그 때에 주께서 땅에서 그에게 안식과 고요함을 주기 시작하셨다 하였다. 35 그 때에 가인이 도시를 세우기 시작했다. 그가 도시를 세우고 그 도시의 이름을 그의 아들의 이름을 따라 에녹이라 불렀다. 그 무렵에 주께서 그에게 땅에서 안식을 주셨기 때문에 그는 처음과 같이 옮기거나 방황하지 않았다. 36 에녹이 이랏을 낳고 이랏이 므후야엘을 낳고 므후야엘이 므두사엘을 낳았다.

2 셋에서 에녹까지

아담에서 에노스까지

1 아담이 땅에서 130년을 살았을 때에 그가 다시 그의 아내 이브를 알았다. 그 여자가 임신하여 그 남자의 형상과 그 남자의 모양을 따라 아들을 낳고 그의 이름을 셋이라 부르며 말하기를 이는 하나님이 나에게 가인이 죽인 아벨을 대신하여 다른 자손을 정하셨기 때문이라 하였다. 2 셋이 105년을 살며 아들을 낳았다. 셋은 그의 아들의 이름을 에노스라고 부르며 말하기를 이는 그 때에 사람의 아들들이 번성하여 하나님의 명령을 어기고 거역함으로 그들의 혼과 마음을 괴롭게 했기 때문이라 하였다.

에노스 시대의 악

3 에노스의 시대에 사람의 아들들이 계속해서 하나님을 거역하고 그분의 명령을 어겨 사람의 아들들에 대한 주님의 분노가 커졌다. 4 사람의 아들들이 가서 다른 신들을 섬기고 땅에서 그들을 창조하신 주를 잊었다. 그 시대에 사람의 아들들이 놋과 철, 나무와 돌로 형상들을 만들고 그것들에게 절하고 섬겼다. 5 모든 사람이 자기 신을 만들고 그것들에게 절하였고 에노스와 그의 자손들의 모든 날에 사람의 아들들이 주를 떠났다. 그들이 만든 것과 땅에서 행한 가증한 일들로 인

하여 하나님이 진노하셨다. 6 주께서 기혼 강의 물들이 그들을 뒤덮도록 하셔서 그들을 멸하시고 없애셨다. 주께서 땅의 삼분의 일을 멸하셨으나 그럼에도 불구하고 사람의 아들들은 그들의 악한 길에서 돌이키지 않았고 그들은 여전히 주 앞에서 악을 향하여 손을 뻗고 있었다. 7 그 시대에 땅에는 뿌리는 것과 거두는 것이 없었다. 그래서 사람의 아들들에게 먹을 것이 없었고 기근이 아주 심하였다. 8 그 시대에 땅에 뿌린 씨가 가시와 엉겅퀴와 가시넝쿨이 되었다. 이는 아담의 때로부터 아담이 주 앞에서 지은 죄로 인하여 하나님이 땅을 저주하셨기 때문이다. 9 사람들이 계속해서 하나님을 거역하고 그분의 명령을 어기며 그들의 길이 부패하자 땅도 부패하게 되었다. 10 에노스는 90세를 살고 게난을 낳았다.

게난

11 게난이 자라서 40세가 되어 지혜롭게 되었다. 그가 모든 지혜에 있어서 지식과 기술을 가졌고 모든 사람의 아들들을 다스리며 지혜와 지식으로 그들을 이끌었다. 게난은 아주 지혜로운 사람이고 모든 지혜를 알고 있었기에 그가 그의 지혜로 영들과 마귀들을 다스렸다. 12 게난이 그의 지혜로 사람들이 땅 위에서 지은 죄로 인하여 하나님이 그들을 멸하실 것과 후일에 주께서 그들에게 홍수의 물들을 가져오실 것을 알았다. 13 그 시대에 게난이 앞으로 올 시대에 일어날 일들을 돌판 위에 기록하고 그것을 그의 보물창고에 넣었다. 14 게난이 온 땅을 지배하고 사람의 아들들 가운데 일부를 돌이켜 하나님을 섬기도록 했다.

게난의 자녀

15 게난이 70세일 때에 세 아들과 두 딸을 낳았다. 16 게난의 자녀

의 이름은 이러하다. 첫째의 이름은 마할랄렐이요 둘째는 에난이요 셋째는 메렛이요 그들의 누이는 아다와 실라였다. 이들이 게난이 낳은 다섯 자녀이다. 17 므두셀의 아들 라멕은 결혼으로 게난과 인척 관계가 되었다. 게난이 자기의 두 딸을 그에게 아내로 주었다. 아다가 임신하여 라멕에게 아들을 낳고 그 여자가 그의 이름을 야발이라고 불렀다. 18 그 여자가 다시 임신하여 아들을 낳고 그의 이름을 유발이라고 불렀다. 그 여자의 동생 실라는 그 때에 임신하지 못하므로 자식이 없었다. 19 이는 그 시대에 사람의 아들들이 하나님을 거역하고 아담에게 명령하신 그 명령들, 즉 땅에서 생육하고 번성하라는 명령들을 어기기 시작했기 때문이다.

사람의 아들들의 악

20 사람의 아들들 중 어떤 사람들이 그들의 아내에게 물약을 마시게 하여 임신하지 못하게 하였는데 이는 그들의 모습을 유지하여 그들의 아름다운 외모가 점점 사라지지 않게 하려 함이었다. 21 사람의 아들들이 그들의 아내에게 이것을 마시게 했을 때 실라도 그들과 함께 마셨다. 22 아이를 낳은 여자들은 그들의 남편이 사는 동안에 그들의 눈에 과부와 같이 끔찍하게 보였고 아이를 낳지 못하는 여자들만이 그들에게 붙어있었다.

실라가 낳은 자녀

23 여러 날과 해가 지나 실라가 늙었을 때에 주께서 그녀의 태를 열어주셨다. 24 그 여자가 임신하여 아들을 낳고 그의 이름을 두빌가인이라 부르며 말하기를 내가 시들고 나서 전능하신 하나님으로부터 그를 얻었다 하였다. 25 그 여자가 다시 임신하여 딸을 낳고 그 이름을

나아마라 부르며 말하기를 내가 시들고 나서 기쁨과 즐거움을 얻었다 하였다.

라멕과 두발가인이 가인을 죽임

26 라멕이 늙어 나이가 많이 들고 그의 눈이 흐려져 볼 수 없게 되어 그의 아들 두발가인이 그를 이끌었다. 하루는 라멕이 들에 나갔는데 그의 아들 두발가인이 그와 함께 있었다. 그들이 함께 들에서 걷고 있을 때 아담의 아들 가인이 그들을 치러 나아갔으니 이는 라멕이 나이가 매우 많아 볼 수 없었고 그의 아들 두발가인은 매우 어렸기 때문이다. 27 두발가인이 그의 아버지에게 그의 활을 당기라 말하고 그가 화살로 아직 멀리 있는 가인을 공격하여 죽였으니 이는 그들에게 가인이 짐승처럼 보였기 때문이다. 28 가인이 그들에게서 멀리 있었지만 그 화살들이 가인의 몸에 들어가 그가 땅에 엎드려져 죽었다. 29 주께서 말씀하신 대로 가인이 그의 형제 아벨에게 행한 악에 따라 가인의 악을 갚으셨다.

라멕이 두발가인을 죽임

30 가인이 죽고 라멕과 두발이 그들이 죽인 짐승을 보러 갔다. 그들이 보니 보라 그들의 할아버지 가인이 땅 위에 엎드려져 죽어 있었다. 31 라멕이 이 일을 행함으로 크게 근심하여 그가 손으로 자기 아들을 쳐서 죽게 했다.

라멕의 아내들

32 라멕의 아내들이 라멕이 한 일을 듣고 그를 죽이려고 했다. 33 라멕이 가인과 두발가인을 죽였기 때문에 그 날부터 라멕의 아내

들이 그를 미워했다. 그 때에 라멕의 아내들이 그에게서 떨어져 그에게 귀를 기울이지 않으려고 했다. 34 라멕이 자기 아내들에게 와서 이 일에 대하여 자기에게 귀를 기울이도록 했다. 35 그가 그의 아내들인 아다와 실라에게 말했다. 라멕의 아내들이여 내 음성을 듣고 나의 말에 주의를 기울이라. 너희가 생각하여 말하기를 그들이 내게 폭력을 행하지 않았으나 내가 상처를 입혀서 남자를 죽이고 때려서 어린 아이를 죽게 했다 하였다. 그러나 확실히 알라. 나는 늙고 머리가 희어졌으며 내 눈은 나이가 들고 무거워졌다. 내가 이 일을 알지 못하고 행하였다. 36 라멕의 아내들이 이 일에 대하여 그에게 듣고 그들의 조상 아담의 충고에 따라 그에게 돌아왔다. 그러나 그들이 그 시대에 하나님의 진노가 사람의 아들들에게 더하여져 그들의 악행을 홍수의 물들로 멸하실 것을 알고 그 때부터 그들이 그에게 아이를 낳지 않았다.

게난에서 에녹까지

37 게난의 아들 마할랄렐은 65년을 살며 야렛을 낳았다. 야렛은 62(162)년을 살며 에녹을 낳았다.

3 에녹의 생애

에녹

1 에녹이 65년을 살며 므두셀라를 낳았다. 에녹은 므두셀라를 낳은 후 하나님과 함께 걸었다. 그가 하나님을 섬기며 사람들의 악한 길을 미워했다. 2 에녹이 주의 교훈과 지식과 총명에 몰두했다. 그가 지혜롭게 사람의 아들들로부터 물러나 많은 날 동안 그들에게 자신을 숨겼다. 3 그가 주를 섬기고 그의 집에서 주 앞에 기도하는 여러 해가 끝나고 주의 천사가 하늘로부터 그를 부르자 그가 대답했다. 내가 여기 있습니다. 4 그가 말했다. 일어나라. 너의 집, 네가 자신을 숨겼던 장소에서 나아가 사람의 아들들에게 너를 나타내고 그들이 하나님의 길로 들어가기 위하여 그들이 가야 할 길과 그들이 반드시 이루어야 할 일들을 그들에게 가르치라.

에녹이 주의 길을 가르침

5 에녹이 주의 말씀을 따라 일어나 그의 집, 그의 처소, 그가 자신을 숨겼던 방에서 나아가 사람의 아들들에게 가서 주의 길을 가르쳤다. 그 때에 그가 사람의 아들들을 모아서 그들에게 주의 가르침을 알게 했다. 6 그가 사람의 아들들이 거하는 모든 곳에서 주의 길이 선포되도록 명령했다. 그리고 이렇게 말했다. 주의 길과 선한 일을 알고자

하는 자가 있느냐? 그는 에녹에게 오라 하라. 7 그러자 모든 사람의 아들들이 그에게로 모였으니 이는 이 일을 원했던 모든 사람이 에녹에게로 갔기 때문이다. 에녹이 주의 말씀에 따라 사람의 아들들을 다스렸고 그들이 와서 그에게 절하고 그의 말을 들었다. 8 하나님의 영이 에녹 위에 있어 그가 모든 사람에게 하나님의 지혜와 그분의 길을 가르쳤다. 사람의 아들들이 에녹의 모든 날 동안 주를 섬겼고 그들이 그의 지혜를 들으려고 왔다.

에녹이 왕이 되어 다스림

9 사람의 아들들의 모든 왕들, 큰 자와 작은 자 모두가 그들의 고관들과 재판관들과 함께 에녹에게 와서 그의 지혜를 듣자 그들이 그에게 절하고 자기들을 통치해 달라고 했다. 에녹이 그것을 허락했다. 10 그들이 모두 모이니 왕들과 고관들이 130명이었다. 그들이 에녹을 그들 위에 왕으로 삼고 그들이 모두 그의 힘과 명령 아래에 있었다. 11 에녹이 그들에게 지혜와 지식과 주의 길을 가르쳤다. 그가 그들 가운데 화친을 맺고 에녹이 사는 날 동안 땅 전체에 평화가 있었다. 12 에녹이 사람의 아들들을 243년 동안 다스리며 그가 모든 사람에게 정의와 공의를 행하고 그들을 주의 길로 인도했다.

에녹의 자녀

13 이것은 에녹과 그의 세 아들, 므두셀라와 엘리사와 엘리멜렉의 세대들이다. 그들의 누이는 멜가와 나마였다. 므두셀라는 87(187)년을 살며 라멕을 낳았다.

아담이 죽음

14 라멕이 56세였을 때에 아담이 죽었다. 아담이 죽을 때 930세였으며 그의 두 자손, 에녹과 그의 아들 므두셀라가 왕들의 장례와 같은 큰 장례를 하고 하나님께서 그에게 말씀하신 굴에 그를 묻었다. 15 그곳에서 모든 사람의 아들들이 아담의 죽음으로 인하여 크게 슬퍼하고 울었다. 그리하여 이 날이 사람의 아들들 사이에 관습이 되었다. 16 주 하나님이 말씀하신 대로 아담이 지식의 나무에서 나는 것을 먹어서 죽었고 그의 뒤에 오는 그의 자손들도 죽게 되었다.

에녹이 자신을 숨김

17 아담이 죽은 해는 에녹이 다스린 지 243년이 되던 해였다. 그때에 에녹이 주를 섬기기 위하여 처음과 같이 사람의 아들들로부터 자신을 구별하여 자신을 숨기기로 했다. 18 에녹이 그렇게 했으나 그들로부터 완전히 자신을 숨기지는 않고 사흘은 사람의 아들들로부터 멀리하였고 하루는 그들에게로 갔다. 19 그가 그의 방에 있는 사흘 동안에 그가 그의 하나님 주께 기도하고 그분을 찬양했다. 그가 가서 그의 백성들에게 나타나는 날에 그가 그들에게 주의 길을 가르쳤고 그들이 모두 그가 그들에게 말한 주에 대하여 물었다. 20 그가 여러 해 동안 이런 식으로 하였고 그 후에 그가 6일 동안 자신을 숨기고 7일 중에 하루만 그의 백성들에게 나타났다. 그리고 이후에는 한 달에 한 번, 그리고 일 년에 한 번, 그리고 모든 왕들과 고관들과 사람의 아들들이 그를 찾고 그의 얼굴을 다시 보고 그의 말을 듣기를 원할 때까지 그렇게 했다. 그러나 그들은 그렇게 할 수 없었다. 모든 사람의 아들들이 에녹의 얼굴에 있는 하나님과 같은 두려움 때문에 그를 크게 두려워하고 그에게 가까이 가기를 두려워했기 때문이다. 그래서 아무도 그를 바

라볼 수 없었으니 이는 그들이 벌을 받아 죽게 될까 두려웠기 때문이다. 21 모든 왕들과 고관들이 사람의 아들들을 모아서 에녹에게 가기로 정했다. 이는 에녹이 그들 사이에 왔을 때 그들 모두가 함께 그에게 말할 수 있을 것이라 생각했기 때문이다. 그리고 그들이 그렇게 했다. 22 에녹이 오는 날이 되자 그들이 모두 모여 그에게 갔다. 에녹이 그들에게 주의 말씀을 말하고 지혜와 지식을 가르쳤다. 그들이 그의 앞에 절하며 말했다. 왕께서 장수하시기를! 왕께서 장수하시기를!

에녹이 하늘에서 부름을 받음

23 얼마 후에 왕들과 고관들과 사람의 아들들이 에녹에게 말하고 에녹이 하나님의 길을 가르치고 있을 때에, 보라 주의 천사가 하늘로부터 에녹을 불러 그가 하늘로 올라와 땅에서 사람들의 아들들을 다스리는 것처럼 하나님의 아들들을 다스리기를 원했다. 24 그 때에 에녹이 이것을 듣고 가서 땅의 모든 주민을 모아 그들에게 지혜와 지식을 가르치고 하나님의 명령을 전했다. 그가 그들에게 말했다. 나는 하늘로 올라오라는 부름을 받았다. 나는 내가 가는 날을 알지 못한다. 25 그러므로 이제 내가 너희를 떠나기 전에 너희에게 지혜와 지식을 가르치고 너희가 살 수 있도록 땅에서 어떻게 행해야 하는지에 대하여 가르칠 것이다. 26 그가 그들에게 지혜와 지식을 가르치고 계명을 주고 책망했다. 그가 그들 앞에 땅에서 행할 규례와 법도를 두고 그들 가운데 화평이 있게 하고 그들에게 영원한 생명을 가르쳤다. 그리고 그가 그들과 얼마 동안 함께 거하며 이 모든 것들을 가르쳤다.

하늘에서 말이 내려옴

27 사람의 아들들이 에녹과 함께 있어 에녹이 그들에게 말할 때 그

들이 눈을 들어 보니 하늘로부터 내려오는 큰 말의 형상이 있었는데 그 말이 하늘에서 달리고 있었다. 28 그들이 에녹에게 그들이 보는 것이 무엇인지 물었다. 에녹이 대답했다. 이 말은 나로 인하여 땅으로 내려왔다. 내가 너희로부터 떠날 때가 왔으니 나는 더 이상 너희에게 보이지 않을 것이다. 29 그 때 그 말이 내려와 에녹 앞에 섰고 에녹과 함께 있는 모든 사람의 아들들이 그를 보았다. 30 에녹이 다시 이 말을 선포하도록 했다. 주 하나님의 길 알기를 기뻐하는 자가 어디 있느냐. 그는 오늘 에녹을 우리에게서 데려가기 전에 그의 앞에 오도록 하라. 31 그 날 모든 사람의 아들들이 모여서 에녹에게로 왔다. 그리고 땅의 모든 왕들이 고관들과 모사들과 함께 그 날 그와 함께 남았다. 에녹이 사람의 아들들에게 지혜와 지식을 가르치고 하나님의 명령을 전하고 그들에게 주를 섬기고 그들의 모든 삶의 날 동안 주의 길로 걷도록 명령하였다. 그리고 그가 그들 사이에 계속해서 화평이 있도록 했다.

에녹이 하늘에서 온 말을 탐

32 이 일이 있은 후에 그가 일어나서 그 말 위에 탔다. 그가 나가고 모든 사람의 아들들 약 팔십만 명이 그를 뒤따랐다. 그들이 그와 함께 하룻길을 걸었다. 33 둘째 날 그가 그들에게 말했다. 너희 집, 너희 장막으로 돌아가라. 너희가 왜 떠나려고 하느냐? 너희가 죽을지도 모른다. 그러자 그들 중 얼마가 그를 떠났다. 남은 자들이 그와 함께 엿새 길을 갔다. 에녹이 그들에게 매일 말하기를 너희의 장막으로 돌아가라 그렇지 않으면 너희가 죽을 것이라 하였다. 그러나 그들이 돌아가려 하지 않았고 그와 함께 걸었다. 34 여섯째 날에 남은 자들 중 일부가 그를 붙잡고 그에게 말했다. 우리가 당신이 가는 곳에 함께 가겠습니다. 주께서 살아계시는 한 오직 죽음만이 우리를 갈라놓을 것입니

다. 35 그들이 그와 함께 가겠다고 간곡히 말하여 그가 그들에게 말하기를 그쳤다. 그들이 그를 뒤따라 갔고 돌아가려 하지 않았다.

에녹이 하늘로 올라감

36 왕들이 돌아가서 에녹과 함께 간 남은 자들의 수를 알기 위하여 사람들의 수효를 조사했다. 일곱째 날에 에녹이 불말과 불병거와 함께 회오리바람 속에서 하늘로 올라갔다. 37 여덟째 날에 전에 에녹과 함께 있었던 모든 왕들이 에녹과 함께 있던 사람들의 수를 되찾기 위하여 에녹이 하늘로 올라간 그 장소로 사람들을 보냈다. 38 그 모든 왕들이 그 장소로 가서 그 땅이 눈으로 덮였고 눈 위에 눈으로 된 큰 돌들이 있는 것을 발견했다. 한 사람이 다른 사람에게 말했다. 오라 우리가 눈을 뚫고 나아가서 보자. 어쩌면 에녹과 함께 남았던 사람들이 죽어서 지금은 눈으로 된 돌들 아래에 있을 것이다. 그들이 에녹을 찾았으나 그가 하늘로 올라갔으므로 그를 찾을 수 없었다.

4 배교에서 노아의 출생까지

므두셀라가 왕이 되어 다스림

1 에녹이 땅에서 산 모든 날이 365년이었다. 2 에녹이 하늘로 올라가자 땅의 모든 왕이 일어나 그의 아들 므두셀라를 데려다가 왕으로 삼아 그가 그의 아버지를 대신하여 다스리도록 했다. 3 므두셀라가 그의 아버지 에녹이 가르친 대로 하나님이 보시기에 정직하게 행하였다. 그도 마찬가지로 그의 생애에 사람의 아들들에게 지혜와 지식과 하나님을 경외하는 것을 가르쳤고 그가 그 선한 길에서 우로나 좌로나 치우치지 않았다.

사람의 아들들이 하나님을 거역함

4 그러나 므두셀라의 말년에 사람의 아들들이 주께로부터 돌이키고 땅을 더럽혔다. 그들이 서로 도둑질하고 약탈했다. 그들이 하나님을 거역하고 명령을 어기며 그들의 길을 더럽혔다. 그들이 므두셀라의 음성을 들으려 하지 않고 그를 거역했다. 5 주께서 그들에 대하여 크게 진노하시고 그 시대에 계속해서 씨를 멸하셔서 땅에 뿌리고 거두는 것이 없었다. 6 그들이 생계를 위하여 음식을 얻으려고 땅에 씨를 뿌렸더니 보라 그들이 뿌리지 않은 가시와 엉겅퀴가 났다. 7 그러나 사람의 아들들이 여전히 그들의 악한 길에서 돌아서지 않았고 그들의 손

은 여전히 하나님이 보시기에 악한 일을 향하여 뻗어 있었다. 그들의 악한 길이 주를 노엽게 하여 주께서 크게 진노하시고 사람을 지으신 것을 후회하셨다. 8 주께서 그들을 진멸하려 하셔서 그렇게 하셨다.

셋이 죽음

9 그 때에 므두셀라의 아들 라멕이 160(168)세였을 때 아담의 아들 셋이 죽었다. 10 셋이 920세를 살고 죽었다.

노아가 태어남

11 라멕이 180세였을 때에 에녹의 아들, 그의 삼촌 엘리사의 딸인 아스무아를 아내로 삼아 그 여자가 임신하였다. 12 그 때에 사람의 아들들이 땅에 씨를 뿌렸는데 식물이 조금 났다. 그러나 사람의 아들들이 그들의 악한 길에서 돌이키지 않고 하나님의 명령을 어기고 그분을 거역했다. 13 그 때에 해가 지나 라멕의 아내가 임신하여 그에게 아들을 낳았다. 14 므두셀라가 그의 이름을 노아라 부르며 이렇게 말했다. 땅이 그의 시대에 안식하였고 부패로부터 자유하게 되었다. 그리고 그의 아버지 라멕이 그의 이름을 므나헴이라 부르며 이렇게 말했다. 이 사람이 하나님께서 저주하신 땅에서 우리의 일과 고역으로부터 우리를 안위하리라. 15 아이가 자라서 젖을 떼고 그의 아버지 므두셀라를 따라 주와 함께 온전하고 정직하게 그분의 길을 갔다.

사람의 아들들의 죄악

16 사람의 모든 아들들이 아들들과 딸들을 낳으며 땅의 지면에서 번성하면서 그들이 그 시대에 주의 길에서 벗어났다. 그들이 서로에게 그들의 악한 행위를 가르쳤고 계속해서 주께 죄를 지었다. 17 모든 사

람이 자신을 위하여 신을 만들고 이웃과 친척, 모든 사람으로부터 도둑질하고 약탈했다. 그들이 땅을 더럽혔고 땅은 폭력으로 가득하였다. 18 그들의 재판장들과 지도자들이 사람들의 딸들에게로 가서 그들이 원하는 대로 그들의 남편으로부터 그들의 아내를 강제로 빼앗았다. 그리고 그 시대에 사람의 아들들이 땅의 가축들과 들의 짐승들과 공중의 새들을 데려다가 한 종류와 다른 종류의 동물들을 섞는 것을 가르쳐 주를 노엽게 하였다. 하나님이 온 땅을 보시니 모든 육체, 모든 사람과 모든 동물이 땅을 더럽혀 온 땅이 더럽혀졌다. 19 주께서 말씀하셨다. 내가 지면에서 창조한 사람을 지워버리되 사람으로부터 공중의 새들까지, 들에 있는 가축과 짐승들까지 그렇게 하리니 이는 내가 그것들을 지은 것을 후회하기 때문이다. 20 그 시대에 주의 길로 걸었던 모든 사람이 주께서 선포하신 재앙이 사람에게 일어나기 전에 죽었다. 이는 이것이 주께로부터 왔으며 주께서 사람의 아들들에 대하여 말씀하신 재앙을 그들이 보지 않도록 하셨기 때문이다. 21 그러나 노아는 주의 눈에 은혜를 입어 주께서 노아와 그의 자녀들을 택하셔서 그들에게서 온 지면에 씨가 번성하도록 하셨다.

5 노아에서 므두셀라의 죽음까지

에노스, 게난, 마할랄렐, 야렛이 죽음

1 노아가 84세였을 때에 셋의 아들 에노스가 죽었다. 그가 죽을 때 905세였다. 2 노아가 179세였을 때에 에노스의 아들 게난이 죽었다. 게난이 910세를 살고 죽었다. 3 노아가 234세였을 때에 게난의 아들 마할랄렐이 죽었다. 마할랄렐이 895세를 살고 죽었다. 4 마할랄렐의 아들 야렛은 노아가 360(365)세였을 때에 죽었다. 야렛이 962세를 살고 죽었다. 5 그 시대에 주를 따르는 모든 자가 하나님이 땅 위에 행하겠다고 선포하신 재앙을 보기 전에 죽었다.

하나님이 노아와 므두셀라를 통하여 회개를 선포하심

6 많은 세월이 지나고 노아가 480세였을 때에 사람의 아들들 가운데 주를 따르던 모든 사람이 죽어 떠나고 오직 므두셀라만이 남았다. 하나님이 노아와 므두셀라에게 말씀하셨다. 7 너희는 사람의 아들들에게 말하여 선포하여라. 주께서 이르시기를 너희의 악한 길에서 돌아오고 너희의 일을 버려라. 그러면 주께서 너희에게 행하겠다고 선포하신 재앙에서 돌이켜 그것이 일어나지 않을 것이다. 8 주께서 말씀하신다. 보라 내가 너희에게 120년의 기간을 준다. 너희가 나에게 돌이키고 너희의 악한 길을 버리면 나도 내가 너희에게 말한 재앙에서 돌이

킬 것이며 그 일이 있지 않을 것이다. 주가 말씀하신다. 9 노아와 므두셀라가 날마다 끊임없이 사람의 아들들에게 주의 모든 말씀을 전했다. 10 그러나 사람의 아들들이 그들의 말을 듣지 않고 귀를 기울이려고도 하지 않았고 그들이 목이 곧았다. 11 주께서 그들에게 120년의 기간을 허락하시고 그들이 돌이키면 하나님이 재앙을 돌이켜 땅을 멸하지 않을 것이라고 말씀하셨다.

노아의 아들들

12 그 시대에 라멕의 아들 노아가 자녀를 낳기 위하여 아내 얻는 것을 금했는데 이는 그가 말하기를 이제 분명히 하나님이 땅을 멸하실 것인데 내가 무엇을 위하여 자녀를 낳겠는가 하였기 때문이다. 13 노아는 의인이고 그의 세대에 완전하였다. 주께서 그의 씨로부터 땅 위에 자식을 낳게 하려고 그를 택하셨다. 14 주께서 노아에게 말씀하셨다. 너는 아내를 얻어 자녀를 낳아라. 이는 내가 이 세대에서 네가 내 앞에서 의로운 것을 보았기 때문이다. 15 너와 네 자녀는 이 땅 가운데 자녀를 낳아라. 노아가 가서 아내를 얻었는데 에녹의 딸 나아마를 택하였다. 그 여자는 580세였다. 16 노아가 나아마를 아내로 삼았을 때에 그가 498세였다. 17 나아마가 임신하여 아들을 낳았고 노아가 그의 이름을 야벳이라 부르며 하나님이 땅에서 나를 창대하게 하셨다고 했다. 그 여자가 또 임신하여 아들을 낳았고 노아가 그의 이름을 셈이라 부르며 하나님이 나를 남은 자가 되게 하셔서 땅 가운데 자녀를 낳게 하셨다고 하였다. 18 나아마가 셈을 낳았을 때 노아는 502세였다. 아이들이 자라서 므두셀라와 그들의 아버지 노아가 그들에게 가르친 모든 것 안에서 주의 길로 걸었다.

라멕이 죽음

19 그 시대에 노아의 아버지 라멕이 죽었다. 그는 진정으로 그의 온 마음을 다하여 그의 아버지의 길로 가지 않았다. 그가 노아가 195(595)세였을 때에 죽었다. 20 라멕이 770세를 살고 죽었다. 21 주를 아는 모든 사람의 아들들이 주께서 그들 위에 재앙을 일으키기 전 그 해에 죽었다. 이는 주께서 그들이 죽게 하셔서 주께서 선포하신 대로 그들의 형제들과 친척들에게 일으킬 재앙을 보지 않도록 하셨기 때문이다.

하나님이 다시 노아와 므두셀라를 통하여 회개를 선포하심

22 그 때에 주께서 노아와 므두셀라에게 말씀하셨다. 너희는 나아가 그 시대에 내가 너희에게 말한 모든 말을 사람의 아들들에게 선포하라. 혹시 그들이 그들의 악한 길에서 돌이키면 내가 재앙을 돌이켜 그것이 일어나지 않게 하리라. 23 노아와 므두셀라가 나아가 하나님이 사람의 아들들에 대하여 말씀하신 모든 것을 그들의 귀에 말했다. 24 그러나 사람의 아들들은 들으려고 하지도 않고 그들이 선포하는 모든 것에 귀를 기울이려 하지도 않았다.

노아가 방주를 만듦

25 이 일이 있은 후에 주께서 노아에게 말씀하셨다. 그들의 악한 행위로 인하여 모든 육체의 끝이 내 앞에 이르렀다. 보라 내가 땅을 멸할 것이다. 26 너는 고페르 나무를 취하고 정해진 장소로 가서 큰 방주를 만들어 그곳에 두어라. 27 너는 그것을 이렇게 만들라. 그것의 길이는 300규빗, 너비는 50규빗, 높이는 30규빗이 되게 하라. 28 너는 그것에 문을 만들되 양옆으로 열리게 하고 위로부터 한 규빗에 이르게

하라. 그리고 그것의 안과 밖을 역청으로 덮으라. 29 보라 내가 땅에 물들의 홍수를 일으켜 모든 육체를 멸하고 하늘들 아래로부터 땅 위에 있는 모든 것이 죽게 할 것이다. 30 너와 너의 가족은 모든 생물이 땅 위에 새끼를 낳을 수 있도록 가서 그들의 암수 두 쌍씩을 모아 방주로 데리고 오라. 31 그리고 모든 동물이 먹을 모든 음식을 모아 너희와 그것들을 위한 음식이 있게 하라. 32 너는 너의 아들들을 위하여 사람의 딸들로부터 처녀 셋을 택하라. 그 처녀들은 너의 아들들의 아내가 될 것이다. 33 노아가 일어나 하나님이 그에게 명령하신 장소에 방주를 만들었다. 노아가 하나님이 그에게 명령하신 대로 하였다. 34 노아가 595세였을 때에 주께서 명령하신 대로 노아가 방주를 만들기 시작하여 5년 동안 방주를 만들었다. 35 그 후에 노아가 주께서 노아에게 명령하신 대로 므두셀라의 아들 엘리아김의 세 딸을 그의 아들들의 아내로 삼게 하였다.

므두셀라가 죽음

36 그 때에 에녹의 아들 므두셀라가 죽었다. 그가 960(969)년을 살고 죽었다.

6 홍수

노아의 가족과 동물들이 방주로 들어감

1 그 때에 므두셀라가 죽은 후에 주께서 노아에게 말씀하셨다. 너는 네 가족과 함께 방주 안으로 들어가라. 보라 내가 땅의 모든 동물, 들의 짐승들과 공중의 새들을 너에게로 모을 것이니 그것들이 모두 와서 방주를 둘러쌀 것이다. 2 너는 가서 방주의 문들 옆에 앉아라. 모든 짐승들, 동물들, 새들이 모여 네 앞에 와 앉을 것이다. 너는 그것들을 데리고 너의 아들들의 손에 맡겨 그들이 동물들을 방주로 데리고 가도록 하라. 그리고 네 앞에 서 있는 모든 것들은 그대로 두어라. 3 주께서 다음 날에 이 일이 일어나게 하셔서 동물들, 짐승들과 새들이 큰 무리를 이루고 와서 방주를 둘러쌌다. 4 노아가 가서 방주의 문 옆에 앉았다. 그가 그의 앞에 앉은 모든 생물들을 방주 안으로 데리고 갔다. 그리고 그가 그의 앞에 서 있는 모든 생물들은 땅에 남겨두었다. 5 한 암사자가 암수 새들과 함께 와서 그 세 마리가 그의 앞에 웅크려 앉았다. 그리고 새끼 두 마리가 암사자를 향하여 일어나 쳐서 달아나게 하자 암사자가 떠나갔다. 새끼 둘이 다시 그들의 장소로 와서 노아 앞에 땅에 웅크려 앉았다. 6 안사지기 딜아나 사사늘의 장소에 섰다. 7 노아가 이것을 보고 크게 놀랐다. 그가 일어나 새끼 둘을 데리고 방주 안으로 데리고 갔다. 8 노아가 땅 위에 어떤 생물도 남아있지 않도

록 땅 위에 있던 모든 생물을 방주로 데리고 들어갔다. 9 노아에게 둘씩 와서 방주로 들어갔으나 정결한 동물들과 정결한 새들은 하나님이 노아에게 명령하신 대로 일곱 쌍씩 들어가도록 했다. 10 모든 동물들, 짐승들, 새들이 여전히 그곳에 있어 방주 주변의 모든 곳을 둘러쌌다. 그 후로 7일 동안 비가 내리지 않았다.

사람의 아들들이 주께로 돌이키지 않음

11 그 날에 주께서 온 땅이 진동하고 해가 어두워지고 땅의 기초가 흔들리도록 하셨다. 그리고 온 땅이 세차게 움직이고 번개가 치고 우레가 울리며 땅의 모든 샘이 터졌다. 이런 일은 땅에 사는 자들이 전에 겪지 못했던 것이다. 하나님이 사람의 아들들을 두렵게 하여 땅에 더 이상 악이 없도록 하려고 이 큰 일을 행하셨다. 12 사람의 아들들은 여전히 그들의 악한 길에서 돌이키지 않으려고 했다. 그 때에 그들이 주께 대하여 더욱 분노했고 이 모든 일에 그들의 마음을 기울이지도 않았다.

홍수

13 7일이 지나고 노아가 600세였을 때에 홍수의 물들이 땅에 임했다. 14 모든 깊음의 샘들이 터지고 하늘의 창들이 열려 사십 주야 동안 비가 땅에 내렸다. 15 노아와 그의 가족과 그와 함께 있던 모든 생물이 물들의 홍수로 인하여 방주 안으로 들어왔고 주께서 그것을 닫으셨다. 16 땅에 남겨진 모든 사람의 아들들이 비에 의한 재앙으로 지쳤으니 이는 땅에 물들이 더 세차게 왔기 때문이다. 동물들과 짐승들은 여전히 방주를 둘러싸고 있었다. 17 사람의 아들들 약 칠십만 명의 남녀가 함께 모여 방주로 노아에게로 왔다. 18 그들이 노아를 부르며 말했

다. 우리를 위하여 문을 열어 우리가 방주 안으로 당신에게 가도록 해 주십시오. 우리가 무엇 때문에 죽어야 합니까? 19 노아가 방주에서 그들에게 큰 목소리로 대답했다. 너희가 모두 주를 거역하고 그분이 안 계시다고 말하지 않았느냐? 그러므로 주께서 지면에서 너희를 멸하고 끊어버리려고 이 악을 너희에게 일으키셨다. 20 이 일은 120년 전에 내가 너희에게 말한 것이 아니냐? 너희는 주의 음성을 들으려고 하지 않았는데 너희가 이제 땅에서 살려고 하느냐? 21 그들이 노아에게 말했다. 우리가 주께 돌이킬 준비가 되었으니 다만 문을 열어 우리가 살고 죽지 않도록 해 주십시오. 22 노아가 그들에게 대답했다. 보라 이제 너희가 너희 생명의 환난으로 인하여 주께로 돌이키고자 한다. 너희는 왜 주께서 너희에게 허락하신 정한 기간인 120년 동안 돌이키지 않았느냐? 23 그런데 이제 너희가 너희 생명의 환난으로 인하여 와서 내게 이것을 말하니 이제 주께서도 너희를 듣지 않으시고 이 날 너희에게 귀를 기울이지 않으셔서 너희가 바라는 바가 이루어지지 않게 하실 것이다. 24 사람의 아들들이 그들 위에 내리는 비를 견딜 수 없으므로 비 때문에 와서 방주에 억지로 들어가려고 가까이 갔다. 25 주께서 방주 주위에 서 있는 모든 짐승들과 동물들을 보내셔서 짐승들이 그들을 이겨 그들을 그곳에서 몰아냈다. 모든 사람이 그들의 길로 갔고 다시 지면에서 흩어졌다. 26 비가 여전히 땅 위에 내렸고 그것이 40주야 동안 내려 물들이 땅 위에 많아졌다. 사람이든 짐승이든 기는 것이든 공중의 새든 땅 위에나 물들 안에 있는 모든 육체가 죽고 노아와 그와 함께 방주 안에 있는 것들만이 살아남았다. 27 물들이 많아져 땅 위에 크게 넘쳤고 물들이 방주를 뜨게 하여 그것이 땅에서 떠올랐다. 28 방주가 물들의 표면 위로 떠올라 물들 위에서 흔들려 그 안의 모든 생물이 가마솥 안의 죽처럼 움직였다. 29 큰 불안이 방주 안의 모든 생물에게 엄

6장 홍수

습했고 방주는 부서질 것 같았다. 30 방주 안에 있던 모든 생물이 두려워했다. 사자들이 울부짖고 소들이 울고 늑대들이 울었다. 방주 안의 모든 생물이 그들의 언어로 말하고 울어서 그들의 목소리가 아주 멀리까지 이르렀다. 노아와 그의 아들들이 그들의 어려움으로 인하여 울며 눈물을 흘렸다. 그들이 죽음의 문들에 이르렀다고 생각하여 크게 두려워하였다. 31 노아가 주께 기도하고 이 일로 인하여 주께 울부짖었다. 오 주님 우리를 도우소서. 우리가 우리를 둘러싼 이 재앙을 견딜 힘이 없습니다. 물들의 파도들이 우리를 둘러싸고 해로운 창수가 우리를 두렵게 하며 죽음의 덫이 우리 앞에 왔습니다. 응답하소서 오 주님 응답하소서. 주의 얼굴을 우리에게 비추시고 우리에게 은혜를 베푸셔서 우리를 구속하시고 건져내소서. 32 주께서 노아의 목소리를 들으시고 주께서 그를 기억하셨다. 33 바람이 땅을 지나가고 물들이 잠잠하게 되어 방주가 잠잠해졌다. 34 깊음의 샘들과 하늘의 창들이 멈췄고 하늘에서 내리는 비가 그쳤다. 35 그 때에 물들이 줄어들고 방주가 아라랏 산 위에 머물렀다. 36 그러자 노아가 방주의 창문들을 열고 주께 외쳤다. 땅과 하늘들과 그 안의 모든 것을 지으신 주님, 우리의 생명을 이 갇힌 곳으로부터, 주께서 우리를 두신 이 감옥에서 나오게 하소서. 내가 탄식으로 지쳤나이다. 37 주께서 노아의 목소리를 들으시고 그에게 말씀하셨다. 1년이 차면 네가 나오게 될 것이다.

홍수가 끝남

38 노아가 방주에 거주한 지 1년이 차고 해가 바뀔 때에 물들이 땅에서 말랐고 노아가 방주의 덮개를 벗겨냈다. 39 둘째 달 27일 그 때에 땅이 말랐다. 그러나 노아와 그의 아들들과 그와 함께 방주에 있던 자들은 주께서 그들에게 말씀하실 때까지 방주에서 나가지 않았다.

40 주께서 그들에게 나가라고 말씀하신 날이 이르자 그들 모두가 방주에서 나갔다. 41 그들이 나가서 모든 것을 그들의 길과 그들의 거처로 돌려보냈고 노아와 그의 아들들은 하나님이 그들에게 말씀하신 땅에 거주했다. 그들이 그들의 모든 날에 주를 섬겼고 주께서 노아와 그의 아들들이 방주에서 나가는 것을 축복하셨다. 42 주께서 그들에게 말씀하셨다. 생육하라. 모든 땅에 충만하라. 강하고 땅에서 그 수가 매우 많아지고 그 안에서 번성하여라.

7 노아의 족보

노아의 아들들

1 노아의 아들들의 이름은 야벳과 함과 셈이다. 그들이 홍수 전에 아내를 맞이하였기 때문에 그들이 홍수 후에 자녀를 낳았다.

야벳의 아들들

2 야벳의 아들들은 고멜과 마곡과 마대와 야완과 두발과 메섹과 디라스로 일곱 아들이다. 3 고멜의 아들들은 아스그나스와 리밧과 도갈마이다. 4 마곡의 아들들은 엘리카나프와 루발이다. 5 마대의 자녀들은 아콘과 질로와 카조니와 롯이다. 6 야완의 아들들은 엘리사와 달시스와 깃딤과 도다님이다. 7 두발의 아들들은 아리피와 케세드와 타아리이다. 8 메섹의 아들들은 데돈과 자론과 세바시니다. 9 디라스의 아들들은 베닙과 게라와 루피리온과 길락이다. 이들은 그들의 가족에 따른 야벳의 아들들이다. 그 때에 그들의 수가 약 460명이었다.

함의 아들들

10 함의 아들들은 구스와 미스라임과 붓과 가나안으로 네 아늘이다. 구스의 아들들은 스바와 하윌라와 삽다와 라아마와 삽드가이다. 라아마의 아들들은 스바와 드단이다. 11 미스라임의 아들들은 룻과 아

놈과 바드로스와 가슬롯과 갑돌이다. 12 붓의 아들들은 게불과 하단과 베나와 아단이다. 13 가나안의 아들들은 시돈과 헷과 아모리와 기르가스와 히위와 알기와 스니와 아로디와 시모디와 가모디이다. 14 이들은 그들의 가족에 따른 함의 아들들이다. 그 때에 그들의 수가 약 730명이었다.

셈의 아들들

15 셈의 아들들은 엘람과 앗수르와 아르박삿과 룻과 아람으로 다섯 아들이다. 엘람의 아들들은 수산과 마굴과 하몬이다. 16 앗수르의 아들들은 미루스와 모길이다. 아르박삿의 아들들은 셀라와 아날과 아스골이다. 17 룻의 아들들은 브돌과 비사욘이다. 아람의 아들들은 우스와 훌과 가델과 마스이다. 18 이들은 그들의 가족에 따른 셈의 아들들이다. 그 때에 그들의 수가 약 300명이었다.

셈의 계보

19 셈의 계보는 이러하다. 셈은 아르박삿을 낳고 아르박삿은 셀라를 낳고 셀라는 에벨을 낳고 에벨은 두 아들을 낳고 하나의 이름을 벨렉이라 하였는데 이는 그의 시대에 사람들의 아들들이 나뉘고 후일에 땅이 나뉘었기 때문이다. 20 둘째의 이름은 욕단인데 이는 그의 시대에 사람의 아들들의 생명이 줄어들었다는 뜻이다. 21 욕단의 아들들은 알모닷과 셀랍과 하살모벳과 예락과 하두롬과 오셀과 디글라와 오발과 아비마엘과 스바와 오빌과 하윌라와 요밥이다. 이들은 모두 욕단의 아들들이다. 22 그의 형 벨렉이 옌을 낳고 옌은 스룩을 낳고 스룩은 나홀을 낳고 나홀은 데라를 낳았다. 데라가 38세였을 때에 하란과 나홀을 낳았다.

니므롯이 태어남

23 노아의 손자, 함의 아들 구스가 그의 시대에 늙은 나이에 아내를 맞이하여 그 여자가 아들을 낳았다. 그들이 그의 이름을 니므롯이라 부르며 말하기를 그 때에 사람의 아들들이 다시 하나님을 거역하고 그분의 명령을 어기기 시작했다 하였다. 아이가 자라고 그의 아버지가 늙은 나이에 아들을 얻었으므로 그를 몹시 사랑했다.

니므롯의 가죽옷

24 아담과 그의 아내가 동산을 나갈 때 하나님께서 그들을 위하여 만드신 가죽옷이 구스에게 주어졌다. 25 아담과 그의 아내가 죽은 후 그 옷이 야렛의 아들 에녹에게 주어졌고 하나님이 에녹을 데려가셨을 때 그가 그것을 그의 아들 므두셀라에게 주었다. 26 므두셀라가 죽을 때 노아가 그것을 취하여 방주로 가져갔고 노아가 방주에서 나갈 때까지 그것이 그에게 있었다. 27 그들이 나갈 때에 함이 그의 아버지 노아로부터 그 옷을 훔쳐 그것을 취하여 형에게서 숨겼다. 28 함이 그의 장자 구스를 낳았을 때 그가 그 옷을 은밀히 그에게 주었고 그것이 많은 날 동안 구스에게 있었다. 29 구스도 그것을 그의 아들들과 형제들에게서 감추었다. 구스가 니므롯을 낳았을 때에 그의 아들을 사랑하여 그 옷을 그에게 주었다. 니므롯이 자라서 20세가 되었을 때에 그가 그 옷을 입었다.

니므롯이 강한 사냥꾼이 됨

30 니므롯이 그 옷을 입었을 때에 그가 상해지고 하나님이 그에게 능력과 힘을 주셨다. 그는 땅에서 강한 사냥꾼이었다. 그는 정말로 들에서 강한 사냥꾼이었다. 그가 동물들을 사냥하고 제단들을 쌓고 그

위에 동물들을 주 앞에 바쳤다. 31 니므롯이 자신을 강하게 하고 그의 형제들 가운데 일어나 그의 형제들 주변의 모든 적과 싸웠다. 32 주께서 그의 형제들의 모든 원수를 그의 손에 붙이셨다. 하나님이 때때로 그의 전쟁에서 그를 성공하게 하셔서 그가 땅을 지배했다. 33 그래서 그 시대에 사람이 전쟁을 위하여 훈련 받은 사람들을 보낼 때 이렇게 말했다. 하나님이 땅의 강한 사냥꾼이며 그의 형제들이 패배한 전쟁에서 승리하여 그들의 원수들의 손에서 그들을 구원한 니므롯에게 하신 것처럼 우리를 강하게 하셔서 이 날 우리를 구원하시기를 원합니다.

니므롯이 원수들을 물리침

34 니므롯이 40세였을 때 그 때에 그의 형제들과 야벳의 자녀들 사이에 전쟁이 있었는데 그들이 원수들의 지배 아래에 있었다. 35 그 때에 니므롯이 나가서 구스의 아들들과 그들의 가족들 약 460명을 모았다. 그가 또한 그의 친구들과 아는 사람들로부터 약 80명을 고용하여 그들에게 돈을 주고 그들과 함께 전쟁에 나갔다. 그가 길에 있을 때에 그가 그와 함께 있는 사람들의 마음을 강하게 하였다. 36 그가 그들에게 말했다. 두려워하지 말며 겁내지 말라. 우리의 모든 원수가 우리의 손에 넘겨지고 너희가 원하는 대로 그들에게 행할 것이다. 37 보냄을 받은 모든 사람이 약 500명이었다. 그들이 원수들과 싸워 그들을 물리치고 정복했다. 니므롯이 그들의 땅 곳곳에 그들 위에 다스리는 치리자들을 두었다. 38 그가 그들의 자녀 중 일부를 인질로 데려갔고 그들이 모두 니므롯과 그의 형제들의 종이 되었다. 니므롯과 그와 함께 있던 모든 사람이 집으로 향했다.

니므롯이 왕이 됨

39 니므롯이 그의 원수들을 정복한 후에 기뻐하며 전쟁에서 돌아왔을 때 그의 형제들과 전에 그를 알던 모든 사람이 함께 모여서 그를 자기들 위에 왕으로 세웠다. 그들이 그의 머리에 왕의 면류관을 씌웠다. 40 그가 왕들의 관례대로 그의 신하들과 사람들, 고관들, 재판관들, 통치자들을 다스렸다. 41 그가 나홀의 아들 데라를 그의 군대 장관으로 임명했다. 그가 그를 존귀하게 하고 그를 다른 모든 장관 위로 높였다. 42 그가 자기 마음에 원하는 대로 통치하면서 그의 주변의 모든 원수를 정복한 후에 그가 자기 궁궐을 위한 도시를 짓기 위하여 그의 모사들과 함께 의논하여 그들이 그렇게 했다.

니므롯이 시날 성읍을 건축함

43 그들이 동쪽을 마주보는 큰 계곡을 발견하고 그를 위하여 크고 넓은 도시를 지었다. 니므롯이 그가 지은 도시의 이름을 시날이라 불렀는데 이는 주께서 그의 원수들을 맹렬히 흔드시고 그들을 물리치셨기 때문이다. 44 니므롯이 시날에 거주하며 그가 견고히 다스렸다. 그가 그의 원수들과 싸워 그들을 정복했다. 그가 그의 모든 전쟁에서 성공했고 그의 나라가 매우 크게 되었다. 45 모든 민족과 방언들이 그의 명성을 듣고 그에게 모여 와서 땅에 엎드려 절했다. 그들이 그에게 공물을 가져왔고 그는 그들의 주와 왕이 되었다. 그들이 모두 시날에 있는 도시에서 그와 함께 거주했다. 니므롯이 땅에서 모든 노아의 아들들 위에서 다스렸고 그들은 모두 그의 힘과 모략 아래에 있었다.

니므롯과 마르돈의 악함

46 온 땅이 언어가 하나이고 말이 하나였다. 그러나 니므롯은 주의

길로 가지 않았다. 그는 홍수의 때로부터 그 때까지 그 전에 있었던 모든 사람보다 더 악했다. 47 그가 나무와 돌로 신들을 만들고 그것들에게 절했다. 그가 주를 거역하고 그의 모든 신하와 땅의 모든 사람에게 그의 악한 길을 가르쳤다. 그의 아들 마르돈은 그의 아버지보다 더 악했다. 48 니므롯의 아들 마르돈의 행위에 대하여 들은 모든 사람이 그에 대하여 이렇게 말했다. 악한 자로부터 악함이 나간다. 그러므로 이것이 온 땅에 속담이 되어 악한 자로부터 악함이 나간다고 말하게 되었다. 그 때부터 지금까지 사람들이 이것을 말하게 되었다.

아브람이 태어남

49 니므롯의 군대 장관이자 나홀의 아들인 데라는 그의 시대에 왕과 그의 신하들의 눈에 매우 위대하게 보였다. 왕과 고관들이 그를 사랑했고 그들이 그를 매우 높였다. 50 데라가 아내를 맞이했는데 그 여자의 이름은 암델로이며 고르네보의 딸이었다. 그 때에 데라의 아내가 임신하여 그에게 아들을 낳았다. 51 데라가 아들을 낳을 때에 70세였다. 데라가 그에게 태어난 그의 아들의 이름을 아브람이라고 불렀다. 이는 그 때에 왕이 그를 높이고 그를 그와 함께 있던 그의 모든 고관 위로 존귀하게 하였기 때문이다.

8 니므롯의 지혜자들

아브람에 대한 징조

1 아브람이 태어났을 때는 밤이었다. 데라의 모든 종과 니므롯의 모든 지혜자와 그의 마술사들이 데라의 집에 와서 먹고 마셨다. 그들이 그 밤에 그와 함께 즐거워했다. 2 모든 지혜자들과 마술사들이 데라의 집에서 나왔을 때 그 밤에 그들이 별들을 보려고 하늘을 향하여 그들의 눈을 들었다. 그들이 보니 보라 매우 큰 별 하나가 동쪽에서 와서 하늘들을 날아가 하늘 사방에서 별 넷을 삼켰다. 3 왕의 모든 지혜자들과 마술사들이 그것을 보고 놀랐다. 현인들이 이 일을 깨닫고 그것의 의미를 알았다. 4 그들이 서로에게 말했다. 이것은 오늘 밤 데라에게 태어난 아이에 대한 징조이다. 이 아이가 자라서 생육하고 번성하여 온 땅을 차지하고 그와 그의 자녀가 영원히 그리할 것이다. 그리고 그와 그의 씨가 위대한 왕들을 죽이고 그들의 땅을 상속받을 것이다. 5 그 밤에 지혜자들과 마술사들이 집으로 돌아갔다. 그리고 아침에 이 모든 지혜자들과 마술사들이 일찍 일어나 정해진 집에 모였다. 6 그들이 서로에게 말했다. 우리가 지난밤에 본 일은 왕에게 숨겨져 그가 알지 못한다. 7 만일 이 일이 나중에 왕에게 알려지면 그가 우리에게 말하기를 너희가 왜 이 일을 나에게 숨겼느냐 할 것이며 우리가 모두 죽임을 당하게 될 것이다. 그러므로 이제 우리가 가서 왕에게 우

리가 본 것과 그것의 해석을 말하여 우리가 허물이 없도록 하자.

지혜자들이 왕에게 아브람을 죽일 것을 고함

8 그들이 그렇게 하여 그들이 모두 왕에게 가서 땅에 엎드려 절하며 말했다. 왕께서 장수하기를 왕께서 장수하기를. 9 우리가 당신의 군대 장관, 나홀의 아들 데라에게 아들이 태어난 것을 들었습니다. 우리가 어젯밤에 그의 집으로 가서 그 밤에 그와 함께 먹고 마시고 즐거워했습니다. 10 당신의 종들이 그 밤에 각자의 집으로 가서 유하려고 데라의 집에서 나왔을 때에 우리가 하늘을 향하여 우리의 눈을 들었습니다. 그리고 우리가 큰 별이 동쪽으로부터 와서 그 별이 큰 속도로 나아가고 하늘들의 사면에서 큰 별 넷을 삼키는 것을 보았습니다. 11 당신의 종들이 우리가 본 것으로 인하여 놀라고 크게 두려워하였습니다. 우리가 본 것을 판단하고 우리의 지혜로 그것의 적절한 해석을 알았습니다. 이것은 데라에게 태어난 아이에 대한 것으로 그가 자라서 크게 번성하고 강하게 되며 땅의 모든 왕을 죽이고 그들의 땅을 상속할 것인데 그와 그의 씨가 영원히 그렇게 될 것입니다. 12 이제 우리 주 왕이시여 보십시오. 우리가 진실로 당신에게 이 아이에 대하여 본 것을 알려드렸습니다. 13 왕이 이 아이의 아버지에게 이 아이에 대한 값을 주는 것을 좋게 여기시면 그가 자라서 땅에서 번성하고 그의 재앙이 우리에게 커져 우리와 우리의 자녀들이 그의 재앙으로 죽기 전에 우리가 그를 죽이겠습니다.

왕이 데라를 부름

14 왕이 그들의 말을 들으니 그것이 그의 눈에 좋게 보였다. 그가 데라를 부르자 데라가 왕 앞에 왔다. 15 왕이 데라에게 말했다. 내가

듣기에 어젯밤에 너에게 아들이 태어났고 그가 태어났을 때에 하늘들에서 이러이러하게 보였다고 했다. 16 그러므로 이제 그 아이를 나에게 주어 그의 재앙이 우리에게 일어나기 전에 우리가 그 아이를 죽이도록 하라. 내가 너에게 그 아이의 값을 주어 너의 집이 은과 금으로 가득차게 하겠다. 17 데라가 왕에게 대답하여 말했다. 나의 주 왕이시여 내가 당신의 말을 듣고 당신의 종이 왕이 원하는 모든 것을 하겠습니다. 18 그러나 나의 주 왕이시여 내가 당신께 어젯밤에 나에게 일어난 일을 말씀드려 내가 왕께서 그의 종에게 주시는 충고를 알게 해 주십시오. 그리고 나서 내가 왕께서 말씀하신 것에 답하겠습니다. 왕이 그에게 말하라고 하였다.

데라의 대답

19 데라가 왕에게 말했다. 모렛의 아들 아욘이 어젯밤에 나에게 와서 말했습니다. 20 왕이 당신에게 준 크고 아름다운 말을 내게 주시오. 내가 당신에게 그것의 값으로 은과 금과 짚과 사료를 주겠소. 그래서 내가 그에게 말했습니다. 내가 당신이 말한 것과 관련하여 왕을 만나볼 때까지 기다리시오. 보시오 왕께서 말하는 것은 무엇이든지 내가 하겠소. 21 이제 나의 주와 왕이시여 보십시오. 내가 당신께 이 일을 알게 하였습니다. 나의 왕께서 그의 종에게 주시는 조언을 내가 따르겠습니다. 22 왕이 데라의 말을 듣고 분노하여 그가 그를 어리석은 자처럼 여겼다. 23 왕이 데라에게 대답하여 그에게 말했다. 네가 어리석고 무지하고 지식이 부족하여 은과 금과 심지어 짚과 사료를 받고 너의 아름다운 말을 주려고 하느냐? 24 네가 은과 금이 부족하여 이 일을 하려고 하느냐? 네가 너의 말을 먹일 짚과 사료를 얻지 못하기 때문이냐? 은과 금이 너에게 무엇이고 짚과 사료가 무엇이기에 네가 온

세상에서 아무도 가질 수 없는 내가 너에게 준 훌륭한 말을 주려고 하느냐? 25 왕이 말하기를 그치자 데라가 왕에게 대답했다. 왕이 그의 종에게 말씀하신 것이 이것과 같습니다. 26 내가 나의 주 왕이신 당신께 간청합니다. 당신이 나에게 말씀하신 것, 너의 아들을 주어서 우리가 그를 죽이도록 하라 내가 너에게 그의 값으로 은과 금을 주겠다는 이것이 무엇입니까? 내 아들이 죽은 후에 내가 은과 금으로 무엇을 하겠습니까? 누가 그것을 상속받겠습니까? 내가 죽은 후에 분명히 그 은과 금이 그것을 주신 내 왕께 돌아갈 것입니다.

왕이 아브람을 요구함

27 왕이 데라의 말과 그가 왕에게 말한 비유를 들었을 때에 그것이 왕의 마음을 크게 괴롭혔고 왕이 그것으로 인해 곤란해 했다. 그의 화가 그의 안에서 타올랐다. 28 데라가 보니 왕이 그에게 화가 났다. 그가 왕에게 대답하여 이렇게 말했다. 내가 가진 모든 것이 왕의 힘 안에 있습니다. 왕이 그의 종에게 하고자 하는 것은 무엇이든지 참으로 나의 아들이라도 그는 왕의 힘 안에 있으니 그에 대한 값없이 그것을 행하십시오. 그와 그보다 나이가 많은 그의 두 형제에게도 그리 하십시오. 29 왕이 데라에게 말했다. 아니다. 그러나 내가 너의 어린 아들을 값을 주고 사겠다. 30 데라가 왕에게 대답하여 말했다. 내가 나의 주 왕에게 청합니다. 당신의 종이 당신 앞에서 말하고 왕이 그의 종의 말을 듣게 하소서. 데라가 말했다. 나의 왕이여 나에게 3일의 시간을 주어 내가 마음속으로 이 문제를 깊이 생각하고 내 왕의 말에 대하여 내 가족과 의논하게 해 주십시오. 그가 왕이 이것을 허락하도록 크게 간청했다. 31 왕이 데라의 말을 듣고 그가 그렇게 하여 그에게 3일의 시간을 주었다. 데라가 왕의 앞에서 나가 집으로 그의 가족에게로 가서

왕의 모든 말을 그들에게 말했다. 그들이 매우 두려워했다.

데라가 종의 아이를 대신 보냄

32 왕이 데라를 보낸지 셋째 날에 말했다. 내가 너에게 말한 값에 너의 아들을 나에게 보내라. 네가 이 일을 하지 않으면 내가 사람들을 보내어 너의 집에 있는 모든 사람을 죽이고 너에게 개 한 마리도 남지 않게 하겠다. 33 (왕으로부터의 일이 급하였기에) 데라가 서둘렀다. 그가 그의 종들 중 하나의 아이를 데려왔는데 그 아이는 그 날 그의 여종이 낳은 아이였다. 데라가 그 아이를 왕에게 데려가고 그 아이에 대한 값을 받았다. 34 주께서 이 일에 대하여 데라와 함께 하셔서 니므롯이 아브람을 죽이지 못하도록 하셨다. 왕이 데라에게서 아이를 데려와 그의 모든 힘을 다하여 그 아이의 머리를 땅에 부딪치게 했다. 이는 그가 그 아이가 아브람이라고 생각했기 때문이다. 그 날 이 일이 그에게 감추어졌고 왕이 이 일을 잊었으니 이는 이것이 아브람이 죽지 않도록 하기 위한 하나님의 뜻이었기 때문이다.

데라가 아브람을 숨김

35 데라가 그의 아들 아브람을 그의 어머니와 유모와 함께 은밀히 데려다가 그들을 동굴에 숨겼다. 그리고 그들에게 매달 먹을 것을 가져다주었다. 36 주께서 그 동굴에서 아브람과 함께 하셨고 그가 성장하였다. 아브람이 그 동굴에 10년 동안 있었다. 왕과 그의 고관들과 점쟁이들과 현인들은 왕이 아브람을 죽였다고 생각했다.

9 아브람과 바벨탑

하란의 자녀

1 그 때에 아브람의 맏형, 데라의 아들 하란이 아내를 맞이하였다. 2 하란이 그 여자를 아내로 삼았을 때 39세였다. 하란의 아내가 임신하여 아들을 낳았다. 그가 그의 이름을 롯이라고 불렀다. 3 그 여자가 다시 임신하여 딸을 낳고 그 여자아이의 이름을 밀가라 불렀다. 그 여자가 또 임신하여 딸을 낳고 그 여자아이의 이름을 사래라 불렀다. 4 하란이 사래를 낳았을 때 42세였으며 그 때는 아브람이 열 살이었을 때였다.

아브람이 주의 길을 배움

왕과 그의 신하들이 아브람의 일을 잊었으므로 그 때에 아브람과 그의 어머니와 유모가 동굴에서 나왔다. 5 아브람이 동굴에서 나왔을 때에 그가 노아와 그의 아들 셈에게 가서 주의 가르침과 그의 길을 배우기 위하여 그들과 함께 머물렀고 누구도 아브람이 어디 있는지 알지 못했다. 아브람이 노아와 그의 아들 셈을 오랫동안 섬겼다. 6 아브람이 노아의 집에 39년 동안 있었다. 아브람이 세 살 때부터 주를 알았고 그가 노아와 그의 아들 셈이 그에게 가르친 대로 그의 죽는 날까지 주의 길을 걸었다.

사람의 아들들이 우상을 숭배함

그 시대에 땅의 모든 아들이 주의 명령을 크게 어겼다. 그들이 주를 거역하고 다른 신들을 섬겼다. 그들은 땅에서 그들을 창조하신 주를 잊었다. 그 때에 땅에 거하는 자들, 모든 사람이 자신을 위하여 말하거나 듣거나 구원할 수 없는 나무와 돌로 된 자기의 신들을 만들었다. 사람의 아들들이 그것들을 섬겼고 그것들이 그들의 신이 되었다. 7 왕과 그의 신하들과 데라와 그의 모든 가족은 나무와 돌로 만든 신들을 섬기는 자들 중에 첫째였다. 8 데라가 일 년의 열두 달을 따라 나무와 돌로 만든 커다란 열두 신들을 가졌다. 그가 달마다 각각 하나씩 섬기며 매달 그의 음식 헌물과 음료 헌물을 그의 신들에게 바쳤다. 데라가 항상 그렇게 행했다. 9 주께서 보시기에 모든 세대가 악했다. 그들 모든 사람이 자기의 신을 만들고 그들을 창조하신 주를 잊었다. 10 그 시대에 온 땅에서 노아와 그의 가족 외에 주를 아는 사람을 한 사람도 찾을 수 없었다. (이는 그들이 각자 자기의 신을 섬겼기 때문이다.) 그 시대에 노아의 말을 듣는 모든 사람이 주를 알았다. 11 그 시대에 데라의 아들 아브람은 노아의 집에서 점점 크게 되었으나 아무도 그것을 알지 못했다. 주께서 그와 함께 하셨다.

아브람이 하나님과 그분의 길을 깨달음

12 주께서 아브람에게 깨닫는 마음을 주셨다. 그는 그 세대의 모든 일이 헛된 것이며 그들의 모든 신이 헛된 것이고 전혀 도움이 되지 않는다는 것을 알았다. 13 아브람이 태양이 땅 위에서 빛나는 것을 보고 속으로 말했다. 참으로 땅 위에서 빛나는 이 태양이 하나님이다. 내가 그분을 섬길 것이다. 14 아브람이 그 날에 태양을 섬기고 그것에게 기도했다. 저녁이 되고 평소처럼 태양이 지자 아브람이 속으로 말했다.

참으로 이것이 하나님일 리가 없다. 15 아브람이 여전히 속으로 말했다. 하늘들과 땅을 지으신 그분은 누구인가? 누가 땅 위에서 창조하셨는가? 그분은 누구인가? 16 밤이 그의 위를 덮었고 그가 그의 눈을 서쪽으로, 북쪽으로, 남쪽으로, 동쪽으로 들었다. 그가 태양이 땅에서 사라지는 것을 보았고 날이 어두워졌다. 17 아브람이 그의 앞에 있는 별들과 달을 보고 말했다. 이것이 참으로 사람뿐만 아니라 모든 땅을 지으신 하나님이다. 이것들을 보라. 그의 종들은 그의 주변에 있는 신들이다. 아브람이 달을 섬기고 그 온 밤에 그것에게 기도했다. 18 아침에 평소처럼 낮이 되고 태양이 땅 위에서 빛날 때 아브람이 주 하나님이 땅 위에서 지으신 모든 것을 보았다. 19 아브람이 자신에게 말했다. 이것들은 결코 땅과 모든 사람을 만든 하나님이 아니다. 그러나 이것들은 하나님의 종들이다. 아브람이 노아의 집에 머물며 그곳에서 주와 그분의 길을 알고 그가 사는 모든 날 동안 주를 섬겼다. 그 모든 세대는 주를 잊고 나무와 돌로 만든 다른 신들을 섬겼으며 그들의 모든 날 동안 주를 거역했다.

니므롯이 탑을 세우기 시작함

20 니므롯 왕이 확고히 통치했고 온 땅이 그의 지배 아래에 있었다. 온 땅이 언어가 하나이고 말이 하나였다. 21 니므롯의 모든 고관과 그의 위대한 사람들이 함께 의논했다. 붓과 미스라임과 구스와 가나안과 그들의 가족들이 서로에게 말했다. 오라 우리가 성읍과 그 안에 강한 탑을 건축하자. 그것의 꼭대기가 하늘에 닿게 하여 우리가 우리의 이름을 알리고 우리가 온 세상을 지배하자. 그리하여 우리 원수들의 재앙이 우리에게 그치게 하고 우리가 그들을 강하게 지배하고 우리가 그들의 전쟁으로 인하여 온 땅에 흩어지지 않도록 하자. 22 그들 모두

가 왕 앞으로 가서 왕에게 이 말을 말했다. 왕이 그들에게 이 일에 대하여 허락하고 그가 그렇게 행했다. 23 약 육십 만의 사람들로 이루어진 모든 가족이 모여서 그들의 성읍과 탑을 건축하기 위하여 땅의 넓은 지역을 찾으러 갔다. 그들이 온 땅을 찾아다녔는데 약 이틀 거리에 있는 시날 땅 동쪽의 한 계곡과 같이 좋은 곳을 찾을 수 없었다. 그들이 그곳으로 이동하여 그곳에 거주했다. 24 그들이 자기들이 완성하기로 한 성읍과 탑을 건축하려고 벽돌을 만들고 불을 피우기 시작했다.

탑의 건축자들이 하나님을 대적함

25 탑을 건축하는 것이 그들에게 허물과 죄가 되었다. 그들이 그것을 건축하기 시작했다. 그들이 하늘의 주 하나님께 대적하여 그것을 건축하고 있을 때 그들이 마음속으로 그분에게 대적하여 전쟁하고 하늘로 올라가는 것을 생각했다. 26 이 모든 사람과 모든 가족이 셋으로 나뉘었다. 첫째 사람들은 우리가 하늘로 올라가 그와 싸울 것이라 말했다. 둘째 사람들은 우리가 하늘로 올라가 우리 자신의 신들을 그곳에 두고 그들을 섬길 것이라고 말했다. 셋째 사람들은 우리가 하늘로 올라가 그를 활과 창으로 치겠다고 말했다. 하나님은 그들 모두의 일과 악한 생각을 아셨고 그들이 건축하고 있는 성읍과 탑을 보셨다. 27 그들이 큰 성읍과 매우 높고 강한 탑을 건축했다. 탑을 건축하는 자들이 그것을 오를 때 그것의 높이로 인하여 진흙과 벽돌이 그들에게 이르지 않았는데 그것을 오른 자들에게 한 해(하루)가 지나기까지 이르지 않았다. 그 후에 그것들이 건축하는 자들에게 도착하여 그들에게 진흙과 벽돌이 주어졌다. 이 일이 매일 이렇게 진행되었다. 28 보라 밤낮으로 이 사람들이 오르고 다른 사람들이 내려갔다. 만일 벽돌 하나가 그들의 손에서 떨어져 부서지면 그들 모두가 그것을 위하여 울었

다. 그러나 만일 사람 하나가 떨어져 죽으면 그들 중 누구도 그를 신경 쓰지 않았다. 29 주께서 그들의 생각을 아셨다. 그리고 이런 일이 일어났다. 그들이 건축하고 있을 때 그들이 하늘들을 향하여 화살들을 쏘았는데 그 모든 화살이 피가 가득한 채 그들 위에 떨어졌다. 그들이 그것을 보고 서로에게 이렇게 말했다. 우리가 분명히 하늘에 있는 모든 자들을 죽였다. 30 이것은 그들로 죄를 범하게 하고 그들을 지면에서 멸하시기 위하여 주께로부터 온 것이었다. 31 그들이 탑과 성읍을 건축하며 많은 날과 여러 해가 지날 때까지 매일 이 일을 행했다.

하나님이 언어를 혼잡하게 하심

32 하나님이 그분의 가장 앞에 선 칠십 천사들, 그분에게 가까이 있는 자들에게 말씀하셨다. 오라 우리가 내려가서 그들의 언어를 혼잡하게 하여 한 사람이 그의 이웃의 언어를 알아듣지 못하게 하자 하시고 그들이 그렇게 했다. 33 그 날로부터 그들이 서로 이웃의 언어를 잊었고 그들이 한 언어로 말하는 것을 이해할 수 없었다. 건축하는 자들이 그들의 이웃의 손으로부터 그들이 명령하지 않은 석회나 돌을 받았을 때 건축하는 자들이 그것을 그의 이웃 위로 던져 그가 죽게 되었다. 34 그들이 많은 날 동안 그렇게 했고 그런 식으로 그들 중 많은 사람을 죽였다.

하나님이 탑을 건축하는 자들을 심판하심

35 주께서 그곳에 있던 세 무리를 치시고 그들의 행위와 의도에 따라 그들을 심판하셨다. 우리가 하늘에 올라가서 우리의 신들을 섬기겠다고 말한 자들은 유인원과 (검은색과 흰색의) 코끼리들과 같이 되었다. 우리가 화살로 하늘을 치겠다고 말한 자들은 주께서 그들을 죽이

셨는데 그의 이웃의 손으로 죽게 하셨다. 우리가 하늘로 올라가 그와 싸우겠다고 말한 세 번째 무리는 주께서 그들을 땅의 사방으로 흩으셨다. 36 그들 중에 남은 자들이 그들 위에 내리는 재앙을 알고 건축하는 것을 그만두었고 그들도 또한 온 지면에 흩어지게 되었다. 37 그들이 성읍과 탑을 건축하는 것을 그만두었다. 그러므로 그분이 그곳을 바벨이라고 부르셨는데 이는 주께서 온 땅의 언어를 혼잡하게 하셨기 때문이다. 보라 그것은 시날 땅의 동쪽에 있었다. 38 사람의 아들들이 건축한 탑을 땅이 그 입을 열어 그것의 삼분의 일을 삼켰고, 하늘로부터 불이 내려와 그것의 다른 삼분의 일을 태웠고, 나머지 삼분의 일은 오늘까지 남아 있다. 그것은 하늘 높이 있던 부분이며 그것의 둘레는 사흘 길 거리이다. 39 그 탑 안에 있는 사람의 아들들의 많은 수가 죽었고 무수한 사람이 죽었다.

10 노아의 자손들

벨렉이 죽음

1 그 때에 데라의 아들 아브람이 48세였을 때에 에벨의 아들 벨렉이 죽었다. 벨렉이 239세를 살았다.

사람의 아들들이 흩어짐

2 주께서 그 탑에서 그들의 죄로 인하여 사람의 아들들을 흩으셨을 때에 보라 그들이 많은 무리로 흩어졌고 사람의 모든 아들들이 땅의 사방으로 흩어졌다. 3 모든 족속이 그들의 언어나 그들의 땅이나 그들의 성읍에 따라 거주했다. 4 사람의 아들들이 주께서 그들을 흩으신 땅의 모든 곳, 그들이 이른 모든 곳에서 그들의 족속에 따라 많은 성읍을 건축했다. 5 그들 중 일부는 나중에 그들이 쫓겨난 곳에 성읍들을 건축했는데 그들이 그 성읍들의 이름을 그들 자신의 이름이나 그들의 자녀들의 이름이나 그들의 특별한 사건을 따라 지었다.

야벳의 아들들

6 노아의 아들 야벳의 아들들이 가서 그늘이 흩어진 곳에 성읍들을 건축했다. 그들이 그들의 성읍들을 그들의 이름을 따라 지었고 야벳의 아들들은 지면에서 많은 무리와 언어로 나뉘었다. 7 그들의 족속

에 따른 야벳의 아들들이 이러하니 고멜과 마곡과 메대와 야완과 두발과 메섹과 디라스다. 이들은 그들의 세대에 따른 야벳의 자녀들이다. 8 고멜의 자녀들은 그들의 성읍에 따라 프란크인들이며 그들은 세나 강가, 프란자 강가, 프란자의 땅에 거하는 자들이다. 9 르밧의 자녀들은 바톤인들이며 그들은 큰 강 기혼, 즉 대해양으로 흐르는 레다 강가의 바토니아 땅에 거하는 자들이다. 10 두갈마의 자녀들은 열 족속으로 그들의 이름은 부자르와 파르주낙과 벨가와 엘리카눔과 락비브와 타키와 비드와 제부크와 온갈과 틸마즈이다. 이들 모두는 북쪽에 흩어져 거주하며 성읍들을 건축했다. 11 그들이 그들의 성읍들을 그들 자신의 이름으로 불렀으며 그들이 오늘까지 히스라와 이탈락 강가에 거하는 자들이다. 12 그러나 앙골리와 발가와 파르주낙 족속은 두브니 큰 강가에 거주했다. 그들의 성읍들의 이름 또한 그들 자신의 이름으로 불렀다. 13 야완의 자녀들은 야완인들이며 마크도니아 땅에 거주했다. 메대의 자녀들은 오렐인들이며 구손의 땅에 거주했다. 두발의 자녀들은 파시아 강가의 투스카나 땅에 거주하는 자들이었다. 14 메섹의 자녀들은 시바시니이며 디라스의 자녀들은 루사시와 구스니와 옹골리스였다. 이들 모두가 가서 성읍을 건축했다. 이것은 트라간 강으로 흘러들어 가는 구라 강가, 야부스 강가에 있는 성읍들이었다. 15 엘리사의 자녀들은 알만인들이며 그들도 가서 성읍을 건축했다. 이것은 욥과 시바드모 산들 사이에 있는 성읍들이었다. 그들이 이탈리아 땅을 정복하고 오늘까지 그곳에 남아있다. 16 깃딤의 자녀들은 로마인들이며 티브루 강가 카노피아 계곡에 거주했다. 17 도다님의 자녀들은 보드나 땅 기혼 바다의 성읍들에 거주하는 자들이었다. 18 이들은 야벳의 자녀들이 그 탑의 일이 있은 후에 흩어졌을 때 그들의 성읍들과 그들의 언어들에 따른 족속들이며 그들이 그들의 성읍들을 그들의 이름과 사건을 따라 불렀다. 이것은 그들이 그 탑의 일이 있은 후에 그 시대에 그들의 족속들에 따라 건축한 모든 성읍의 이름이다.

함의 자녀

19 함의 자녀들은 그들의 세대와 성읍들을 따라 구스와 미스라임과 붓과 가나안이다. 20 이들 모두가 가서 그들에게 맞는 장소를 발견하여 성읍들을 건설하고 그들이 그들의 성읍들을 그들의 아버지인 구스와 미스라임과 붓과 가나안이라고 불렀다. 21 미스라임의 자녀들은 루딤과 아나밈과 르하빔과 납두힘과 바드루심과 가슬루힘과 갑도림으로 일곱 족속이다. 22 이들 모두가 이집트의 시내인 시홀 강가에 거주했다. 그들이 성읍들을 건축하고 그것들을 그들 자신의 이름으로 불렀다. 23 바드로스와 가슬록의 자녀들이 결혼하였고 그들로부터 펠리시팀과 아자딤과 그라림과 기딤과 에그로님 모두 다섯 족속이 나왔다. 이들이 모두 성읍들을 건축하였고 그들이 오늘까지 그 성읍들을 그들의 아버지들의 이름을 따라 불렀다. 24 가나안의 자녀들도 성읍들을 건축하고 그들의 성읍들을 그들의 이름을 따라 불렀는데 열한 성읍과 그 외에 무수한 성읍이었다. 25 함의 가족 중 네 사람이 평야의 땅으로 갔다. 그 네 사람의 이름은 소돔과 고모라와 아드마와 스보임이다. 26 이 사람들이 평야 땅에 성읍 넷을 건축하고 그들이 그 성읍들의 이름을 그들 자신의 이름으로 불렀다. 27 그들과 그들의 자녀들과 그들에게 속한 가족이 그 성읍들 안에 거주하였고 그들이 생육하고 크게 번성하고 평화롭게 살았다. 28 가나안의 아들 히위의 아들 훌의 아들인 세일이 가서 바란 산 맞은편의 계곡을 발견했다. 그가 그곳에 성읍을 건축하고 그와 그의 일곱 아들과 그의 가족이 그곳에 거주했다. 그가 자기가 건축한 그 성읍을 그의 이름을 따라 세일이라 불렀다. 이것

이 오늘까지 세일 땅이다. 29 이것이 그들이 그 탑의 일이 있은 후에 그들의 나라들로 흩어졌을 때 그들의 언어와 성읍에 따른 함의 자녀의 가족들이다.

셈의 자녀

30 노아의 아들, 에벨 온 자손의 조상인 셈의 자녀 중 일부가 가서 그들이 흩어진 곳에 성읍들을 건축했다. 그들이 그 성읍들을 그들의 이름을 따라 불렀다. 31 셈의 아들들은 엘람과 앗수르와 아르박삿과 룻과 아람이다. 그들이 성읍들을 건축하고 그들의 모든 성읍의 이름을 그들의 이름을 따라 불렀다. 32 그 때에 그들 중 매우 큰 무리인 셈의 아들 앗수르와 그의 자녀들과 가족이 나아가 그들이 발견한 먼 땅으로 갔다. 그들이 이른 땅에서 그들이 매우 넓은 계곡을 발견했다. 그들이 네 성읍을 건축하고 그 성읍들의 이름을 그들 자신의 이름과 사건들을 따라 불렀다. 33 앗수르의 자녀들이 건축한 성읍들의 이름은 니느웨와 레센과 칼락과 르호보데르다. 앗수르의 자녀들이 오늘까지 그곳에 살았다. 34 아람의 자녀들도 가서 성읍을 건축하고 그 성읍의 이름을 그들의 맏형의 이름을 따라 우스라고 부르며 그들이 그 안에 거주했다. 이것이 오늘까지 우스 땅이다. 35 그 탑의 일이 있은 후에 둘째 해에 앗수르의 집에 벨라라는 이름의 한 사람이 있었다. 그가 니느웨 땅으로부터 가서 어디든지 그가 찾을 수 있는 곳에 머무르기 위하여 그의 가족과 함께 갔다. 그들이 소돔을 마주한 평야의 성읍들 맞은편에까지 이르러 그곳에 거주했다. 36 그 사람이 일어나 그곳에 작은 성읍을 건축하고 그곳의 이름을 그의 이름을 따라 벨라라고 불렀다. 이것이 오늘까지 소알 땅이다. 37 이것이 그 탑의 일이 있은 후에 그들이 지면 위에 흩어졌을 때 그들의 언어와 성읍들에 따른 셈의 자녀의 가족들이

다. 38 이후에 노아 자손 가족들의 모든 나라와 성읍과 가족이 많은 성읍을 건축하였다. 39 그들이 그들의 질서대로 다스리기 위하여 그들의 모든 성읍에 정부를 세웠다. 모든 노아 자손의 가족들이 계속해서 그렇게 행했다.

11 니므롯의 악한 통치

니므롯이 시날 땅에 네 성읍을 건축함

1 구스의 아들 니므롯이 여전히 시날 땅에 있었고 그가 그곳을 다스리고 그곳에 거하며 시날 땅 안에 성읍들을 건축하였다. 2 그가 건축한 네 성읍의 이름들이 이러하니 그가 그 성읍들의 이름을 그 탑을 건축할 때 그들에게 생긴 일을 따라 불렀다. 3 그가 첫째 성읍의 이름을 바벨이라고 부르며 말하기를 이는 주께서 그곳에서 온 땅의 언어를 혼잡하게 하셨기 때문이라 하였다. 그가 둘째 성읍의 이름을 에레크라고 부르며 말하기를 이는 하나님께서 그곳에서 그들을 흩으셨기 때문이라 하였다. 4 그가 셋째 성읍의 이름을 에케드라고 부르며 말하기를 그곳에서 큰 전쟁이 있었다 하였다. 그가 넷째 성읍의 이름을 칼나라고 부르며 말하기를 이는 그의 통치자들과 강한 자들이 그곳에서 멸망하였고 그들이 주를 노엽게 하며 그분에게 반역하여 죄를 지었기 때문이라 하였다. 5 니므롯이 시날 땅에 이 성읍들을 건축했을 때에 그가 그 안에 그의 나라에 남은 그의 백성과 그의 통치자들과 그의 강한 자들의 남은 자들을 두었다.

니므롯과 마르돈의 악한 통치

6 니므롯이 바벨에 거할 때에 그가 그곳에서 그의 백성의 남은 자

들에 대한 통치를 새롭게 하고 확고히 다스렸다. 니므롯의 백성들과 통치자들이 그의 이름을 아므라벨이라고 부르며 말하기를 그의 고관들과 사람들이 그 탑에서 그에 의하여 떨어졌다고 하였다. 7 이것에도 불구하고 니므롯이 주께로 돌이키지 않았고 그가 계속에서 악을 행하며 사람의 아들들에게 악을 가르쳤다. 그의 아들 마르돈은 그의 아버지보다 더 악하여 계속해서 그의 아버지의 가증함을 더하였다. 8 그가 사람의 아들들이 죄를 짓게 하였다. 그래서 사람들이 말하기를 악한 자에게서 악이 나온다 하였다.

엘람 왕 그돌라오멜이 독립함

9 그 때에 함의 자녀의 가족들이 그들이 건축한 성읍들 안에 거하면서 그들 사이에 전쟁이 있었다. 10 엘람 왕 그돌라오멜이 함의 자녀의 가족들에게서 나와 그들과 싸우고 그들을 정복하였다. 그가 평야의 다섯 성읍으로 가서 그들과 싸워 그들을 정복하였고 그들이 그의 통치 아래에 있게 되었다. 11 그들이 그를 12년을 섬겼고 그에게 해마다 세금을 냈다.

나홀이 죽음

12 그 때에 스룩의 아들 나홀이 데라의 아들 아브람이 49세일 때에 죽었다.

아브람이 아버지의 우상들을 부수기로 결심함

13 데라의 아들 아브람이 50세일 때에 아브람이 노아의 집에서 나와 그의 아버지의 집으로 갔다. 14 아브람이 주를 알았고 그가 그분의 길과 명령 안에서 걸었으며 그의 하나님 주께서 그와 함께 하셨다.

15 그 시대에 그의 아버지 데라는 여전히 니므롯 왕의 군대 대장이었으며 그가 여전히 이방 신들을 따랐다. 16 아브람이 그의 아버지의 집으로 와서 그곳에서 사원들 안에 서 있는 열두 신들을 보았다. 아브람이 그의 아버지의 집에서 이 형상들을 보았을 때 그가 분노했다. 17 아브람이 말했다. 주께서 살아 계시는 한 이 형상들이 내 아버지의 집에 있지 못할 것이다. 만약 삼 일 안에 내가 이 모든 것을 부수지 않는다면 나를 창조하신 주께서 나에게도 그렇게 하실 것이다. 18 아브람이 그것들로부터 나갔는데 그의 안에 화가 타올랐다. 그가 급히 그 방에서 나와 그의 아버지의 바깥 뜰로 갔다. 그가 그의 아버지가 뜰에 앉아 있고 그의 모든 종이 그와 함께 있는 것을 보았다. 아브람이 와서 그의 앞에 앉았다. 19 아브람이 그의 아버지에게 물으며 말했다. 아버지, 하늘과 땅과 땅 위의 모든 사람의 아들들과 아버지와 나를 창조하신 하나님이 어디에 계신지 말씀해 주십시오. 데라가 그의 아들 아브람에게 대답하여 말했다. 보라 우리를 창조하신 이들이 모두 집에 우리와 함께 계신다. 20 아브람이 그의 아버지에게 말했다. 나의 주여, 내가 구하오니 그들을 내게 보여주십시오. 데라가 아브람을 안뜰의 방으로 데려가 아브람이 보니 방 전체가 나무와 돌로 된 신들로 가득했고 열두 개의 큰 형상들과 그보다 작은 것들이 수없이 많이 있었다. 21 데라가 그의 아들에게 말했다. 보라 이들이 네가 땅 위에서 본 모든 것들을 짓고 너와 나와 모든 인류를 창조한 이들이다. 22 데라가 그 신들에게 절하고 그것들로부터 나갔고 그의 아들 아브람도 그와 함께 나갔다.

아브람이 우상들을 시험함

23 아브람이 그것들로부터 나가서 그의 어머니에게 가서 그 앞에 앉아 그의 어머니에게 말하였다. 보십시오, 나의 아버지가 나에게 하

늘과 땅과 모든 사람의 아들들을 지은 이들을 보여주었습니다. 24 그러므로 이제 급히 염소 떼에서 어린 염소 하나를 가져와 그것으로 맛있는 음식을 만들어 내가 아버지의 신들이 먹을 제물로 그들에게 가져가게 하십시오. 어쩌면 그것으로 내가 그들에게 받아들여질 것입니다. 25 그의 어머니가 그렇게 하여 어린 염소를 가져와 그것으로 맛있는 음식을 만들고 그것을 아브람에게 주었다. 아브람이 그 맛있는 음식을 어머니에게서 받아 그의 아버지의 신들 앞으로 가져왔다. 그가 그들이 먹을 수 있도록 가까이 다가갔다. 그의 아버지 데라는 그것을 알지 못했다. 26 그 날에 아브람이 그것들 가운데 앉아 있을 때에 그것들이 말하지도 않고 듣지도 않고 움직이지도 않고 그것들 중에 하나도 먹기 위하여 그 손을 뻗을 수 없음을 보았다. 27 아브람이 그것들을 업신여기며 말했다. 분명 내가 준비한 그 맛있는 음식이 그들을 기쁘게 하지 못하거나 어쩌면 이것이 그들에게 너무 적어서 그들이 먹지 않는 것이다. 그러므로 내일 내가 이보다 더 좋고 풍성하고 신선하고 맛있는 음식을 준비하여 이 일이 어떻게 될지를 보겠다. 28 다음 날 아브람이 그의 어머니에게 그 맛있는 음식에 관한 것을 말하여 그의 어머니가 일어나 염소 떼로부터 좋은 어린 염소 세 마리를 가져왔다. 그의 어머니가 그것으로 그 아들이 좋아하는 것과 같은 아주 훌륭하고 맛있는 음식을 만들어 그것을 그의 아들 아브람에게 주었다. 그의 아버지 데라는 이것을 알지 못했다. 29 아브람이 그의 어머니에게서 그 맛있는 음식을 받아 그의 아버지의 신들이 있는 방 안으로 그것들 앞으로 가져갔다. 그가 그것들이 먹을 수 있도록 가까이 다가가서 그 음식을 그것들 앞에 두었다. 아브람이 그들이 먹으리라 생각하고 종일 그것들 앞에 앉아 있었다. 30 아브람이 그것들을 보니 보라 그것들이 말하거나 듣거나 그것들 중에 하나도 그 음식을 먹으려고 손을 뻗지 않았다.

아브람이 우상들을 부서뜨림

31 그 날 저녁에 아브람이 그 집에서 하나님의 영으로 입혀졌다. 32 그가 부르짖으며 말했다. 내 아버지와 이 악한 세대에게 화로다. 그들의 마음이 모두 헛된 것에 치우쳤고 그들이 말하지 못하는 입과 보지 못하는 눈과 듣지 못하는 귀와 만지지 못하는 손과 움직이지 못하는 다리를 가져 먹거나 냄새 맡거나 듣거나 말하지 못하는, 나무와 돌로 만든 이 우상들을 섬겼다. 그것들을 만들고 그것들을 믿는 이들도 그와 같다. 33 아브람이 이 모든 것을 보았을 때 그의 아버지에 대하여 그의 화가 타올랐다. 그가 급히 그의 손에 도끼를 들고 그 신들이 있는 방으로 가서 그의 아버지의 모든 신을 부서뜨렸다. 34 그가 우상들을 다 부서뜨린 후 그 도끼를 그 우상들 앞에 있던 가장 큰 신의 손에 두고 나왔다. 그의 아버지 데라가 집으로 왔으니 이는 그가 문에서 도끼로 치는 소리를 들었기 때문이다. 데라가 이 일이 무슨 일인지 알아보려고 집으로 왔다. 35 데라가 우상의 방에서 도끼 소리를 듣고 우상의 방으로 달려갔다. 그가 거기서 나오던 아브람과 만났다. 36 데라가 그 방으로 들어가 모든 우상이 넘어지고 부서지고 도끼가 가장 큰 우상의 손에 있는 것을 발견했다. 그 우상은 부서지지 않았고 그의 아들 아브람이 만든 맛있는 음식은 여전히 그 우상들 앞에 있었다.

데라가 아브람에게 노함

37 데라가 이것을 보고 그의 화가 크게 타올랐다. 그가 급히 그 방에서 나와 아브람에게 갔다. 38 그가 그의 아들 아브람이 여전히 집 안에 앉아 있는 것을 발견했다. 그가 그에게 말했다. 네가 나의 신들에게 행한 이 일들이 무엇이냐? 39 아브람이 그의 아버지 데라에게 대답하여 말했다. 내 주여, 그렇지 않습니다. 내가 맛있는 음식을 그들 앞에

가져가 그들이 먹도록 그 음식을 가지고 그들에게 가까이 다가갔을 때 큰 자가 먹으려고 그의 손을 뻗기 전에 그들이 모두 일제히 먹으려고 그들의 손을 뻗었습니다. 40 그 큰 자가 그들이 그의 앞에서 행한 일을 보고 그들을 향하여 그의 화가 맹렬히 타올랐습니다. 그가 가서 집에 있던 도끼를 가지고 그들에게 와서 그들 모두를 부서뜨렸습니다. 보십시오 당신이 보듯이 그 도끼가 아직 그의 손에 있습니다. 41 그가 이것을 말했을 때에 데라가 그의 아들을 향하여 분노했다. 데라가 그의 아들 아브람에게 노하며 말했다. 네가 말한 이 이야기가 무엇이냐? 네가 내게 거짓말을 했다. 42 이 신들 안에 영이나 혼이나 네가 나에게 말한 모든 것을 할 수 있는 힘이 있느냐? 그것들은 나무와 돌이 아니며 내가 그것들을 만들지 않았느냐? 네가 그것들과 함께 있던 그 큰 신이 그것들을 쳤다고 말하며 그런 거짓말을 할 수 있느냐? 네가 그 도끼를 그의 손에 두고 그가 그들 모두를 쳤다고 말한 것이다.

아브람이 데라를 책망함

43 아브람이 그의 아버지에게 대답하여 그에게 말했다. 그러면 아버지는 어떻게 그 안에 아무것도 할 능력이 없는 이 우상들을 섬길 수 있습니까? 아버지가 믿는 이 우상들이 아버지를 구원할 수 있습니까? 당신이 그들에게 부르짖을 때 그들이 당신의 기도를 들을 수 있습니까? 그들이 당신의 대적들의 손에서 당신을 구원하거나 그들이 당신을 위하여 당신의 대적들과 싸울 수 있습니까? 그래서 당신이 말하거나 듣지도 못하는 나무와 돌을 섬겨야 합니까? 44 이제 아버지나 아버지의 친척의 아들들이 이 일을 하는 것이 결코 좋지 않습니다. 당신이 그렇게 분별이 없거나 어리석거나 지식이 부족하여 나무와 돌을 섬기려 하고 이 일을 행하려 합니까? 45 당신이 하늘과 땅을 만드시고 땅

에서 당신을 창조하신 주 하나님을 잊어 돌과 나무를 섬김으로 이 일로 당신의 생명에 큰 재앙을 가져오려 합니까? 46 옛날에 우리 조상들이 이 일로 죄를 짓고 세상의 주 하나님이 홍수의 물들을 그들에게 내려 온 땅을 멸하지 않았습니까? 47 당신이 어떻게 이 일을 계속하여 듣거나 말하거나 당신을 압제에서 구원하지 못하는 나무와 돌로 된 신들을 섬겨 세상의 하나님의 진노가 당신 위에 내려오게 할 수 있습니까? 48 그러므로 이제 내 아버지여 이 일을 그만두어 당신의 생명과 당신의 가족들의 생명에 재앙이 내리지 않게 하십시오. 49 아브람이 급히 그의 아버지의 앞에서 뛰어가 그의 아버지의 가장 큰 우상에게서 그가 우상을 부술 때 사용한 도끼를 가지고 달아났다.

데라가 니므롯 왕에게 아브람을 고발함

50 데라가 아브람이 한 모든 일을 보고 급히 그의 집에서 나가 왕에게 갔다. 그가 니므롯에게 와서 그의 앞에 서서 왕에게 엎드려 절했다. 왕이 말했다. 네가 원하는 것이 무엇이냐? 51 그가 말했다. 내가 나의 주께서 내 말을 들어주시기를 간청합니다. 이제 50년 전에 한 아이가 나에게 태어났습니다. 그가 이러이러하게 나의 신들에게 행하고 그가 이러이러하게 말했습니다. 그러므로 이제 나의 주 왕이시여, 그를 불러서 그가 당신 앞에 오게 하시고 법에 따라 그를 심판하셔서 우리가 그의 악으로부터 구원을 얻게 하소서. 52 왕이 그의 종들 중 세 사람을 보내어 그들이 가서 아브람을 왕 앞에 데려왔다. 그 날 니므롯과 그의 모든 고관과 종들이 그의 앞에 서 있었고 데라도 그들 앞에 서 있었다. 53 왕이 아브람에게 말했다. 네가 네 아버지와 그의 신들에게 행한 이 일이 무엇이냐? 아브람이 그가 그의 아버지에게 말한 말로 왕에게 대답하여 말했다. 당신이 들은 그 일을 그 집에서 그들과 함께 있

던 큰 신이 행하였습니다. 54 왕이 아브람에게 말했다. 그것들이 네가 말한 대로 말하고 먹고 행할 힘을 가졌느냐?

아브람이 왕을 책망함

아브람이 왕에게 대답하여 말했다. 만약 그들에게 어떤 힘도 없다면 어찌하여 당신은 그것들을 섬기고 사람의 아들들이 당신의 어리석음으로 죄를 범하게 합니까? 55 당신은 그것들이 당신을 구원하거나 작든 크든 어떤 일을 행할 수 있다고 생각하여 그것들을 섬기려고 합니까? 당신은 당신을 창조하시고 그분의 능력으로 죽이거나 살릴 수 있는 온 세상의 하나님을 섬기지 않습니까? 56 오 어리석고 단순하고 무지한 왕이여, 당신에게 영원히 화가 있을 것입니다. 57 나는 당신이 당신의 종들에게 정직한 길을 가르쳐야 한다고 생각합니다. 그러나 당신은 이 일을 행하지 않았고 온 땅을 당신의 죄와 당신의 길을 따른 당신의 백성들의 죄로 가득하게 했습니다. 58 당신은 알지 못합니까? 당신이 행한 이 악, 우리의 조상들이 옛날에 죄를 범한 것과 영원하신 하나님이 홍수의 물들을 그들에게 내려 그들 모두를 멸하신 것과 또한 그들로 인하여 온 땅을 멸하신 것을 듣지 못했습니까? 당신과 당신의 백성이 이제 일어나 이 일 행하기를 즐겨하여 세상의 주 하나님의 화가 임하게 하고 당신들과 온 땅에 재앙이 임하게 하려고 합니까? 59 그러므로 이제 당신들이 행한 이 악을 치우고 당신의 생명이 세상의 하나님의 손안에 있으므로 그분을 섬기면 당신이 잘될 것입니다. 60 만일 당신의 악한 마음이 당신에게 악한 길을 떠나고 영원하신 하나님을 섬기라고 하는 내 말을 듣지 않으려고 하면 당신과 당신의 말을 듣고 당신의 악한 길로 행하는 당신의 백성과 당신과 관련된 모든 자가 후일에 수치 가운데 죽을 것입니다. 61 아브람이 왕과 고관들 앞에서 말하기를 마치고 그가 그의 눈을 들어 하늘들을 바라보며 말하기를 주께서 모든 악한 자들을 보시고 그가 그들을 심판하실 것이라 하였다.

12 아브람이 니므롯에게서 달아남

왕이 아브람을 화로에 던지도록 명령함

1 왕이 아브람의 말을 듣고 그를 감옥에 넣으라고 명령했다. 아브람이 감옥에 열흘 동안 있었다. 2 그 기간이 끝날 때 왕이 모든 왕들과 고관들과 다른 지방의 통치자들과 현인들을 그의 앞으로 오도록 명령하여 그들이 그 앞에 앉았다. 아브람은 여전히 감옥에 있었다. 3 왕이 고관들과 현인들에게 말했다. 너희가 데라의 아들 아브람이 그의 아버지에게 한 일을 들었느냐? 그가 이러이러하게 그의 아버지에게 행하였고 내가 그를 내 앞에 오도록 명령하자 그가 이러이러하게 말했다. 그의 마음에 걱정이 없었고 그가 내 앞에서 흔들림도 없었다. 보라 이제 그가 감옥에 갇혀있다. 4 그러므로 이제 너희가 들은 바대로 말하고 모든 일을 행하고 왕을 비방한 이 사람에게 무엇이 마땅한 심판인지 결정하라. 5 그들이 모두 왕에게 대답하여 말했다. 왕을 비방한 그 사람은 나무에 달려야 합니다. 그러나 그가 자기가 말한 모든 일을 행하고 우리의 신들을 경멸했으므로 그를 반드시 불태워 죽여야 하니 이는 이 일의 법이 그러하기 때문입니다. 6 왕이 이 일 행하는 것을 기쁘게 여기시면 왕께서 그의 종들에게 명령하여 당신의 벽돌 화로에 밤낮으로 불을 피우게 하십시오. 그러면 우리가 이 사람을 그 안으로 던지겠습니다. 왕이 그렇게 하여 그의 종들에게 그들이 왕의 화로, 즉 카

스딤 안에 사흘 낮과 밤 동안 불을 준비하도록 명령했다. 왕이 그들에게 아브람을 감옥에서 데려다가 불태우도록 그를 꺼내라고 명령했다. 7 왕의 모든 종들과 고관들과 장관들과 통치자들과 재판장들과 그 땅의 모든 주민 약 구십 만 명의 남자들이 아브람을 보려고 화로 맞은편에 섰다. 8 모든 여자와 어린아이들이 아브람에게 무슨 일이 일어나는지 보려고 지붕과 탑 위에 모였고 그들 모두가 멀리서 함께 서 있었다. 그 날에 그 광경을 보기 위하여 오지 않은 사람은 한 사람도 없었다.

데라가 아브람을 숨긴 일이 드러남

9 아브람이 왔을 때 왕의 마술사들과 현인들이 아브람을 보고 그들이 왕께 부르짖으며 말했다. 우리 주여, 이 사람은 분명 우리가 50년 전에 그가 태어날 때에 큰 별이 네 별을 삼켰다고 왕께 말씀드렸던 그 아이입니다. 10 보십시오 이제 그의 아버지도 당신의 명령을 어기고 당신에게 다른 아이를 데려와 당신이 죽이도록 하여 당신을 업신여겼습니다. 11 왕이 그들의 말을 들을 때에 그가 몹시 화가 나서 그가 데라를 그 앞에 데려오도록 명령했다. 12 왕이 말했다. 너는 마술사들이 말한 것을 들었느냐? 이제 네가 나에게 어떻게 행하였는지 진실하게 말하라. 만일 네가 진실을 말하면 죄에서 해방될 것이다. 13 데라가 왕이 크게 화가 난 것을 보고 왕에게 말했다. 나의 주 왕이시여, 당신이 진실을 들었고 현인들이 말한 것이 맞습니다. 왕이 말했다. 네가 어떻게 이 일을 행하여 내 명령을 어기고 네가 낳지 않은 다른 아이를 나에게 주어 그에 대한 값을 받을 수 있었느냐? 14 데라가 왕에게 대답했다. 그 때에 내가 나의 아들을 불쌍히 여겨 내가 나의 여종의 아들을 취하여 왕께 데려갔습니다. 15 왕이 말했다. 누가 너에게 이것에 대하여 충고하였느냐? 나에게 말하고 나에게 어떤 일도 숨기지 말라. 그러

면 네가 죽지 않을 것이다.

데라의 거짓말로 하란이 불 속에 던져지게 됨
16 데라가 왕 앞에서 크게 두려워하여 그가 왕에게 말했다. 나에게 이것에 대하여 충고한 자는 나의 큰아들 하란입니다. 아브람이 태어난 그 날들에 하란은 32세였습니다. 17 그러나 하란은 그의 아버지에게 아무것도 충고하지 않았다. 이는 데라가 왕으로부터 그의 생명을 건지기 위하여 왕에게 말한 것이니 그가 몹시 두려웠기 때문이다. 왕이 데라에게 말했다. 너에게 이것을 충고한 너의 아들 하란은 아브람과 함께 불에 타죽을 것이다. 이는 그가 이 일을 행함으로 왕이 원하는 것에 반역하여 그에게 사형 선고가 내려졌기 때문이다. 18 그 때에 하란이 아브람의 길을 따르려는 마음이 들었으나 그가 그것을 속으로 숨겼다. 19 하란이 마음속으로 말했다. 보라 이제 왕이 아브람이 한 이 일로 인하여 아브람을 잡았다. 만약 아브람이 왕을 이기면 내가 그를 따를 것이나, 만약 왕이 이기면 내가 왕을 따를 것이다.

아브람과 하란이 불 속에 던져짐
20 데라가 왕에게 그의 아들 하란에 대한 일을 말하자 왕이 아브람과 하란을 잡도록 했다. 21 그들이 아브람과 그의 형 하란을 불 속에 던지려고 그들 모두를 데려왔다. 그 날에 그 땅의 모든 주민과 왕의 종들과 고관들과 모든 여자와 어린아이들이 그들을 지켜보며 그곳에 있었다. 22 왕의 종들이 아브람과 그의 형을 데려와서 그들이 입고 있는 속옷을 제외하고 그들의 모든 옷을 벗겼다. 23 그들이 그들의 손과 발을 삼줄로 묶고 왕의 종들이 그들을 들어 올려 그들 모두를 화로 속으로 던졌다. 24 주께서 아브람을 사랑하시고 그를 불쌍히 여기셨다. 주

께서 내려오셔서 아브람을 불에서 구원하셔서 그가 불타지 않았다. 25 그러나 아브람이 살아서 불 속에서 걸어 다니는 동안 그를 묶었던 모든 줄이 불탔다. 26 그들이 하란을 불 속으로 던졌을 때 그가 죽었다. 그가 불타서 재가 되었는데 이는 그의 마음이 주께 온전하지 않았기 때문이다. 그 불의 불꽃이 그를 불에 던진 그 사람들을 덮었다. 그들이 불타서 그들 중 열두 명이 죽었다.

아브람이 불 가운데서 구원 받음

27 아브람이 불 가운데에서 사흘 낮과 밤을 걸어 다녔고 왕의 모든 종이 그가 불 속에서 걷는 것을 보았다. 그들이 와서 왕에게 말했다. 보십시오 우리가 아브람이 불 속에서 걸어 다니는 것을 봤습니다. 그가 입은 속옷조차 불타지 않았으나 그를 묶었던 줄은 불에 탔습니다. 28 왕이 그들의 말을 듣고 그의 마음이 혼미하여 그들을 믿지 않으려고 했다. 그가 이 일을 보려고 다른 충실한 고관들을 보냈다. 그들이 가서 그것을 보고 왕에게 말했다. 왕이 일어나 가서 그것을 보았는데 그가 아브람이 불 가운데에서 이리저리 걷는 것과 하란의 불탄 시체를 보고 왕이 몹시 기이하게 여겼다. 29 왕이 아브람을 불에서 꺼내도록 명령했다. 그의 종들이 그를 꺼내려고 다가갔으나 불이 가까이 있었고 화로로부터 불꽃이 그들을 향해 오르고 있었기 때문에 갈 수 없었다. 30 왕의 종들이 피하자 왕이 그들을 꾸짖으며 말했다. 너희가 죽지 않으려면 아브람을 급히 불에서 나오게 하라. 31 왕의 종들이 아브람을 꺼내기 위하여 다시 다가가자 불꽃이 그들에게 이르러 그들의 얼굴을 태우고 그들 중 여덟 명이 죽었다. 32 왕이 그의 종들이 불에 타는 것을 두려워하여 불에 다가가지 못하는 것을 보자 왕이 아브람을 불렀다. 오 하늘에 계신 하나님의 종아 불 속에서 나와 내 앞으로 이리

로 오라. 아브람이 왕의 음성을 듣고 그가 불에서 나와 왕 앞에 섰다. 33 아브람이 나왔을 때 왕과 그의 모든 종이 아브람이 왕 앞에 서고 그가 속옷을 입고 있는 것을 봤다. 그것이 불타지 않았으나 그를 묶었던 줄은 불탔다. 34 왕이 아브람에게 말했다. 네가 어떻게 이 불 속에서 타지 않게 되었느냐? 35 아브람이 왕에게 말했다. 내가 믿는 하늘과 땅의 하나님이 그의 권능 안에 모든 것을 가지셔서 그가 당신이 나를 던져 넣은 그 불 속에서 나를 구원하셨습니다.

하란이 죽음

36 아브람의 형 하란은 불타서 재가 되어 그들이 그의 시신을 찾으려 하였으나 그것이 소멸되었다. 37 하란이 카스딤의 불 속에서 죽었을 때 그의 나이가 82세였다.

아브람이 하나님을 선포함

왕과 고관들과 그 땅의 주민들이 아브람이 불에서 살아남은 것을 보고 그들이 와서 아브람에게 엎드려 절했다. 38 아브람이 그들에게 말했다. 나에게 엎드려 절하지 말고 당신들을 만드신 세상의 하나님께 엎드려 절하고 그분을 섬기고 그분의 길로 행하시오. 이 불에서 나를 건지신 분이 그분이고 모든 사람의 영과 혼을 창조하시고 어머니의 자궁에서 사람을 지으시고 그를 세상에 나게 하신 이가 그분이며 그분을 믿는 모든 자를 모든 고통에서 구원하실 분이 그분이기 때문입니다. 39 아브람이 불에서 살아남고 하란이 불에 탄 이 일이 왕과 고관들의 눈에 매우 기이하게 보였다. 왕이 아브람에게 많은 선물을 주었고 왕의 집에서 그의 두 우두머리 종들을 그에게 주었는데 한 종의 이름은 오니였고 다른 종의 이름은 엘리에셀이었다. 40 모든 왕과 고관들과 종들이 아브람에게 은과 금과 진주의 많은 선물을 주었다. 왕과 그의 고관들이 그를 보내어 그가 평안히 갔다. 41 아브람이 왕으로부터 평안히 가고 왕의 종들 중 많은 자가 그를 따랐는데 약 300명의 사람이 그와 함께 했다. 42 그 날에 아브람이 돌아와 그와 그를 따르던 사람들이 그의 아버지의 집으로 갔다. 아브람이 그가 사는 모든 날에 그의 하나님 주를 섬겼고 그가 그분의 길로 걸으며 그분의 법을 따랐다. 43 그 날부터 아브람이 사람의 아들들의 마음이 주를 섬기도록 하였다.

나홀이 미가를, 아브람이 사래를 아내로 삼음

44 그 때에 나홀과 아브람이 그들의 형제 하란의 딸들을 아내로 맞이하였다. 나홀의 아내는 미가였고 아브람의 아내의 이름은 사래였다. 그 때에 아브람의 아내 사래가 임신하지 못하여 그 여자가 자식이 없었다.

니므롯의 꿈

45 아브람이 불에서 나온 때로부터 2년이 지나고 그가 52세였을 때였다. 보라 니므롯 왕이 바벨에서 보좌 위에 앉아 잠들어 꿈을 꾸었는데 그가 그의 화로 맞은편 계곡에 그의 군대들과 함께 서 있었다. 46 그가 그의 눈을 들어 아브람과 같은 모양의 사람이 화로로부터 나오는 것을 보았는데 그가 와서 그의 칼을 뺀 채로 왕 앞에 섰다. 그리고 그가 그의 칼을 들고 왕에게 달려갔고 왕은 두려워하여 그 사람으로부터 달아났다. 그가 달려가고 있을 때 그 사람이 알을 왕의 머리에 던졌다. 그 알이 큰 강이 되었다. 47 왕이 계속 꿈을 꾸었는데 그의 모든 군대가 그 강에 빠져 죽었고 왕이 그의 앞에 있던 세 사람과 함께 달아나 벗어났다. 48 왕이 그 사람들을 보니 그들이 왕의 의복과 같은

화려한 옷을 입었고 그들이 왕들의 용모와 위엄을 갖고 있었다. 49 그들이 달려가는 동안 그 강이 다시 왕 앞에서 알이 되었다. 그 알에서 어린 새가 나와 왕 앞으로 와서 그의 머리로 날아와 왕의 눈을 뽑았다. 50 왕이 그것을 보고 근심하였고 그가 그의 잠에서 깼는데 그의 영이 불안했다. 그가 큰 두려움을 느꼈다.

니므롯의 꿈의 해석

51 아침에 왕이 그의 침상에서 두려워하며 일어났다. 그가 모든 지혜자들과 마술사들이 그의 앞에 오도록 명령했고 왕이 그들에게 그의 꿈을 이야기했다. 52 아누키라는 이름의 왕의 지혜로운 종이 왕에게 대답하여 말했다. 이것은 다름 아닌 아브람과 그의 씨의 재앙이며 후일에 그들이 나의 주 왕을 대적하여 일어날 것입니다. 53 보십시오 아브람과 그의 씨와 그의 가족의 자녀들이 나의 왕과 전쟁할 날이 이를 것입니다. 그들이 왕의 모든 군대를 칠 것입니다. 54 당신이 말씀하신 것, 즉 당신이 당신과 같이 보이는 세 사람과 함께 도망친 것은 당신이 오직 전쟁에서 당신과 함께 하는 땅의 왕들 중에서 세 왕과 함께 벗어나게 될 것을 의미합니다. 55 당신이 본, 처음에 알이 되고 어린 새가 되어 당신의 눈을 뽑았던 그 강은 다름 아닌 후일에 왕을 죽일 아브람의 씨입니다. 56 이것이 내 왕의 꿈이며 이것이 그 해석입니다. 이 꿈은 참되며 당신의 종이 당신에게 드린 해석은 옳습니다.

니므롯이 아브람을 죽이려고 함

57 그러므로 이제 나의 왕이시여, 당신의 현인들이 아브람이 태어날 때 이것을 본 지 이제 52년이 된 것을 왕께서 확실히 아실 것입니다. 나의 왕이 아브람이 땅에서 사는 것을 허락하시면 그것은 나의 주

왕께 해가 될 것입니다. 이는 아브람이 사는 모든 날 동안 당신이나 당신의 나라가 서지 못할 것이기 때문입니다. 이것이 그가 태어나기 전에 알려졌습니다. 어찌하여 나의 왕께서는 후일에 그의 재앙이 왕께 미치지 못하도록 그를 죽이지 않으십니까? 58 니므롯이 아누키의 말을 듣고 가서 아브람을 잡아 그를 왕 앞으로 데려와 죽이기 위하여 그의 종 몇 명을 은밀히 보냈다.

아브람이 노아의 집으로 도망감

59 그 때에 왕이 아브람에게 준 아브람의 종 엘리에셀이 왕의 앞에 있었다. 그가 아누키가 왕에게 말한 것과 왕이 아브람을 죽이라고 말한 것을 들었다. 60 엘리에셀이 아브람에게 말했다. 급히 일어나 당신의 생명을 구하여 당신이 왕의 손에 죽지 않게 하십시오. 이는 왕이 꿈에서 당신에 관하여 이러이러한 것을 보았고 아누키가 그것을 이러이러하게 해석하였고 또한 아누키가 왕에게 당신에 대하여 이러이러하게 말했기 때문입니다. 61 아브람이 엘리에셀의 말을 듣고 급히 노아와 그의 아들 셈의 집으로 도망갔다. 그가 그곳에 자신을 숨기고 안전한 장소를 찾았다. 왕의 종들이 아브람을 찾으려고 그의 집에 갔으나 그를 찾지 못했다. 그들이 가서 모든 길로 그를 찾았으나 그를 만날 수 없었다. 62 왕의 종들이 아브람을 찾을 수 없게 되자 그들이 왕께 돌아왔다. 그들이 그를 찾을 수 없었으므로 아브람에 대한 왕의 화가 가라앉았다. 왕의 마음에서 아브람에 관한 이 일이 사라졌다. 63 왕이 이 일을 잊을 때까지 아브람이 노아의 집에서 한 달 동안 숨어있었다. 그러나 아브람은 여전히 왕을 두려워했다. 데라가 그의 아들 아브람이 노아의 집에서 안전히 있는지 보려고 왔는데 데라는 왕의 눈에 매우 위대한 자였다.

아브람과 데라가 가나안 땅으로 가기로 결심함

64 아브람이 그의 아버지에게 말했다. 당신은 왕이 그의 악한 모사들의 조언으로 인하여 나를 죽이고 내 이름을 땅에서 없애려고 하는 것을 알지 못합니까? 65 이제 당신이 여기서 누구를 데리고 있으며 당신이 이 땅에 무엇을 가지고 있습니까? 일어나 우리가 함께 가나안 땅으로 가서 당신이 후일에 그에 의하여 죽지 않도록 그의 손에서 벗어납시다. 66 니므롯이 당신에게 이 모든 영광을 준 것은 사랑으로 인한 것이 아니며 그가 이 모든 좋은 것을 당신에게 준 것은 오직 그의 유익을 위한 것임을 당신은 알지 못하며 이것을 듣지 못했습니까? 67 만약 그가 당신에게 이보다 더 큰 좋은 것을 준다면 이것들은 분명히 세상의 헛된 것들일 뿐입니다. 분냄과 노하는 날에 부와 재물은 도움이 되지 않을 것이기 때문입니다. 68 그러므로 이제 나의 말을 듣고 우리가 일어나 니므롯의 해악에서 벗어나 가나안 땅으로 갑시다. 당신이 땅에서 당신을 창조하신 주를 섬기면 잘 될 것입니다. 당신이 따르던 모든 헛된 것들을 버리십시오. 69 아브람이 말하기를 그치자 노아와 그의 아들 셈이 데라에게 대답하여 말했다. 아브람이 네게 한 말이 진실하다. 70 데라가 그의 아들 아브람의 말을 듣고 데라가 아브람이 말한 모든 것을 행했다. 이는 이것이 주께로부터 나와 왕이 아브람을 죽이지 못하게 하려는 것이기 때문이다.

13 가나안에서의 아브람

아브람이 하란에 머무름

1 데라가 그의 아들 아브람과 하란의 아들, 그의 손자인 롯과 그의 며느리, 그의 아들 아브람의 아내 사래와 그의 가족 모두를 데리고 그들과 함께 우르 카스딤으로부터 가나안 땅으로 갔다. 그들이 하란 땅에까지 이르러 그들이 그곳에 머물렀는데 이는 그곳이 목축하기에 몹시 좋은 땅이고 그들과 함께 있는 사람들에게 충분히 넓었기 때문이다. 2 하란 땅의 사람들이 아브람이 선하고 하나님과 사람에게 올바르며 그의 하나님 주께서 그와 함께 하시는 것을 보았다. 하란 땅의 사람들 중 일부가 와서 아브람과 함께 하였고 그가 그들에게 주의 교훈과 그의 길을 가르쳤다. 이 사람들이 아브람의 집에서 그와 함께 머물렀고 그들이 그를 따랐다.

하나님이 아브람과 언약하심

3 아브람이 그 땅에 3년 동안 머물렀다. 3년이 지나 주께서 아브람에게 나타나셔서 그에게 말씀하셨다. 나는 너를 우르 카스딤에서 이끌어내고 너의 모든 대적의 손에서 너를 구해낸 주다. 4 그러므로 이제 네가 나의 음성을 듣고 나의 계명과 나의 율례와 나의 법을 지키면 내가 너의 대적들이 네 앞에서 넘어지게 하고 내가 너의 씨를 크게 번

성하게 하여 하늘의 별들과 같게 하겠다. 그리고 내가 너의 손으로 하는 모든 일 위에 나의 복을 주고 네가 아무것도 부족하지 않게 할 것이다. 5 이제 일어나라, 너의 아내와 너의 모든 소유를 가지고 가나안 땅으로 가서 그곳에 머물라. 내가 그곳에서 너에게 하나님이 되고 내가 너를 축복하겠다. 주께서 아브람에게 말씀하신 대로 그가 일어나 그의 아내와 그의 모든 소유를 가지고 가나안 땅으로 갔다. 아브람이 하란을 떠났을 때 그가 50(55)세였다.

하나님이 아브람에게 가나안 땅을 유업으로 주심

6 아브람이 가나안 땅에 이르러 그 성읍 가운데 거주했다. 그가 그곳에, 그 땅의 주민들, 가나안의 자녀들 가운데 그의 장막을 쳤다. 7 아브람이 가나안 땅에 이르렀을 때에 주께서 그에게 나타나셔서 그에게 말씀하셨다. 이곳이 내가 너와 네 뒤에 네 씨에게 영원히 주는 땅이다. 내가 네 씨를 하늘의 별들과 같게 만들고 네가 보는 모든 땅을 네 씨에게 유업으로 주겠다. 8 아브람이 하나님께서 그에게 말씀하신 곳에 제단을 쌓고 아브람이 그곳에서 주의 이름을 불렀다.

노아가 죽음

9 아브람이 가나안 땅에 거주한 지 3년이 되는 그 때에 그 해에 노아가 죽었다. 그 때는 아브람이 58세였을 때였다. 노아가 950세를 살고 죽었다. 10 아브람이 가나안 땅에 거하며 그와 그의 아내와 그에게 속한 사람들과 그와 동행한 모든 사람이 그 땅의 주민들 중 그와 연합한 사람들과 함께 했다. 그러나 아브람의 형제 나홀과 그의 아버지 데라와 하란의 아들 롯과 그들에게 속한 모든 사람은 하란에 거주했다.

소돔과 고모라의 반역

11 아브람이 가나안 땅에 거주한 지 5년째 되는 해에 소돔과 고모라와 평야 모든 성읍의 사람들이 엘람 왕 그돌라오멜의 힘에 반역했다. 평야 성읍의 왕들이 그돌라오멜을 12년 동안 섬기고 그에게 매년 세금을 냈으나 13년째 해에 그들이 그를 배반했다.

그돌라오멜이 니므롯을 지배함

12 아브람이 가나안 땅에 거주한 지 10년째 해에 시날 왕 니므롯과 엘람 왕 그돌라오멜 사이에 전쟁이 있었다. 니므롯이 와서 그돌라오멜과 싸워 그를 굴복시켰다. 13 이는 그 때에 그돌라오멜이 니므롯의 군대의 고관들 중 하나였으며 탑에서 모든 사람이 흩어지고 남은 자들도 지면 위에 흩어질 때에 그돌라오멜이 엘람 땅으로 가서 그곳을 지배하고 그의 주를 배반했기 때문이다. 14 니므롯이 평야의 성읍들이 배반한 것을 보고 그 때에 그가 그돌라오멜과 전쟁하기 위하여 거만한 마음으로 분노하며 왔다. 니므롯이 그의 모든 고관과 신하들 약 칠십 만명을 모으고 그돌라오멜과 싸우러 갔다. 그돌라오멜이 오천 명의 사람들과 함께 그와 맞서기 위하여 나갔고 그들이 엘람과 시날 사이에 있는 바벨 계곡에서 전쟁을 준비했다. 15 이 모든 왕이 그곳에서 싸웠는데 그돌라오멜의 백성들이 니므롯과 그의 백성들을 쳤다. 니므롯의 사람들 가운데 약 오십 만 명이 쓰러졌고 왕의 아들 마르돈도 그들 중에서 쓰러졌다. 16 니므롯이 도망하여 수치와 모욕 가운데 그의 땅으로 돌아왔다. 그리고 그가 오랜 시간 그돌라오멜의 지배 아래에 있었다. 그돌라오멜이 그의 땅으로 돌아와서 그의 군대의 고관들을 그의 주변에 거주하는 왕들, 엘라살 왕 아리옥과 고임 왕 디달에게 보내 그들과 언약을 맺고 그들이 모두 그의 명령에 복종하였다.

이스라엘 백성의 출애굽에 대한 예언

17 아브람이 가나안 땅에 거주한 지 15년째 해, 아브람이 70세였을 때에 그 해에 주께서 아브람에게 나타나셔서 그에게 말씀하셨다. 나는 너에게 이 땅을 유업으로 주려고 너를 우르 카스딤에서 이끌어낸 주다. 18 그러므로 내 앞에서 걷고 완전하며 나의 명령들을 지켜라. 이는 내가 미쯔라임 강에서부터 큰 강 유프라테스까지 이 땅을 너와 네 씨에게 기업으로 줄 것이기 때문이다. 19 너는 장수하다가 평안히 너의 조상들에게로 돌아갈 것이고 넷째 세대가 이 땅 이곳으로 돌아와 이곳을 영원히 상속받을 것이다. 아브람이 제단을 쌓고 그가 그에게 나타난 주의 이름을 부르고 주께 제단 위에 희생제물을 가져왔다.

아브람이 하란으로 돌아가 거주함

20 그 때에 아브람이 그의 아버지와 어머니와 그의 아버지의 가족을 보기 위하여 돌아가 하란으로 갔다. 아브람과 그의 아내와 그에게 속한 모든 사람이 하란으로 갔고 아브람이 하란에서 5년 동안 거주했다. 21 하란 사람들의 많은 수, 약 72명이 아브람을 따랐고 아브람이 그들에게 주의 교훈과 그분의 길을 가르치고 그가 그들에게 주를 알도록 가르쳤다. 22 그 때에 주께서 하란에서 아브람에게 나타나셔서 그에게 말씀하셨다. 보라 내가 너에게 20년 전에 이것들을 말했다. 23 너의 땅, 네가 태어난 곳, 네 아버지의 집으로부터 나가서 내가 너와 너의 자녀에게 주려고 내가 너에게 보여준 땅으로 가라. 이는 내가 그 땅 그곳에서 너에게 복을 주고 너를 큰 민족으로 만들고 너의 이름을 크게 하며 네 안에서 땅의 족속들이 복을 받게 하려는 것이다. 24 그러므로 이제 일어나 너와 네 아내와 네게 속한 모든 자와 또한 네 집에서 태어난 모든 자와 네가 하란에서 얻은 모든 사람은 너와 함께

이곳에서 나오게 하고 일어나 가나안 땅으로 돌아가게 하라.

아브람이 가나안 땅으로 돌아감

25 아브람이 일어나 그의 아내 사래와 그에게 속한 모든 사람과 그의 집에서 그에게 태어난 모든 자와 그들이 하란에서 얻은 모든 사람을 데리고 그들이 나가서 가나안 땅으로 향했다. 26 아브람이 주의 말씀을 따라 가나안 땅으로 돌아갔다. 그의 형제 하란의 아들 롯이 그와 함께 갔다. 아브람이 하란에서 떠나 가나안 땅으로 돌아갔을 때 그가 75세였다. 27 그가 주께서 그에게 하신 말씀을 따라 가나안 땅에 왔다. 그가 마므레 평야에 그의 장막을 치고 거주했다. 그의 형제의 아들 롯과 그에게 속한 모든 자가 그와 함께 있었다. 28 주께서 다시 아브람에게 나타나셔서 이르시기를 내가 너의 씨에게 이 땅을 주겠다 하셨다. 그가 자기에게 나타나신 주께 제단을 쌓았는데 그것이 오늘까지 여전히 마므레 평야에 있다.

14 바로 리카욘

리카욘

1 그 시대에 시날 땅에 모든 지혜를 알고 아름다운 용모를 가진 지혜로운 사람이 있었는데 그는 가난하고 궁핍했다. 그의 이름은 리카욘이었는데 그가 먹고 살기가 힘들었다. 2 그가 이집트 왕 아놈의 아들 오시리스에게 가서 왕에게 그의 지혜를 보이려고 이집트로 가기로 결심했다. 이는 그가 혹시 그의 눈에 은혜를 입어 그를 돌보고 생활비를 줄 수 있을 것이라 여겼기 때문이다. 리카욘이 그렇게 행하였다.

이집트 왕의 관습

3 리카욘이 이집트에 이르러 이집트의 주민들에게 왕에 대하여 물었다. 이집트의 주민들이 그에게 이집트 왕의 관습을 말했다. 이는 그 때에 이집트 왕이 그의 왕궁에서 나와 그가 밖으로 보이는 것이 일 년에 오직 하루뿐이고 그 후에 왕이 그의 궁으로 돌아가 그곳에 머무는 것이 이집트 왕의 관습이었기 때문이다. 4 왕이 나오는 날에 그가 그 땅에서 판결을 내리고 의복을 입은 모든 사람이 그의 청을 얻기 위하여 그 날 왕 앞으로 온다. 5 리카욘이 이집트의 관습과 그가 왕 앞에 나갈 수 없다는 것을 들었을 때에 그가 크게 근심하고 몹시 슬퍼했다.

리카욘의 고난

6 저녁에 리카욘이 나가서 이전에 이집트의 빵 굽는 집이었으나 폐허가 된 집을 발견했다. 그가 그곳에서 괴로워하며 온 밤을 지내고 굶주림으로 힘들어하여 그의 눈에서 잠이 사라졌다. 7 리카욘은 왕이 나타나기 전까지 그가 마을에서 무엇을 해야 하고 그곳에서 생활하기 위하여 어떻게 해야 할지를 마음속으로 생각했다. 8 그가 아침에 일어나 돌아다니다가 그가 가는 길에서 채소들과 다양한 종류의 씨를 팔고 그것을 주민들에게 공급하는 사람을 만났다. 9 리카욘이 생활비를 얻기 위하여 그와 같이 하고자 했으나 그가 사람들의 관습을 몰랐고 그는 그들 가운데에서 맹인과 같았다. 10 그가 가서 그의 생계를 위하여 그들에게 팔 채소들을 얻었다. 사람들이 그에게 몰려들어 그를 조롱하며 그에게서 그의 채소들을 빼앗아 그에게 아무것도 남지 않았다. 11 그가 괴로움 가운데 그곳에서 일어나 그가 탄식하며 전에 밤을 지냈던 빵 굽는 집으로 갔다. 그가 그곳에서 둘째 밤을 보냈다. 12 그 밤에 그가 다시 마음속으로 어떻게 굶주림에서 벗어날지를 생각했다. 그가 어떻게 행할지 계획을 생각해냈다.

리카욘이 부자가 됨

13 그가 아침에 일어나 영리하게 행동했다. 그가 가서 무리 중에 30명의 강한 남자들을 고용하고 그들의 손에 그들의 전쟁 무기들을 들게 했다. 그가 그들을 이집트 사람의 묘지의 꼭대기로 데리고 가서 그곳에 있게 했다. 14 그가 그들에게 명령하여 말했다. 왕이 이렇게 말했다. 너희 자신을 강하게 하고 용사가 되어라. 은 이백 개를 주기 전까지는 아무도 이곳에 묻히지 못하게 하라. 그것을 준 후에야 묻힐 것이다. 그 사람들이 그 해 내내 리카욘이 이집트 사람들에 대하여 한 명

령에 따라 행했다. 15 여덟 달 동안에 리카욘과 그의 사람들이 은과 금의 많은 재물을 모았다. 리카욘이 많은 말과 다른 동물을 샀고 그가 더 많은 사람을 고용하였다. 그가 그들에게 말들을 주었고 그들은 그와 함께 머물렀다.

이집트 주민이 왕에게 리카욘의 일을 고발함

16 해가 지나서 왕이 마을로 갔을 때에 이집트의 모든 주민이 리카욘과 그의 사람들의 일에 대하여 왕에게 말하기 위하여 함께 모였다. 17 왕이 정한 날에 가자 모든 이집트 사람들이 그의 앞에 와서 그에게 부르짖으며 말했다. 18 왕은 만수무강하시기를 빕니다. 왕께서 이 마을에 당신의 종들에게 그렇게 많은 은과 금을 주기 전까지 시신을 묻지 못하게 하신 이 일이 무엇입니까? 이전 왕들의 시대뿐만 아니라 아담의 시대로부터 지금까지 온 땅에서 죽은 자들이 오직 정한 값에 묻혀야 한다는 이와 같은 일이 행해진 적이 있었습니까? 19 우리가 산 자들로부터 매년 세금을 걷는 것이 왕들의 관례라는 것을 알고 있습니다. 그러나 당신은 이것만이 아니라 또한 죽은 자들로부터 날마다 세금을 거두었습니다. 20 오 왕이시여 이제 우리가 더 이상 이것을 견딜 수 없습니다. 온 성읍이 이 일로 인하여 망하게 되었습니다. 당신은 이 일을 알지 못합니까?

왕이 리카욘을 부름

21 왕이 그들이 말한 모든 것을 듣고 그가 몹시 화가 났다. 그가 이 일에 대하여 분노했으니 이는 그가 이 일에 대하여 아는 것이 전혀 없었기 때문이다. 22 왕이 말했다. 내 땅에서 나의 명령 없이 감히 이 악한 일을 행한 자가 누구이며 어디에 있느냐? 너희가 확실히 나에게 말

해야 할 것이다. 23 그들이 그에게 리카욘과 그의 사람들의 모든 일을 말하자 왕의 분노가 일어났다. 그가 리카욘과 그의 사람들을 그의 앞으로 데려오도록 명령했다.

리카욘이 이집트 왕과 주민들에게 은혜를 입음

24 리카욘이 약 천 명의 자녀들, 아들들과 딸들을 데려다가 비단과 수놓은 옷을 입히고 그들을 말 위에 앉히고 그들을 그의 사람들을 통하여 왕에게 보냈다. 그가 또한 왕을 위한 선물로 많은 양의 은과 금과 보석들과 힘세고 아름다운 말들을 가져와 왕의 앞에서 땅에 엎드려 절했다. 왕과 그의 종들과 이집트의 모든 주민이 리카욘과 함께 온 것들을 보고 놀랐다. 그들이 그의 재물과 왕에게 가져온 선물을 보았다. 25 왕이 그것을 매우 기쁘게 여기고 놀랐다. 리카욘이 왕 앞에 앉자 왕이 그가 한 모든 일에 대하여 물었다. 리카욘이 왕과 그의 종들과 이집트의 모든 주민 앞에서 그의 모든 말을 지혜롭게 말했다. 26 왕이 리카욘의 말과 그의 지혜를 듣자 리카욘이 왕의 눈에 은혜를 입고 그가 왕의 모든 종과 이집트의 모든 주민으로부터 은혜와 자비를 얻었으니 이는 그의 지혜와 훌륭한 언변 때문이었다. 그 때부터 그들이 그를 매우 사랑하였다.

왕이 리카욘을 높임

27 왕이 리카욘에게 대답하여 말했다. 네 이름이 더 이상 리카욘이라 불리지 않고 바로가 네 이름이 될 것이니 이는 네가 죽은 자들에게 세금을 거두었기 때문이다. 28 왕과 그의 신하들이 리카욘의 지혜로 인하여 그를 사랑하게 되었고 그들이 그를 왕 다음으로 높은 자로 만들도록 이집트의 모든 주민과 말했다. 29 이집트의 모든 주민과 지

혜자들도 그렇게 하기로 하여 그것이 이집트의 법으로 만들어졌다. 30 그들이 리카온 바로를 이집트 왕 오시리스 다음으로 높은 자로 만들어 리카온 바로가 매일 모든 성읍에 정의를 베풀며 이집트를 다스렸다. 그러나 오시리스 왕은 일 년에 하루 그가 나가서 그의 모습을 보일 때만 그 땅의 사람들을 재판했다.

리카온이 이집트를 다스림

31 리카온 바로가 이집트의 통치권을 교활하게 **빼앗고** 이집트의 모든 주민으로부터 세금을 거두었다. 32 이집트의 모든 주민이 리카온 바로를 크게 사랑하여 그들이 이집트에서 그들과 그들의 씨를 다스리는 모든 왕을 바로라고 부를 것을 법령으로 만들었다. 33 그러므로 그때부터 오늘까지 이집트를 다스리는 모든 왕을 바로라고 불렀다.

15 이집트에서의 아브람 (기근)

가나안 땅의 기근으로 아브람이 이집트로 내려감

1 그 해에 가나안 온 땅에 심한 기근이 있었다. 그 땅의 주민들이 기근 때문에 살 수가 없었으니 이는 그 기근이 매우 심했기 때문이다. 2 아브람이 기근으로 인하여 그에게 속한 모든 사람과 함께 일어나 이집트로 내려갔다. 그들이 미쯔라임 시내에 이르러 쉬려고 얼마 동안 그곳에 머물렀다. 3 아브람과 사래가 미쯔라임 시냇가를 걷고 있었다. 아브람이 자기 아내 사래를 보니 그 여자가 매우 아름다웠다. 4 아브람이 자기 아내 사래에게 말했다. 하나님께서 당신을 이렇게 아름답게 만드셨으니 나는 이집트인들이 나를 죽이고 당신을 데려갈까 하여 두렵소. 이는 이곳에 하나님을 경외함이 없기 때문이오. 5 그러므로 당신은 반드시 이렇게 하시오. 당신은 당신에 대하여 묻는 모든 사람에게 당신이 나의 누이라고 말하여 내가 잘 되고 우리가 살고 죽지 않도록 하시오. 6 아브람이 기근으로 인하여 그와 함께 이집트에 온 모든 사람에게 똑같이 명령했다. 그가 또한 그의 조카 롯에게도 명령하여 말했다. 만약 이집트인들이 너에게 사래에 대하여 물으면 그 여자는 아브람의 누이라고 말하여라. 7 이 모든 명령에도 불구하고 아브람은 그들을 믿을 수 없었다. 그가 사래를 데려다가 그 여자를 궤 안에 두고 그것을 그릇들 사이에 숨겼다. 이는 아브람이 이집트인들의 악함으로

인하여 사래를 크게 걱정했기 때문이다.

바로가 사래를 데려감

8 아브람과 그에 속한 모든 사람이 미쯔라임 시내에서 일어나 이집트로 왔다. 그들이 그 성읍의 문에 들어서자마자 문지기들이 서서 그들에게 말했다. 당신들이 가진 것의 십분의 일을 왕에게 내시오. 그러면 당신들이 마을에 들어갈 수 있소. 아브람과 그와 함께 있는 자들이 그렇게 했다. 9 아브람과 그와 함께 있던 사람들이 이집트로 들어왔다. 그들이 그곳에 이르러 사래를 숨겨둔 궤를 가져왔는데 이집트인들이 그 궤를 보았다. 10 왕의 종들이 아브람에게 다가와서 말했다. 우리가 이 궤를 보지 못했는데 그 안에 무엇이 들었소? 그 궤를 열고 그 안에 들어 있는 모든 것의 십분의 일을 왕에게 드리시오. 11 아브람이 말했다. 나는 이 궤를 열지 않을 것이오. 그러나 당신들이 요구하는 모든 것을 내가 주겠소. 바로의 신하들이 아브람에게 대답하여 말했다. 이것은 보석이 든 궤이오. 그것의 십분의 일을 우리에게 주시오. 12 아브람이 말했다. 당신들이 원하는 모든 것을 내가 주겠소. 그러나 당신들은 절대로 이 궤를 열어서는 안 되오. 13 왕의 신하들이 아브람을 밀치고 궤를 잡고 그것을 강제로 열었다. 그들이 보니 보라 궤 안에 아름다운 여인이 있었다. 14 왕의 신하들이 사래를 보고 그들이 그 여자의 아름다움에 감탄했다. 바로의 모든 고관과 종들이 사래를 보기 위해 모였으니 이는 그 여자가 매우 아름다웠기 때문이다. 왕의 신하들이 달려가서 바로에게 그들이 본 모든 것을 말하고 그들이 왕에게 사래를 칭찬했다. 바로가 그 여자를 데려오도록 하여 그 여자가 왕 앞에 이르렀다. 15 바로가 사래를 보고 그가 그 여자로 인하여 몹시 기뻐하고 그가 그 여자의 아름다움에 감탄했다. 왕이 그 여자로 인해 크게 즐거워

했고 그 여자에 대한 소식을 가져온 자에게 선물을 주었다. 16 그 여자가 바로의 집으로 가게 되었고 아브람은 그의 아내로 인하여 슬퍼했다. 그가 그 여자를 바로의 손에서 구원해 달라고 주께 기도했다.

사래의 기도

17 그 때에 사래도 기도하며 말했다. 오 주 하나님 당신께서 나의 주 아브람에게 그의 고향, 그의 아버지 집에서 떠나 가나안 땅으로 가라고 말씀하시고 만일 그가 당신의 명령을 지키면 잘 될 것이라고 약속하셨습니다. 이제 보십시오. 우리가 당신께서 우리에게 명령하신 것을 행하였고 우리가 우리의 고향과 우리의 가족을 떠나 우리가 낯선 땅과 우리가 전에 알지 못하던 사람들에게로 갔습니다. 18 우리가 기근을 피하여 이 땅으로 왔으나 이 악한 일이 우리에게 임하였습니다. 그러므로 이제 오 주 하나님이여 우리를 이 압제자의 손에서 구해내시고 구원해 주십시오. 당신의 자비로 내가 잘되도록 해 주십시오.

주의 천사가 바로의 손에서 사래를 구함

19 주께서 사래의 목소리를 들으시고 바로의 손에서 사래를 구하기 위하여 천사를 보내셨다. 20 왕이 와서 사래 앞에 앉았는데 보라 주의 천사가 그들 앞에 서 있었다. 그가 사래에게 나타나 그 여자에게 말했다. 두려워하지 말라 이는 주께서 너의 기도를 들으셨음이라. 21 왕이 사래에게 다가가서 그 여자에게 말했다. 너를 이곳으로 데리고 온 그 남자는 누구냐? 그 여자가 대답했다. 그는 나의 오라비입니다. 22 왕이 말했다. 그를 위대하게 만들고 그를 높이고 네가 우리에게 말하는 모든 선한 것을 그에게 행하는 것이 우리의 의무이다. 그 때에 왕이 가축과 남종들과 여종들과 함께 많은 은과 금과 보석들을 아브람

에게 보냈다. 왕이 아브람을 데려오도록 명령하여 그가 왕의 집의 뜰에 앉았다. 왕이 그 밤에 아브람을 크게 높였다. 23 왕이 사래에게 말하려고 가까이 갔다. 그가 그 여자에게 손을 대려고 그의 손을 뻗자 천사가 그를 세게 쳤다. 그가 두려워하여 그 여자에게 손을 뻗을 수 없었다. 24 왕이 사래 가까이에 오면 천사가 그를 땅으로 내리쳤는데 그 천사가 밤새도록 그렇게 하였다. 왕이 두려워하였다. 25 그 밤에 천사가 사래의 일로 왕의 모든 종과 그의 모든 가족을 크게 쳤다. 그 밤에 바로의 집의 사람들 가운데 큰 통곡이 있었다. 26 바로가 그에게 내린 재앙을 보고 말했다. 이 일이 분명히 이 여자로 인하여 나에게 일어났다. 그가 그 여자로부터 약간 거리를 두고 그 여자에게 말했다. 27 왕이 사래에게 말했다. 내가 너에게 간청하니 너와 함께 이곳에 온 그 사람에 대하여 나에게 말하라. 사래가 말했다. 그 사람은 나의 남편입니다. 내가 당신에게 그가 나의 오라비라고 말한 것은 당신들이 그를 악하게 죽일까 하여 두려웠기 때문입니다. 28 왕이 사래를 가까이하지 않자 주의 천사의 재앙이 그와 그의 집에서 그쳤다. 바로가 사래의 일로 인하여 그를 치셨다는 것을 알고 왕이 이 일에 대하여 크게 놀랐다. 29 아침에 왕이 아브람을 불러 그에게 말했다. 네가 나에게 한 이 일이 무엇이냐? 너는 어찌하여 나에게 그 여자가 나의 누이라 말하여 내가 그 여자를 아내로 취하도록 하여 그것으로 이 큰 재앙이 나와 내 가족에게 내리게 하였느냐? 30 그러므로 이제 여기 네 아내가 있다. 그 여자를 데리고 우리 땅에서 가서 우리가 모두 그 여자로 인하여 죽지 않도록 하라. 바로가 더 많은 가축과 남종들과 여종들과 은과 금을 아브람에게 주고 왕이 그의 아내 사래를 그에게 돌려보냈다.

바로의 딸 하갈이 사래의 여종이 됨

31 왕이 그의 첩을 통하여 낳은 소녀를 데려와 그 여자를 사래에게 여종으로 주었다. 32 왕이 그의 딸에게 말했다. 우리가 이 여자로 인하여 우리에게 내린 재앙을 보니 내 딸 네가 내 집에서 여주인으로 있는 것보다 이 남자의 집에서 여종으로 있는 것이 더 낫다.

아브람이 롯과 다툼

33 아브람이 일어나 그와 그에게 속한 모든 사람이 이집트를 떠났다. 바로가 그의 장정들 몇 명에게 그 사람과 그와 함께 가는 모든 사람과 동행하도록 명령했다. 34 아브람이 가나안 땅으로 돌아와 그가 처음으로 그의 장막을 친 곳, 그가 제단을 쌓은 장소로 왔다. 35 아브람의 형제, 하란의 아들 롯은 많은 가축과 소와 양과 장막을 소유했는데 이는 주께서 아브람으로 인하여 그들을 풍성하게 하셨기 때문이다. 36 아브람이 그 땅에 거주할 때에 롯의 목자들이 아브람의 목자들과 다퉜다. 이는 그들의 소유가 너무 많아 그들이 함께 그 땅에 머물 수 없었고 그 땅이 그들의 가축으로 인하여 감당할 수 없었기 때문이다. 37 아브람의 목자들이 그들의 가축에게 풀을 뜯게 하러 갈 때 그들이 그 땅의 사람들의 들로 가지 않았다. 그러나 롯의 목자들의 가축은 그렇게 하지 않았다. 이는 그들이 그 땅의 사람들의 들에서 가축에게 풀을 뜯게 했기 때문이다. 38 그 땅의 사람들이 매일 이 일을 보고 그들이 아브람에게 와서 롯의 목자들의 일로 아브람과 다투었다. 39 아브람이 롯에게 말했다. 네가 나에게 하고 있는 이 일이 무엇이냐? 네가 너의 목자들에게 다른 사람들의 들에서 너의 가축에게 풀을 뜯게 하여 나를 그 땅의 거주민들에게 비열한 사람으로 만드느냐? 너는 내가 이 땅에서 가나안의 자손들 가운데 이방인이라는 것을 알지 못하느냐?

네가 어찌하여 나에게 이런 일을 행하려고 하느냐? 40 아브람이 이 일로 인하여 롯과 매일 다투었으나 롯이 아브람의 말을 들으려 하지 않았다. 그가 계속 똑같이 행했고 그 땅의 주민들은 와서 아브람에게 말했다.

아브람과 롯이 헤어짐

41 아브람이 롯에게 말했다. 네가 언제까지 나에게 그 땅의 주민들의 걸리는 돌이 되려고 하느냐? 이제 내가 너에게 우리 사이에 더 이상 다툼이 생기지 않도록 간청한다. 이는 우리가 친족이기 때문이다. 42 내가 너에게 바라건대 나를 떠나가서 네가 너의 가축과 너에게 속한 모든 사람과 함께 거할 곳을 택하라. 그러나 너와 너의 가족과 나 사이에 거리를 두게 하라. 43 나로부터 떠나는 것을 두려워하지 말라. 만일 누군가 너를 다치게 하면 너는 나에게 알려라. 내가 너의 일을 그에게 갚을 것이니 오직 나를 떠나라. 44 아브람이 이 모든 말을 롯에게 말하자 롯이 일어나 요단 평야를 향하여 그의 눈을 들었다. 45 그가 보니 이 온 땅이 물이 잘 공급되고 사람에게 좋을 뿐만 아니라 가축을 먹일 목초지가 넉넉했다. 46 롯이 아브람을 떠나 그곳으로 가서 그가 그곳에 그의 장막을 치고 소돔에 거주했다. 그들이 서로 떨어지게 되었다. 47 아브람은 헤브론 안에 있는 마므레의 평원에 거주했다. 그가 그곳에 그의 장막을 치고 아브람이 그곳에서 여러 해 동안 거류했다.

16 다섯 왕을 대적한 아브람

엘람 왕과 소돔과 고모라 왕들과의 전쟁

1 그 때에 엘람 왕 그돌라오멜이 그와 언약을 맺은 주변의 모든 왕, 그 때 그의 힘 아래에 있던 시날 왕 니므롯과 고임 왕 디달과 엘라살 왕 아리옥에게 사람을 보내며 말했다. 나에게 올라와서 나를 도와 우리가 소돔의 모든 마을과 그 주민들을 치자. 이는 그들이 이 13년 동안 나를 배반했기 때문이라. 2 이 네 왕이 그들의 모든 진영, 약 팔십만 명의 남자들과 함께 올라와서 그들이 가면서 그 길에서 발견하는 모든 사람을 쳤다. 3 소돔과 고모라의 다섯 왕, 아드마 왕 시납과 스보임 왕 세메벨과 소돔 왕 베라와 고모라 왕 베르사와 소알 왕 벨라가 그들과 맞서기 위하여 나가서 그들이 싯딤 골짜기에 모두 함께 모였다. 4 이 아홉 왕이 싯딤 골짜기에서 전쟁을 일으켰다. 엘람 왕이 소돔과 고모라의 왕들을 쳤다. 5 싯딤 계곡은 석회 구덩이로 가득했다. 엘람 왕이 소돔의 왕들을 뒤쫓았는데 소돔의 왕들과 그들의 진영이 달아나다가 그 석회 구덩이에 빠졌고 그 나머지는 모두 산으로 피난하였다. 엘람의 다섯 왕이 그들을 따라와서 소돔의 성문까지 그들을 뒤쫓았고 그들이 소돔에 있는 모든 것을 빼앗아 갔다. 6 그들이 소돔과 고모라의 모든 성읍을 노략했고 아브람의 형제의 아들 롯과 그의 재산도 가져갔다. 그들이 소돔 성읍들의 모든 재물을 빼앗아 가버렸다. 그 전쟁

에 있던 아브람의 종 유닉이 이것을 보고 왕들이 소돔의 성읍들에 한 일과 롯이 그들에게 사로잡힌 일 모두를 아브람에게 말했다.

아브람이 롯을 구출함

7 아브람이 이것을 듣고 그가 그와 함께 한 약 318명의 남자와 함께 일어났다. 그 밤에 그가 이 왕들을 뒤쫓아 그들을 치자 그들 모두가 아브람과 그의 사람들 앞에서 쓰러졌다. 그곳에는 도망친 네 왕 외에 아무도 남지 않았고 그들이 각자 자기 길로 갔다. 8 아브람이 소돔의 모든 재물을 되찾고 그가 또한 롯과 그의 재물과 그의 아내들과 아이들과 그에게 속한 모든 사람을 되찾아 롯이 모든 것을 되찾았다. 9 그가 이 왕들을 치고 돌아올 때 그와 그의 사람들이 왕들이 함께 싸운 싯딤 계곡을 지났다. 10 소돔 왕 베라와 그와 함께 있던 그의 남은 사람들이 석회 구덩이에서 나와 아브람과 그의 사람들을 만나기 위하여 왕들이 쓰러진 곳으로 갔다. 11 예루살렘 왕 아도니세덱, 즉 셈이 아브람과 그의 사람들을 만나기 위하여 빵과 포도주를 들고 그의 사람들과 함께 나갔다. 그들이 멜렉 골짜기에 함께 머물렀다. 12 아도니세덱이 아브람을 축복하였고 아브람은 그가 가져온 그의 대적들의 전리품에서 그에게 십분의 일을 주었다. 이는 아도니세덱이 하나님 앞에 제사장이었기 때문이다. 13 그곳에 있던 소돔과 고모라의 왕들과 그들의 종들이 아브람에게 가까이 가서 그에게 간청하기를 그가 사로잡은 그들의 종들을 그들에게 되돌려 주고 모든 재물은 그가 가지라고 했다. 14 아브람이 소돔의 왕들에게 대답하여 말했다. 하늘과 땅을 지으시고 모든 고난에서 나를 구하시며 이 날 나의 대적들로부터 나를 구원하시고 그들을 나의 손에 넘겨 주신 주께서 살아계시는 한, 내가 당신들에게 속한 것은 어느 것이든지 취하지 아니하여 내일 당신들이 아

브람이 우리의 재물을 얻어 부유하게 되었다고 자랑하지 못하게 하겠소. 15 이는 내가 믿는 나의 하나님 주께서 내게 말씀하시기를 내가 네 손으로 하는 모든 일에 너를 축복하리니 너는 부족함이 없으리라고 하셨기 때문이오. 16 그러므로 이제 보시오, 여기 당신들에게 속한 모든 사람이 있으니 그들을 데리고 가시오. 주께서 살아 계시는 한 나는 살아 있는 생명에서부터 신발 끈이나 실 하나까지도 당신들에게서 취하지 않을 것이오. 오직 나와 함께 싸우러 나간 자들의 음식의 비용과 나와 함께 간 자들, 아날과 아스골과 마므레와 그들의 사람들의 몫은 제하고 또한 짐을 지키기 위하여 남은 자들은 전리품에서 그들의 몫을 가져야 할 것이오. 17 소돔의 왕들이 아브람이 말한 모든 것을 따라 그에게 주었고 그들이 아브람에게 강권하여 그가 택하는 것은 무엇이든지 가지라고 했으나 그가 그렇게 하지 않았다. 18 그가 소돔의 왕들과 그들의 남은 자들을 보내고 그가 롯에 대하여 그들에게 지시하고 그들은 각자의 처소로 갔다. 19 그의 조카 롯도 그의 소유와 함께 떠나 그들과 함께 갔다. 롯이 그의 고향 소돔으로 돌아갔고 아브람과 그의 사람들도 그들의 고향, 헤브론에 있는 마므레 평야로 갔다.

하나님이 아브람에게 나타나심

20 그 때에 주께서 헤브론에 있는 아브람에게 다시 나타나 그에게 말씀하셨다. 두려워 말라. 내 앞에서 네 상이 매우 크다. 이는 내가 너를 번성하게 하고 너에게 복을 주며 네 씨를 측량하거나 셀 수 없는 하늘의 별 같이 많게 하기까지 내가 너를 떠나지 않을 것이기 때문이다. 21 내가 네 눈으로 보는 이 모든 땅을 네 씨에게 주어 그들에게 영원한 유업으로 주겠다. 오직 강하고 두려워하지 말며 내 앞에서 걷고 완전하라.

르우가 죽음

22 아브람이 78세였을 때 그 해에 벨렉의 아들 르우가 죽었다. 르우가 239년을 살고 죽었다.

아브람이 하갈을 첩으로 삼음

23 그 때에 아브람의 아내, 하란의 딸 사래가 여전히 임신하지 못하여 그 여자가 아브람에게 아들이나 딸을 낳지 못했다. 24 그 여자가 자신이 아이를 낳지 못하는 것을 보고 바로가 준 그 여자의 여종 하갈을 취하여 남편 아브람에게 아내로 주었다. 25 하갈이 사래가 가르친 대로 사래의 모든 길을 배웠으므로 그 여자가 사래의 좋은 길을 따르는 것에 아무런 부족함이 없었다. 26 사래가 아브람에게 말했다. 보십시오 여기에 나의 여종 하갈이 있습니다. 그 여자에게 가서 그 여자가 내 무릎 위에 아이를 낳게 하고 나도 그 여자를 통하여 아이를 얻게 하십시오. 27 아브람이 가나안 땅에 거주한 지 10년이 될 때, 아브람이 85세였을 때에 사래가 하갈을 그에게 주었다. 28 아브람이 그의 아내 사래의 말을 듣고 그가 그의 여종 하갈을 취했다. 아브람이 그 여자에게 들어가 그 여자가 임신하였다. 29 하갈이 자기가 임신한 것을 보고 그 여자가 크게 기뻐하였다. 그 여자가 여주인을 업신여기며 마음속으로 말했다. 내가 오직 이것으로 하나님 앞에서 나의 여주인 사래보다 좋게 보일 수 있을 것이다. 이는 내 여주인이 나의 주와 함께 한 모든 날 동안 그 여자가 임신하지 못했으나 나는 주께서 아주 짧은 시간에 그 남자로 인해 임신하게 하셨기 때문이다.

사래가 하갈을 학대함

30 사래가 하갈이 아브람으로 인해 임신한 것을 보고 여종을 질투

하며 마음속으로 말했다. 이것은 분명히 다름이 아니라 그 여자가 나보다 나은 것이 틀림없다. 31 사래가 아브람에게 말했다. 내가 받는 모욕은 당신에게 있어야 합니다. 당신이 주 앞에서 아이를 구하며 기도할 때 당신은 어찌하여 주께서 당신으로부터 내게 씨를 주시도록 내 일에 대하여 기도하지 않았습니까? 32 내가 당신 앞에서 하갈에게 말할 때 그 여자가 내 말을 업신여겼습니다. 이는 그 여자가 임신했고 당신은 그 여자에게 아무 말도 하지 않을 것이기 때문입니다. 주께서 당신이 나에게 한 일에 대하여 나와 당신 사이에 판단하시기를 원합니다. 33 아브람이 사래에게 말했다. 보시오 당신의 여종이 당신의 손에 있으니 당신이 보기에 좋은 대로 그 여자에게 행하시오. 사래가 그 여자를 학대하니 하갈이 그 여자로부터 도망하여 광야로 갔다. 34 주의 천사가 그 여자가 도망친 곳, 우물 곁에서 그 여자를 발견하고 그 여자에게 말했다. 두려워 말라. 이는 내가 너의 씨를 번성하게 할 것이니 네가 아들을 낳고 그의 이름을 이스마엘이라 부를 것이라. 이제 네 여주인 사래에게 돌아가서 그 여자의 손 아래에 복종하라. 35 하갈이 그 우물이 있는 곳을 브엘라헤로이라고 불렀는데 이는 가데스와 베렛 광야 사이에 있다.

이스마엘이 태어남

36 그 때에 하갈이 그 여자의 주인의 집으로 돌아갔고 해산의 날이 차서 아브람에게 아들을 낳았다. 아브람이 그의 이름을 이스마엘이라고 불렀다. 아브람이 그 아이를 낳았을 때 그가 86세였다.

17 사비나인들이 납치당함

깃딤과 두발의 전쟁

1 아브람이 91세였을 때에 그 때에 깃딤(로마)의 자손들이 두발의 자손들과 전쟁을 일으켰는데 그 원인은 이러하다. 주께서 지면에 사람의 아들들을 흩으실 때 깃딤의 자손들은 가서 카노피아의 평원에 모여 그곳에 성읍들을 건축하고 티브루 강가에 거주했다. 2 두발의 자손들은 투스카나에 거주했는데 그들의 경계가 티브루 강까지 이르렀다. 두발의 자손들이 투스카나에 성읍을 건축하고 그곳의 이름을 그들의 조상 두발의 아들 사비나의 이름을 따라 사비나라고 불렀다. 그들이 오늘까지 그곳에 거주했다. 3 그 때에 깃딤의 자손들이 두발의 자손들과 전쟁을 일으켰다. 깃딤의 자손들이 두발의 자손들을 쳐서 두발의 자손들 가운데 370명을 쓰러뜨렸다. 4 그 때에 두발의 자손들이 깃딤의 자손들에게 맹세하여 말했다. 너희는 우리와 통혼해서는 안 된다. 아무도 자기 딸을 깃딤의 아들들 중 누구에게도 주어서는 안 된다. 5 이는 그 시대에 두발의 모든 딸이 아름답고 온 땅에서 두발의 딸들처럼 아름다운 여자들을 찾을 수 없었기 때문이다. 6 여자의 아름다움을 기뻐하는 모든 자는 두발의 딸들에게 가서 그들에게서 아내를 얻었는데 그 시대에 여자의 아름다움을 크게 기뻐하는 사람의 아들들과 왕들과 고관들이 두발의 딸들로부터 아내를 얻었다. 7 두발의 자손들이

깃딤의 자손들에게 자신의 딸들을 그들에게 아내로 주지 않겠다고 맹세한 후 3년이 지나고 깃딤의 자손들 가운데 약 30명의 남자가 두발의 딸들 중에서 얼마를 얻으려고 갔으나 그들이 한 사람도 찾지 못했다. 8 이는 두발의 자손들이 그들과 통혼하지 않겠다는 그들의 맹세를 지키고 그들의 맹세를 깨지 않으려고 했기 때문이다. 9 추수하는 때에 두발의 자손들이 추수하기 위하여 그들의 들로 가자 깃딤의 젊은 남자들이 모여 사비나 성읍으로 가서 각자가 두발의 딸들로부터 젊은 여자를 데리고 그들의 성읍으로 갔다. 10 두발의 자손들이 이 일에 대하여 듣고 가서 그들과 전쟁을 일으켰다. 두발의 자손들이 그들을 이길 수 없었는데 이는 산이 매우 높았기 때문이다. 두발의 자손들이 그들을 이길 수 없음을 보고 자기들의 땅으로 돌아갔다. 11 해가 바뀌고 두발의 자손들이 가서 그들과 가까운 성읍들에서 약 일만 명의 남자들을 사서 깃딤의 자손들과 전쟁을 하러 갔다. 12 두발의 자손들이 깃딤의 자손들과 전쟁하고 그들의 땅을 멸하고 그들을 괴롭히기 위하여 갔는데 이 전쟁에서 두발의 자손들이 깃딤의 자손들을 이겼다. 깃딤의 자손들이 자기들이 크게 고통당하는 것을 보고 그들이 벽 위에서 두발의 딸들에게서 낳은 아이들을 들어 올려 두발의 자손들의 눈앞에 보이게 했다. 13 깃딤의 자손들이 그들에게 말했다. 너희가 너희 자신의 아들들과 딸들과 전쟁하러 왔느냐? 우리가 그 때로부터 지금까지 너희의 골육이 아니더냐? 14 두발의 자손들이 이것을 듣고 그들이 깃딤의 자손들과 전쟁을 그치고 떠나갔다. 15 그들이 그들의 성읍들로 돌아갔다. 그 때에 깃딤의 자손들이 모여 해변에 두 성읍을 건축했는데 그들이 하나를 푸르투라 부르고 다른 하나를 아리자라 불렀다.

할례의 언약

16 그 때에 데라의 아들 아브람이 99세였다. 17 그 때에 주께서 그에게 나타나셔서 그에게 말씀하셨다. 내가 나와 너 사이에 나의 언약을 맺고 내가 너의 씨를 크게 번성하게 할 것이다. 이것이 내가 나와 너 사이에 맺는 언약이니 너와 너의 뒤에 올 너의 씨, 모든 남자아이는 할례를 행하되 18 8일째에 할례를 행할지니라. 이 언약이 너의 살에 영원한 언약으로 있을 것이니라. 19 그러므로 이제 네 이름을 더 이상 아브람이라 하지 않고 아브라함이라 할 것이다. 네 아내는 더 이상 사래라 하지 않고 사라라 할 것이다. 20 이는 내가 너희 둘 모두를 축복하고 내가 네 뒤에 오는 너의 씨를 번성하게 하여 네가 큰 나라가 되며 왕들이 너에게서 나올 것이기 때문이다.

18 할례의 시작

아브라함이 할례를 행함

1 아브라함이 일어나 하나님이 그에게 명령하신 모든 일을 행하여 그가 그의 가족과 그의 돈으로 산 자들 가운데 남자들을 데려다가 주께서 그에게 명령하신 대로 할례를 행했다. 2 그가 할례를 하지 않은 사람은 한 사람도 없었고 아브라함과 그의 아들 이스마엘도 그들의 포피를 베었다. 이스마엘이 그의 포피를 베었을 때 그가 열세 살이었다.

세 천사의 방문

3 셋째 날에 아브라함이 그의 살이 아직 아플 때에 햇볕을 쐬기 위하여 그의 장막에서 나와 문에 앉았다. 4 주께서 마므레 평원에서 그에게 나타나셨는데 그분의 주관하는 천사들 중 셋을 보내어 그에게 가도록 하셨다. 아브라함이 장막 문에 앉아 있는데 그가 눈을 들어 보니 보라 세 사람이 멀리서 오고 있었다. 그가 일어나 달려가서 그들을 영접하고 그들에게 엎드려 절하고 그들을 그의 집 안으로 인도했다. 5 그가 그들에게 말했다. 이제 내가 당신들의 눈에 은혜를 입었으면 안으로 가서 빵 한 조각을 드십시오. 그가 그들에게 강권하자 그들이 안으로 향했다. 그가 그들에게 물을 주고 그들의 발을 씻긴 후 그가 그들을 장막 문의 나무 아래로 모셨다. 6 아브라함이 달려가서 기름지고

좋은 송아지를 가지고 급히 그것을 잡아서 그의 종 엘리에셀에게 주어 손질하도록 했다. 7 아브라함이 장막 안으로 사라에게 가서 말했다. 급히 고운 가루 석 되를 준비하고 그것을 반죽하여 고기를 담은 솥을 넣을 빵을 만드시오. 사라가 그렇게 하였다. 8 아브라함이 그들이 송아지 고기가 충분히 요리되기 전까지 먹을 수 있도록 급히 버터와 우유와 쇠고기와 양고기를 그들 앞에 가져와서 그들에게 주니 그들이 먹었다. 9 그들이 식사를 마치고 그들 중 한 명이 그에게 말했다. 내가 생명의 때를 따라 너에게 돌아올 것이니 네 아내 사라에게 아들이 있을 것이다. 10 그 후에 그 사람들이 떠나 그들의 길로 가서 그들이 보냄을 받은 곳으로 갔다.

소돔과 고모라의 죄악

11 그 시대에 소돔과 고모라 전체 다섯 성읍의 모든 사람이 주께 대하여 심히 악하고 죄가 많았고 그들이 가증한 일로 주를 진노하게 하였다. 그들이 주 앞에서 가증한 일과 업신여기는 일이 심하여 그 시대에 그들의 악과 죄가 주 앞에 무거웠다. 12 그들의 땅에는 약 한나절 정도 걸을 수 있는 매우 넓은 골짜기가 있었는데 그 안에 물의 샘들과 물 주변에 많은 풀이 있었다. 13 소돔과 고모라의 모든 사람이 그들의 아내와 자녀와 그들에게 속한 모든 사람과 함께 일 년에 네 번 그곳으로 가서 그곳에서 탬버린을 들고 춤을 추며 기뻐했다. 14 그들이 즐거워할 때에 그들이 모두 일어나 그들의 이웃의 아내들을 붙잡고 몇몇은 그들의 이웃의 처녀 딸들을 붙잡고 그 여자들과 즐겼다. 남자들은 그의 아내와 딸이 그의 이웃의 손에 있는 것을 보고 아무 말도 하지 않았다. 15 그들이 아침부터 밤까지 그렇게 했고 그 후에 그들이 남자들은 각자 자기 집으로 여자들은 각자 자기 장막으로 돌아갔다. 그들이

일 년에 네 번씩 항상 그렇게 했다. 16 또한 이방인이 그들의 성읍으로 와서 그곳에서 팔기 위하여 그가 산 물건들을 가져오면 이 성읍의 사람들, 남자와 여자와 아이와 젊은이와 늙은이가 모여 그 사람에게 가서 그의 물건을 강제로 빼앗고 그것의 주인이 그 땅에 가지고 온 모든 물건이 사라질 때까지 각 사람에게 조금씩 나눠주었다. 17 만일 물건의 주인이 그들과 다투며 당신들이 나에게 한 이 일이 무엇이오 하고 말하면 그들이 한 사람씩 그에게 다가가서 각자가 가져간 것을 그에게 조금씩 보여주고 비웃으며 이렇게 말했다. 나는 당신이 나에게 조금 준 것을 얻었을 뿐이오. 그 사람이 그들 모두에게 이 말을 들으면 그가 일어나 슬프고 괴로운 마음으로 그들을 떠나고 그들은 모두 일어나 그를 따라가며 큰 소리와 소동을 일으키며 그를 성읍 밖으로 쫓아냈다.

엘람에서 온 나그네

18 엘람 지역에서 온 한 남자가 있었는데 그가 그의 나귀 위에 앉아 느긋하게 길을 가고 있었다. 그 나귀가 여러 가지 색으로 된 좋은 망토를 지고 있었으며 그 망토는 나귀 위에 줄로 묶여 있었다. 19 그 남자가 그의 여행 길에 저녁에 해가 질 때 소돔의 거리를 지나고 있었다. 그가 밤을 지내려고 그곳에 머물렀으나 누구도 그를 자기 집으로 들이려고 하지 않았다. 그 때에 소돔에 악한 일에 능숙한 악하고 해로운 남자가 있었는데 그의 이름은 헤닷이었다. 20 그가 그의 눈을 들어 그 성읍의 거리에 나그네가 있는 것을 보았다. 그가 그 사람에게 와서 말했다. 당신이 어디서 왔으며 어디로 가시오? 21 그 남자가 그에게 말했다. 나는 헤브론에서 와서 내가 사는 엘람으로 가는 길이오. 내게 빵과 물이 있고 내 나귀를 위한 짚과 여물도 있으며 나에게 부족한 것이 없지만 해가 져도 아무도 나를 자기 집으로 들이지 않소. 22 헤닷이

그에게 대답하여 말했다. 당신에게 필요한 모든 것은 내가 공급하겠으니 다만 당신은 밤새 거리에서 유숙하지 마시오. 23 헤닷이 그를 자기 집으로 데려와 그가 나귀에 줄로 묶인 망토를 벗기고 그것들을 그의 집으로 가져왔다. 나그네가 헤닷의 집에서 먹고 마시는 동안 그가 나귀에게 짚과 여물을 주었다. 그 사람이 그 밤에 그곳에서 유숙했다. 24 아침에 그 나그네가 일찍 일어나 그의 길을 가려고 하자 헤닷이 그에게 말했다. 기다리시오, 빵 한 조각을 먹고 당신의 마음을 편안하게 한 후에 가시오. 그 남자가 그렇게 했다. 그 남자가 그와 함께 머물러 그들 둘이 그 밤에 함께 먹고 마셨다. 그리고 그 남자가 일어나 가려고 했다. 25 헤닷이 그에게 말했다. 보시오 이제 날이 저물었으니 당신이 밤을 지내고 당신의 마음을 편하게 하는 것이 좋겠소. 그 사람이 그 남자에게 강권하여 그곳에서 밤을 지내도록 했다. 둘째 날에 그 남자가 일찍 일어나 먼 길을 가려고 하자 헤닷이 그에게 강권하여 말했다. 빵 한 조각을 먹고 당신의 마음을 편안하게 하고 가시오. 그 남자가 둘째 날에도 남아서 그와 함께 먹었다. 그리고 나서 그 남자가 그의 길을 가려고 일어났다. 26 헤닷이 그에게 말했다. 보시오 이제 날이 저물었으니 나와 함께 머물러 당신의 마음을 편안하게 하시오. 그리고 아침에 일찍 일어나 당신의 길을 가시오. 27 그 남자가 머무르려 하지 않고 일어나 나귀에게 안장을 지웠다. 그가 그의 나귀에 안장을 지우는 동안 헤닷의 아내가 자기 남편에게 말했다. 보십시오 이 남자가 이틀 동안 먹고 마시며 우리에게 머물렀으나 그가 우리에게 아무것도 주지 않았습니다. 이제 그 남자가 우리에게 아무것도 주지 않고 가야 하겠습니까? 헤닷이 그 여자에게 말했다. 잠잠하시오.

소돔 주민 헤닷의 죄악

28 그 남자가 떠나려고 그의 나귀에 안장을 지우고 헤닷에게 나귀 위에 묶을 줄과 망토를 달라고 요구했다. 29 헤닷이 그 남자에게 말했다. 당신이 말하는 것이 무엇이오? 그 남자가 그에게 말했다. 내 주여, 당신이 가지려고 당신의 집에 숨겨둔 줄과 여러 가지 색으로 만든 망토를 내게 주시오. 30 헤닷이 그 남자에게 대답하여 말했다. 이것이 당신의 꿈에 대한 해석이오. 당신이 본 그 줄은 당신의 인생이 줄처럼 늘어날 것을 의미하고, 모든 종류의 색으로 물들인 망토를 본 것은 당신이 모든 과일나무를 심을 포도원을 갖게 될 것을 의미하오. 31 그 나그네가 대답하여 말했다. 내 주여 그렇지 않소. 내가 줄과 또한 여러 가지 색으로 짠 망토를 당신에게 줄 때 나는 깨어있었고 당신은 나를 위하여 나귀에서 그것들을 내렸소. 헤닷이 대답하여 말했다. 내가 확실히 당신에게 당신의 꿈에 대한 해석을 말했는데 그것은 좋은 꿈이오. 이것이 그 꿈의 해석이오. 32 사람의 아들들이 꿈의 해석에 대한 비용으로 나에게 은 네 조각을 주지만 나는 당신에게 오직 은 세 조각만을 요구하겠소.

소돔의 재판관의 죄악

33 그 남자가 헤닷의 말에 분노하여 통곡하였고 그가 헤닷을 소돔의 재판관 세락에게 데려갔다. 34 그 남자가 그 일을 재판관 세락에게 말하자 헤닷이 대답하여 말했다. 그렇지 않습니다. 그 일은 앞서 말한 바와 같습니다. 그 재판관이 나그네에게 말했다. 이 사람 헤닷은 당신에게 진실을 말했소. 그는 성읍에서 꿈을 정확히 해석하는 것으로 유명하기 때문이오. 35 그 남자가 재판관의 말을 듣고 울며 말했다. 내 주여 그렇지 않습니다. 내가 그에게 나귀 위에 있던 줄과 망토를 그의

집 안에 맡기기 위하여 그에게 준 때는 낮이었습니다. 그들 둘이 그 재판관 앞에서 서로 말다툼하며 한 사람은 말하기를 그 일은 앞서 말한 바와 같습니다 하고 다른 사람은 다르게 말했다. 36 헤닷이 그 남자에게 말했다. 나에게 꿈을 해석한 비용으로 은 네 조각을 주시오. 나는 아무것도 봐주지 않을 것이오. 그리고 당신이 내 집에서 먹은 네 끼 식사의 비용을 나에게 주시오. 37 그 남자가 헤닷에게 말했다. 내가 틀림없이 당신의 집에서 먹은 것을 지불하겠소. 다만 당신이 당신의 집에 숨긴 그 줄과 망토를 내게 주시오. 38 헤닷이 재판관 앞에서 대답하여 그 남자에게 말했다. 내가 당신에게 당신의 꿈의 해석을 말하지 않았소? 그 줄은 당신의 인생이 줄처럼 길어질 것을 의미하고 그 망토는 당신이 모든 종류의 과일나무를 심을 포도원을 얻게 될 것을 의미하오. 39 이것이 당신의 꿈의 알맞은 해석이오. 이제 내가 요구한 비용인 은 네 조각을 내게 주시오. 나는 당신을 봐주지 않을 것이오. 40 그 남자가 헤닷의 말을 듣고 울고 그들 둘이 재판관 앞에서 말다툼을 했다. 재판관이 그의 종들에게 명령을 내려 그 두 사람을 그 집에서 쫓아냈다. 41 그 두 사람이 말다툼을 하며 재판장에서 떠났다. 소돔 사람들이 그들이 말하는 것을 듣고 그들 주변에 모여 그 나그네를 향하여 소리치며 그를 성읍에서 쫓아냈다. 42 그 남자가 괴로운 마음으로 슬퍼하고 눈물을 흘리며 그의 나귀를 타고 길을 갔다. 43 그가 가면서 소돔의 부패한 성읍에서 그에게 일어난 일로 인하여 울었다.

19 소돔의 멸망

소돔의 죄악

1 소돔 성읍에는 네 성읍에 네 명의 재판관들이 있었다. 그들의 이름은 소돔에는 세락, 고모라에는 샤르카드, 아드마에는 사브낙, 스보임에는 메논이다. 2 아브라함의 종 엘리에셀은 그들을 다른 이름으로 불렀다. 그는 세락을 샤크라로, 샤르카드를 샤크루라로, 세브낙을 케조빔으로, 메논을 마쯔로딘으로 바꿨다. 3 네 명의 재판관의 요구로 소돔과 고모라의 사람들이 성읍의 거리에 침대를 만들어 두었다. 만일 한 남자가 이곳으로 오면 그들이 그를 붙잡고 그들의 침대 중 하나로 데려가 강제로 그곳에 눕혔다. 4 그 남자가 눕게 되면 남자 세 명이 그의 머리 쪽에 서고 남자 세 명이 그의 발 쪽에 서서 침대의 길이로 그를 측량했다. 만일 그 남자가 침대보다 짧으면 남자 여섯 명이 양쪽 끝에서 그를 잡아당겼다. 그 남자가 그들에게 비명을 질러도 그들은 아무 말도 하지 않았다. 5 만일 그 남자가 그 침대보다 길면 그들은 각각 끝에서 침대의 옆면이 서로 닿도록 접어서 그 남자가 죽음의 문에 이를 때까지 그렇게 했다. 6 만약 그가 계속해서 그들에게 소리를 지르면 그들은 그 남자에게 대답하여 말하기를 우리의 땅으로 오는 사람은 이렇게 될 것이라고 했다. 7 사람들이 소돔 성읍의 사람들이 행한 이 모든 일을 듣고 그들이 그곳으로 가기를 꺼렸다. 8 가난한 사람이 그

들의 땅으로 오면 그들은 그에게 은과 금을 주고 온 성읍에 선포하여 그가 먹을 빵 한 조각도 주지 말라고 했다. 만일 그 나그네가 며칠을 더 머물다가 빵 한 조각도 얻을 수 없어서 굶주려 죽으면 그가 죽은 후에 그 성읍의 모든 사람이 와서 그들이 그에게 준 그들의 은과 금을 가져갔다. 9 그에게 준 은과 금을 알아볼 수 있는 자들은 그것을 다시 가져갔고 또 그들은 그가 죽었을 때에 그의 옷을 벗겼다. 그들이 그것을 두고 싸웠고 이웃을 이긴 자가 그것을 가져갔다. 10 이후에 그들이 그를 옮겨 광야의 떨기나무 아래에 묻었다. 그들이 그들의 땅에 와서 죽는 모든 자에게 항상 그렇게 했다.

소돔에서의 엘리에셀

11 세월이 지난 후에 사라가 롯을 보고 그의 안부를 물으려고 엘리에셀을 소돔으로 보냈다. 12 엘리에셀이 소돔에 갔을 때 그가 한 소돔 사람이 한 나그네와 싸우고 있는 것을 보았다. 소돔 사람이 그 가난한 자의 모든 옷을 벗기고 가버렸다. 13 이 가난한 자가 엘리에셀을 향하여 울며 그 소돔 사람이 자기에게 한 일로 인하여 그에게 도움을 요청했다. 14 엘리에셀이 그 사람에게 말했다. 당신은 왜 이 땅에 온 그 가난한 자에게 그렇게 행했소? 15 소돔 사람이 엘리에셀에게 대답하여 말했다. 이 사람이 당신의 형제요? 소돔 사람들이 오늘 당신을 재판관으로 삼아서 당신이 그 사람에 대하여 말하는 것이오? 16 엘리에셀이 그 가난한 자로 인하여 그 소돔 사람과 싸웠다. 엘리에셀이 그 소돔 사람으로부터 그 가난한 자의 옷을 되찾기 위하여 가까이 갔을 때 그 사람이 급히 돌을 들고 엘리에셀의 이마를 쳤다. 17 엘리에셀의 이마에서 피가 철철 흘렀다. 그 사람이 그 피를 보자 그가 엘리에셀을 붙잡고 말했다. 내가 당신의 이마에 있던 이 나쁜 피를 없앴으니 내게 그것에

대한 보수를 주시오. 이것이 이 땅의 관례와 법이기 때문이오. 18 엘리에셀이 그에게 말했다. 당신이 나에게 상처를 입히고 나에게 당신의 보수를 달라고 하시오? 엘리에셀이 그 소돔 사람의 말을 듣지 않았다. 19 그 사람이 엘리에셀을 붙잡고 재판을 받기 위하여 그를 소돔의 재판관 샤크라에게 데리고 갔다. 20 그 사람이 재판관에게 말했다. 내가 나의 주께 구합니다. 이 사람이 나에게 이러이러하게 행했습니다. 내가 그 사람을 돌로 쳐서 그의 이마에서 피가 흘러나왔는데 그가 나에게 보수를 주지 않으려고 합니다. 21 그 재판관이 엘리에셀에게 말했다. 이 사람이 네게 진실을 말했다. 그에게 그의 보수를 주라. 이는 이것이 이 땅의 관례이기 때문이다. 엘리에셀이 그 재판관의 말을 듣고 그가 돌 하나를 들어서 그 재판관을 쳤다. 그 돌이 그의 이마를 쳐서 그 재판관의 이마에서 피가 철철 흘렀다. 엘리에셀이 말했다. 이것이 당신들의 땅의 관례라면 내가 이 사람에게 줘야 할 것을 당신이 주시오. 이것이 당신의 판결이고 당신이 그렇게 선언했기 때문이오. 22 엘리에셀이 그 소돔 사람과 재판관을 떠나서 가버렸다.

롯의 딸 팔팃의 죽음

23 엘람 왕들이 소돔 왕들과 전쟁을 할 때 엘람 왕들이 소돔의 모든 재물을 빼앗고 그들이 롯과 그의 재물도 가져갔다. 아브라함이 이것을 듣고 그가 가서 엘람 왕들과 전쟁하여 그들의 손에서 롯의 모든 재물뿐만 아니라 소돔의 재물도 되찾았다. 24 그 때에 롯의 아내가 그에게 딸을 낳고 그 아이의 이름을 팔팃이라고 하며 말하기를 하나님께서 그와 그의 모든 가족을 엘람 왕들로부터 구하셨다고 하였다. 롯의 딸 팔팃이 자라서 소돔의 남자들 중 하나가 그 여자를 아내로 삼았다. 25 한 가난한 자가 먹을 것을 구하려고 그 성읍으로 와서 그 성읍에 며

칠을 머물렀다. 소돔의 모든 사람은 그들의 관습에 따라 이 사람이 땅에서 갑자기 죽을 때까지 그에게 먹을 빵 한 조각도 주지 말라고 선포하고 그렇게 행했다. 26 롯의 딸 팔팃이 이 사람이 길에서 굶주려 쓰러져 있는 것과 누구도 그의 생명을 위하여 어느 것이든 주는 사람이 없음을 보았는데 그가 곧 죽을 것처럼 보였다. 27 그 여자의 마음이 그 사람을 불쌍히 여겨 그 여자가 많은 날 동안 그에게 몰래 빵을 주었다. 그래서 이 사람의 생명이 회복되었다. 28 그 여자가 물을 길으러 나갈 때 물 주전자에 빵을 넣고 그 여자가 그 가난한 자가 있는 곳에 이를 때에 그 주전자에서 빵을 꺼내어 그에게 주어 먹게 했다. 그 여자가 많은 날을 그렇게 했다. 29 소돔과 고모라의 모든 사람이 이 사람이 어떻게 그렇게 많은 날 동안 굶주림을 견딜 수 있었는지 궁금해했다. 30 그들이 서로 말했다. 이것은 오직 그가 먹고 마시기 때문에 가능한 일이다. 누구도 이 사람처럼 오랫동안 심지어 겉모습도 그대로인 채 그렇게 굶주림을 견디거나 살 수 없다. 그가 먹을 빵을 주는 자가 누구인지 알기 위하여 세 사람이 그 가난한 자가 있는 곳에 숨었다. 31 롯의 딸 팔팃이 그 날에 물을 길으러 나갔다. 그 여자가 자기 물 주전자에 빵을 넣고 그 가난한 자가 있는 곳 옆으로 물을 길으러 갔다. 그 여자가 그 주전자에서 빵을 꺼내어 그것을 그 가난한 자에게 주니 그가 그것을 먹었다. 32 세 사람이 팔팃이 그 가난한 자에게 한 일을 보고 그 여자에게 말했다. 이 사람을 도운 사람이 너다. 그래서 그가 굶지 않고 용모도 바뀌지 않고 다른 사람들처럼 죽지도 않았다. 33 세 사람이 그들이 숨은 곳에서 나와 그들이 팔팃을 붙잡고 그 가난한 자의 손에 있던 빵을 빼앗았다. 34 그들이 팔팃을 그들의 재판관들 앞으로 데려가 그들에게 말했다. 이 여자가 이러이러한 일을 했습니다. 이 여자가 그 가난한 자에게 빵을 주어 그 사람이 이 때까지 죽지 않았습니다. 그러므로 이제 이 여자가 우리의 법을 어긴 것에 대한 벌을 내리십시오. 35 소돔과 고모라의 사람들이 모여 그 성읍의 거리에 불을 피웠다. 그들이 그 여자를 잡아 그 불에 던지자 그 여자가 불에 타 재가 되었다.

아드마 여인의 죽음

36 아드마 성읍에서도 그들이 한 여자에게 비슷한 일을 행했다. 37 한 나그네가 아드마 성읍에서 밤을 보내고 아침에 그의 집에 갈 생각으로 그 성읍에 이르렀다. 그 사람이 그곳에 머무르려고 그 젊은 여자의 아버지 집 문 맞은편에 앉았는데 이는 그가 그곳에 이르렀을 때 해가 졌기 때문이다. 그 젊은 여자가 그 집 문 옆에 그가 앉은 것을 보았다. 38 그 사람이 그 여자에게 물 한 모금을 달라고 하자 그 여자가 그 사람에게 말했다. 당신은 누구시오? 그 남자가 그 여자에게 말했다. 내가 오늘 길을 가다가 해가 질 때 이곳에 이르렀소. 그래서 내가 이곳에서 밤을 지내고 아침에 일찍 일어나 나의 길을 가려고 하오. 39 그 젊은 여자가 집 안으로 들어가 그 남자가 먹고 마실 빵과 물을 가져왔다. 40 이 일이 아드마 사람들에게 알려졌다. 그들이 모여 그 젊은 여자를 재판관들 앞으로 데려가 그들이 그 여자가 한 이 일에 대하여 재판하도록 했다. 41 재판관이 말했다. 이 여자에게 죽음의 심판이 내려져야 한다. 이는 이 여자가 우리의 법을 어겼기 때문이다. 그러므로 이것이 이 여자에 대한 판결이다. 42 이 성읍의 사람들이 모여 재판관이 명한 대로 그 젊은 여자를 끌어내어 머리에서 발끝까지 꿀을 발랐다. 그리고 그 여자를 벌 떼가 들어 있는 벌집 앞에 두었다. 벌들이 그 여자에게 날아들어 쏘았고 그 여자의 온몸이 부었다. 43 그 젊은 여자가 벌들로 인하여 소리쳤으나 아무도 그 여자에 대하여 신경 쓰거나 불쌍히 여기지 않았다. 그 여자의 부르짖음이 하늘에까지 올라갔다.

소돔의 멸망

44 주께서 이 일과 소돔 성읍의 모든 일로 인하여 진노하셨으니 이는 그들이 먹을 것이 풍부하고 그들 사이에 평안이 있었으나 그들이 여전히 가난한 자들과 궁핍한 자들을 돌보지 않았고 그 시대에 그들의 악한 행위와 죄가 주 앞에 컸기 때문이다. 45 주께서 소돔과 그 성읍들을 멸하기 위하여 아브라함의 집에 온 천사들 중 둘을 보내셨다. 46 천사들이 먹고 마신 후에 아브라함의 장막 문에서 일어나 그들이 저녁에 소돔에 이르렀다. 그 때에 롯이 소돔의 성문에 앉아 있었다. 그가 그들을 보자 일어나 그들을 영접하고 땅에 엎드려 절했다. 47 그가 그들에게 강권하여 그들을 그의 집 안으로 모시고 그들에게 먹을 음식을 주었고 그들은 밤에 그 집에서 유숙했다. 48 그 천사들이 롯에게 말했다. 일어나 이곳을 떠나라. 너와 너에게 속한 모든 자가 이 성읍의 죄악으로 인하여 소멸될까 하노라. 이는 주께서 이 성읍을 멸하실 것이기 때문이다. 49 그 천사들이 롯과 그의 아내와 그의 자녀들과 그에게 속한 모든 자의 손을 잡고 그들을 성 밖으로 데려갔다. 50 그들이 롯에게 말했다. 너희 생명을 보존하기 위하여 도망하라. 그와 그에게 속한 모든 자가 도망하였다. 51 주께서 하늘에서 주께로부터 소돔과 고모라와 그들의 모든 성읍 위에 유황과 불을 비같이 내리셨다. 52 주께서 이 성읍들과 그곳의 모든 평원과 모든 거주민과 땅에서 난 것들을 엎어 멸하셨다. 롯의 아내 아도는 성읍들이 파괴되는 것을 보려고 뒤돌아봤는데 이는 그 여자가 자기와 함께 가지 않고 소돔에 남은 자기 딸들을 불쌍히 여겼기 때문이다. 53 그 여자가 뒤를 돌아볼 때 그 여자가 소금 기둥이 되었는데 이것이 오늘까지 그곳에 있다. 54 그곳에 서 있는 소들이 매일 발끝까지 소금을 핥아 먹으면 아침에 그것이 새로 생겨 소들이 그것을 다시 핥아먹기를 오늘까지 그렇게 했다. 55 롯과 그와 함께

남은 두 딸이 달아나서 아둘람 굴로 도망갔다. 그들이 그곳에서 얼마 동안 머물렀다. 56 아브라함이 소돔 성읍들에 무슨 일이 일어났는지 보려고 아침 일찍 일어났다. 그가 보니 보라 성읍들의 연기가 용광로의 연기같이 올라갔다.

롯과 그의 두 딸로부터 모압과 암몬이 나옴

57 롯과 그의 두 딸이 굴에 거주했다. 두 딸이 그들의 아버지에게 포도주를 마시게 하고 그들이 그와 누웠다. 이는 그들이 말하기를 땅 위에 자기들에게 자식을 보게 할 남자가 없다고 하였는데 이는 그들이 온 땅이 멸망하였다고 생각했기 때문이다. 58 그들이 둘 다 그들의 아버지와 누워 그들이 임신하여 아들들을 낳았다. 첫째가 그 아들의 이름을 모압이라고 부르며 말하기를 내 아버지로부터 내가 그를 얻었다 하였다. 그는 오늘까지 모압인들의 조상이다. 59 동생도 그 아들의 이름을 벤암미라고 불렀다. 그는 오늘까지 암몬 자손의 조상이다. 60 이 일 후에 롯과 그의 두 딸이 그곳에서 떠났고 그가 그의 두 딸과 그들의 아들들과 함께 요단 저편에 거주하였다. 롯의 아들들이 자라서 그들이 가서 가나안 땅에서 아내를 얻었다. 그들이 자녀들을 낳고 그들이 생육하고 번성했다.

20 아브라함과 블레셋 사람들

아브라함이 블레셋 사람들의 땅에 거주함

1 그 때에 아브라함이 마므레의 평원에서 길을 떠나 그가 블레셋 사람들의 땅으로 가서 그랄에 머물렀다. 그가 블레셋 사람들의 땅 그랄에 온 것은 아브라함이 가나안 땅에 거주한 지 25년째 되는 해이며 아브라함이 100세일 때였다. 2 그들이 그 땅에 들어갈 때 아브라함이 그의 아내 사라에게 말했다. 누구든지 당신에 대하여 묻는 사람이 있으면 당신이 나의 누이라고 말하시오. 이는 우리가 이 땅 주민들의 악에서 벗어나기 위함이오.

아비멜렉이 사라를 데려감

3 아브라함이 블레셋 사람들의 땅에 거주할 때에 블레셋 왕 아비멜렉의 종들이 보니 사라가 몹시 아름다웠다. 그들이 아브라함에게 그 여자에 대하여 물으니 그가 그 여자는 자기 누이라 하였다. 4 아비멜렉의 종들이 아비멜렉에게 가서 말했다. 가나안 땅에서 온 한 사람이 이 땅에 와서 거주하는데 그에게 매우 아름다운 누이가 있습니다. 5 아비멜렉이 그의 종들이 그에게 사라를 칭찬하는 말을 듣고 그가 그의 신하들을 보내어 사라를 왕에게 데려오도록 했다. 6 사라가 아비멜렉의 집으로 왔다. 왕이 보니 사라가 아름다워 그가 그 여자를 보고 몹

시 기뻐했다. 7 그가 그 여자에게 가까이 가서 말했다. 너와 함께 우리 땅에 온 그 남자는 너에게 어떤 사람이냐? 사라가 대답하여 말했다. 그는 나의 오라비입니다. 우리가 가나안 땅에서 와서 어느 곳이든 우리가 발견하는 곳에 머무르려 합니다. 8 아비멜렉이 사라에게 말했다. 보라 내 땅이 네 앞에 있으니 이 땅에서 네가 좋게 여기는 곳은 어디든지 네 오라비가 그곳에 있게 하라. 그가 네 오라비이므로 우리가 그를 이 땅의 모든 사람 위로 높이리라. 9 아비멜렉이 아브라함에게 사람을 보내어 아브라함이 아비멜렉 앞으로 왔다. 10 아비멜렉이 아브라함에게 말했다. 보라 내가 명령을 내렸으니 너는 네 누이 사라로 인하여 네가 원하는대로 받게 될 것이다. 11 아브라함이 왕 앞에서 나가자 왕의 선물이 그를 뒤따랐다.

주의 천사가 블레셋 온 땅을 침

12 저녁때에 사람들이 잠자리에 들기 전에 왕이 그의 보좌 위에 앉아 있었다. 그가 깊이 잠들어 보좌에 앉아서 아침까지 잤다. 13 그가 꿈을 꿨는데 주의 천사가 그의 손에 칼을 뽑아 들고 그에게 왔다. 천사가 아비멜렉 앞에 서서 그 칼로 그를 죽이려 했다. 왕이 그의 꿈속에서 두려워하며 천사에게 말했다. 내가 당신에게 무슨 죄를 지었기에 당신이 오셔서 당신의 칼로 나를 죽이려 합니까? 14 그 천사가 왕에게 대답하여 말했다. 보라 네가 어젯밤에 너의 집으로 데려온 그 여자로 인하여 네가 죽을 것이다. 이는 그 여자가 결혼한 여인으로 네 집에 온 아브라함의 아내이기 때문이다. 그러므로 이제 그 사람에게 그의 아내를 돌려보내라. 그 여자는 그의 아내이다. 네가 그 여자를 돌려보내지 않으면 너와 너에게 속한 모든 자가 정녕 죽을 줄 알라. 15 그 밤에 블레셋 사람의 땅에 큰 부르짖음이 있었다. 그 땅의 주민들이 손에 칼

을 뽑아 들고 서 있는 사람의 형상을 보았는데 그가 그 땅의 주민들을 칼로 치고 계속 쳤다. 16 그 밤에 주의 천사가 블레셋 온 땅을 쳤다. 그 밤과 다음 날 아침에 그곳에 큰 혼란이 있었다. 17 그들의 모든 태와 몸의 모든 구멍이 닫혔다. 아비멜렉이 데려간 아브라함의 아내 사라의 일로 주의 손이 그들 위에 있었다.

아비멜렉이 사라를 아브라함에게 돌려보냄

18 아침에 아비멜렉이 놀람과 혼란과 큰 두려움 가운데 일어났다. 그가 사람을 보내 그의 신하들을 불렀다. 그가 그들에게 그의 꿈에 대하여 말하자 그 사람들이 크게 두려워했다. 19 왕의 신하들 가운데 서 있던 한 사람이 왕에게 대답하여 말했다. 오 왕이시여, 이 여자를 그 남편에게 돌려보내십시오. 그 사람이 이 여자의 남편이며 이 사람이 이집트에 왔을 때 이집트 왕에게 똑같은 일이 있었기 때문입니다. 20 그 사람이 그의 아내에 대하여 이 여자는 나의 누이라 말하는 것은 그가 나그네 된 땅에 거하러 왔을 때 그가 행하는 방식입니다. 21 바로가 사람들을 보내어 이 여자를 아내로 취하려고 했을 때 주께서 그가 그 여자를 그 여자의 남편에게 되돌려줄 때까지 그 위에 심한 재앙을 내렸습니다. 22 오 왕이시여 그러므로 어젯밤에 이 온 땅에 일어난 일을 아시기 바랍니다. 매우 큰 놀람과 큰 고통과 애통이 있었습니다. 우리는 이것이 왕께서 취한 그 여자로 인한 것임을 압니다. 23 그러므로 이제 이 여자를 그 남편에게 되돌려 주어 이집트 왕 바로와 그의 신하들에게 일어난 일이 우리에게 일어나지 않도록 하시고 우리가 죽지 않게 하소서. 아비멜렉이 급히 사라를 오게 하여 그 여자가 그 앞에 오고 그가 아브라함을 오게 하여 그가 그 앞에 왔다. 24 아비멜렉이 그들에게 말했다. 너희가 오라비와 누이라고 하여 내가 이 여자를 아내로 삼

게 한 이 일이 무엇이냐? 25 아브라함이 말했다. 이는 내가 내 아내로 인하여 죽게 되리라 생각했기 때문이오. 아비멜렉이 양 떼와 소 떼와 남종과 여종과 은 천 개를 아브라함에게 주고 그가 사라를 그에게 되돌려 보냈다. 26 아비멜렉이 아브라함에게 말했다. 보라 온 땅이 네 앞에 있으니 네가 택하는 곳은 어느 곳이든 그곳에 거하라. 27 아브라함과 그의 아내 사라가 영광과 존경을 받으며 왕 앞에서 나갔다. 그들이 그 땅 그랄에 거주했다.

아브라함의 기도로 아비멜렉의 사람들이 치유됨

28 천사가 사라의 일로 밤새 그들 위에 내린 재앙으로 블레셋 사람들의 땅의 모든 주민과 왕의 신하들이 여전히 고통 가운데 있었다. 29 아비멜렉이 아브라함에게 사람을 보내어 말했다. 이제 주께서 우리 가운데 이 죽음을 거두도록 당신의 신하들을 위하여 당신의 하나님 주께 기도해 주시오. 30 아브라함이 아비멜렉과 그의 신하들의 일로 기도하니 주께서 아브라함의 기도를 들으시고 아비멜렉과 그의 모든 신하를 치료하셨다.

21 이삭이 태어남

이삭이 태어남

1 아브라함이 블레셋 사람들의 땅 그랄에 거주한 지 1년 4개월이 될 때 하나님이 사라에게 오셨다. 주께서 그 여자를 기억하셔서 그 여자가 임신하여 아브라함에게 아들을 낳았다. 2 아브라함이 사라가 그에게 낳은 아들의 이름을 이삭이라 하였다. 3 아브라함이 그의 아들 이삭이 태어난 지 8일에 하나님께서 아브라함에게 그의 뒤에 올 그의 씨에게 행하라고 명령하신 대로 할례를 행하였다. 이삭이 그들에게 태어났을 때 아브라함은 100세였고 사라는 90세였다. 4 아이가 자라서 젖을 떼자 아브라함이 이삭이 젖을 뗀 날에 큰 잔치를 열었다. 5 아브라함이 그의 아들 이삭이 젖 뗀 날에 연 축제에 셈과 에벨과 그 땅의 모든 위대한 사람들과 블레셋 왕 아비멜렉과 그의 종들과 그의 군대 장관 비골이 와서 먹고 마시며 즐거워했다. 6 아브라함의 아버지 데라와 그의 형제 나홀이 그들과 그들에게 속한 모든 자와 함께 하란에서 왔는데 이는 그들이 사라에게 아들이 태어났다는 것을 듣고 크게 기뻐했기 때문이다. 7 그들이 아브라함에게 와서 아브라함이 이삭이 젖 뗀 날에 연 축제에서 먹고 마셨다. 8 데라와 나홀이 아브라함과 함께 즐거워했고 그들이 블레셋 사람의 땅에서 아브라함과 함께 많은 날을 머물렀다.

스룩이 죽음

9 아브라함의 아들 이삭이 태어난 지 첫째 해 그 때에 르우의 아들 스룩이 죽었다. 10 스룩이 239세를 살고 죽었다.

이스마엘이 이삭을 죽이려 함

11 그 시대에 아브라함의 아들 이스마엘이 자랐다. 사라가 아브라함에게 이삭을 낳았을 때 그가 열네 살이었다. 12 하나님께서 아브라함의 아들 이스마엘과 함께 하셨고 그가 자라서 활 쏘는 법을 배워 활 쏘는 자가 되었다. 13 이삭이 다섯 살 때 이스마엘과 함께 장막 문에 앉아 있었다. 14 이스마엘이 이삭에게 와서 그의 맞은편에 앉았다. 그가 활을 잡고 그것을 당기고 그 안에 화살을 넣어 이삭을 죽이려 했다.

하갈과 이스마엘이 쫓겨남

15 사라가 이스마엘이 자기 아들 이삭에게 하려는 행위를 보고 사라가 자기 아들로 인하여 그 일을 몹시 슬퍼했다. 사라가 아브라함에게 사람을 보내어 그에게 말했다. 이 여종과 그 여자의 아들을 내쫓으십시오. 이는 그 여자의 아들이 내 아들과 함께 상속자가 될 수 없기 때문입니다. 그가 오늘 내 아들에게 이러이러하게 행하려고 했습니다. 16 아브라함이 사라의 말을 들었다. 그가 아침 일찍 일어나 빵 열두 덩이와 물 한 병을 하갈에게 주고 그 여자를 그 여자의 아들과 함께 보냈다. 하갈이 그 여자의 아들과 함께 광야로 가서 그들이 광야의 거주민들과 함께 바란 광야에 거주했다. 이스마엘은 활 쏘는 사람이었다. 그가 광야에서 오랜 시간을 거주했다. 17 그 후에 그와 그의 어머니가 이집트 땅으로 가서 그곳에 거주했다. 하갈이 이집트에서 자기 아들을 위하여 아내를 얻었는데 그 여자의 이름은 메리바였다. 18 이스마엘

의 아내가 임신하여 네 아들과 두 딸을 낳았다. 그 후에 이스마엘과 그의 어머니와 그의 아내와 자녀들이 가서 광야로 돌아갔다. 19 그들이 광야에서 머무는 곳에 장막을 짓고 그들이 계속해서 여행하고 매달 매해 쉬었다. 20 하나님께서 이스마엘의 아버지 아브라함으로 인하여 이스마엘에게 양 떼와 소 떼와 장막을 주셨다. 그 사람의 가축이 늘었다. 21 이스마엘이 광야에서 장막 안에 거하며 오랫동안 여행하고 쉬었으나 그가 그의 아버지의 얼굴을 보지 않았다.

아브라함이 이스마엘을 보러 광야로 감

22 얼마 후에 아브라함이 그의 아내 사라에게 말했다. 내가 가서 내 아들 이스마엘을 봐야겠소. 내가 그 아이를 오랫동안 보지 못하여 보고 싶소. 23 아브라함이 그의 아들 이스마엘을 찾아 광야로 가려고 그의 낙타 중 한 마리에 올랐다. 이는 그가 이스마엘이 그에게 속한 모든 자와 함께 광야의 장막에 거주하고 있다고 들었기 때문이다. 24 아브라함이 광야로 가서 정오쯤에 이스마엘의 장막에 이르렀다. 그가 이스마엘에 대하여 물었는데 그가 보니 이스마엘의 아내가 장막 안에 그 여자의 아이들과 함께 앉아 있었다. 그 여자의 남편 이스마엘과 그의 어머니는 그들과 함께 있지 않았다. 25 아브라함이 이스마엘의 아내에게 물어 말했다. 이스마엘이 어디로 갔느냐? 그 여자가 대답했다. 그가 사냥하러 들로 갔습니다. 아브라함이 여전히 낙타 위에 앉아 있었는데 이는 그가 그의 아내 사라에게 낙타에서 내리지 않겠다고 맹세하여 땅에 내리지 않으려고 했기 때문이다. 26 아브라함이 이스마엘의 아내에게 말했다. 내 딸아, 내가 여행으로 피곤하니 내가 마실 물을 조금 다오. 27 이스마엘의 아내가 대답하여 아브라함에게 말했다. 우리는 물도 빵도 없습니다. 그 여자가 계속 장막 안에 앉았고 아브라함을

신경 쓰지 않고 그가 누구인지 묻지도 않았다. 28 그런데 그 여자가 장막 안에서 그 여자의 아이들을 때리고 있었다. 그 여자가 그 아이들을 저주하고 그 여자의 남편 이스마엘도 저주하고 그를 비난했다. 아브라함이 이스마엘의 아내가 그 여자의 아이들에게 하는 말을 듣고 매우 화가 나고 불쾌했다. 29 아브라함이 그 여자를 불러 장막에서 나와 그에게 오도록 했다. 그 여자가 와서 아브라함 맞은편에 섰는데 이는 아브라함이 여전히 낙타 위에 앉아있었기 때문이다. 30 아브라함이 이스마엘의 아내에게 말했다. 네 남편 이스마엘이 집으로 돌아오면 이 말을 그에게 전해라. 31 블레셋 땅에서 매우 늙은 사람이 이곳에 와서 당신을 찾았습니다. 그의 모양과 형상이 이러이러했으며 나는 그 사람이 누구인지 묻지 않았습니다. 그가 당신이 여기 없는 것을 보고 나에게 말했습니다. 네 남편 이스마엘이 돌아오거든 그에게 이 사람이 말한 대로 이러이러하게 말해라. 네가 집으로 돌아오면 네가 이곳에 친 장막의 이 말뚝을 치우고 그 대신에 다른 말뚝을 두어라. 32 아브라함이 그 여자에게 이 명령 말하기를 마치고 그가 돌아서 낙타를 타고 집으로 떠났다. 33 그 이후에 이스마엘이 사냥에서 돌아와 그와 그의 어머니가 장막으로 돌아왔다. 그의 아내가 이 말을 그에게 말했다. 34 블레셋 사람의 땅에서 매우 늙은 사람이 와서 당신을 찾았는데 그의 모양과 형상이 이러이러했습니다. 내가 그가 누구인지 묻지 않았습니다. 그가 당신이 집에 없는 것을 보고 나에게 이렇게 말했습니다. 네 남편이 집에 오거든 그에게 말해라. 네가 이곳에 세운 장막의 말뚝을 치워라. 그것 대신에 다른 말뚝을 두라. 35 이스마엘이 그의 아내의 말을 듣고 그 사람이 그의 아버지인 것과 그의 아내가 그를 존대하지 않은 것을 알았다. 36 이스마엘이 그의 아버지가 그의 아내에게 한 말을 깨닫고 이스마엘이 그의 아버지의 말을 들었다. 이스마엘이 그 여자를 쫓아내자 그 여자가 떠났다. 37 그 후에 이스마엘이 가나안 땅으로 가서 그가 다른 아내를 얻었다. 그가 그 여자를 그가 그 때에 거하던 처소, 그의 장막으로 데리고 왔다.

아브라함이 다시 이스마엘을 보러 광야로 감

38 3년이 지나서 아브라함이 말했다. 내가 다시 가서 나의 아들 이스마엘을 보겠소. 이는 내가 그 아이를 오랫동안 보지 못했기 때문이오. 39 그가 그의 낙타를 타고 광야로 가서 정오쯤에 이스마엘의 장막에 이르렀다. 40 그가 이스마엘에 대하여 묻자 그의 아내가 장막에서 나와 말했다. 내 주여 그는 이곳에 없습니다. 그가 들에서 사냥하고 낙타들을 먹이러 나갔습니다. 그 여자가 아브라함에게 말했다. 내 주여 여행으로 당신의 기력이 쇠하였을 것이니 장막 안으로 오셔서 빵 한 조각을 드소서. 41 아브라함이 그 여자에게 말했다. 내가 급히 내 길을 가고 있으니 내가 멈추지 않을 것이다. 그러나 내가 목이 마르니 내게 마실 물을 조금 다오. 그 여자가 급히 장막 안으로 달려가서 물과 빵을 가지고 나와 아브라함에게 주었다. 그 여자가 그것을 그의 앞에 두고 그에게 먹도록 권했다. 그가 먹고 마시고 그의 마음이 위안을 얻어 그가 그의 아들 이스마엘을 축복했다. 42 그가 그의 식사를 마치고 하나님을 찬양했다. 그가 이스마엘의 아내에게 말했다. 이스마엘이 집에 돌아오면 그에게 이 말을 전해라. 43 블레셋 사람의 땅의 매우 늙은 사람이 이곳에 와서 당신에 대하여 물었으나 당신이 이곳에 없었습니다 내가 빵과 물을 가지고 나아 그에게 드렸습니다. 그가 먹고 마시고 그의 마음이 위안을 얻었습니다. 44 그가 이 말을 나에게 했습니다. 네 남편 이스마엘이 집으로 오면 그에게 말하라. 네가 가진 장막의 말뚝이 매우 좋다. 이 말뚝을 장막에서 치우지 말거라. 45 아브라함이 그

여자에게 지시하는 것을 마치고 그가 말을 타고 블레셋 사람의 땅 그의 집으로 갔다. 이스마엘이 그의 장막으로 돌아왔을 때 그의 아내가 기쁘고 즐거운 마음으로 그를 맞으러 나갔다. 46 그 여자가 그에게 말했다. 블레셋 사람의 땅에서 늙은 사람이 이곳에 왔는데 그의 모양과 형상이 이러이러했습니다. 그가 당신에 대하여 물었으나 당신이 이곳에 없었습니다. 그래서 내가 빵과 물을 가져다주자 그가 먹고 마시고 그의 마음이 위안을 얻었습니다. 47 그가 이 말을 나에게 했습니다. 네 남편 이스마엘이 집에 오면 그에게 말하라. 네가 가진 장막의 말뚝이 매우 좋다. 그것을 장막에서 치우지 마라. 48 이스마엘이 그 사람이 그의 아버지이고 그의 아내가 그를 존대했다는 것을 알았다. 주께서 이스마엘을 축복하셨다.

22 아브라함의 우물과 데라의 죽음

이스마엘이 블레셋 땅에서 아브라함과 함께 거함

1 그 뒤에 이스마엘이 일어나 그의 아내와 그의 자녀와 그의 가축과 그의 모든 소유를 데리고 그곳을 떠나 블레셋 사람의 땅에 있는 그의 아버지에게로 갔다. 2 아브라함이 그의 아들 이스마엘에게 이스마엘이 얻은 첫째 아내가 행한 것에 따라 그 여자에게 행한 일에 대하여 말했다. 3 이스마엘과 그의 자녀들이 그 땅에서 아브라함과 많은 날을 지냈고 아브라함이 블레셋 사람의 땅에서 오랫동안 살았다.

브엘세바의 언약

4 세월이 지나 26년이 되었다. 그 후에 아브라함과 그의 모든 종과 그에게 속한 모든 사람이 블레셋 사람의 땅을 떠나 먼 곳으로 가서 그들이 헤브론 근처에 이르러 그곳에 거주했다. 아브라함의 종들이 우물들을 파서 아브라함과 그에게 속한 모든 사람이 그 물 곁에 살았다. 블레셋 왕 아비멜렉의 종들이 아브라함의 종들이 그 땅의 경계에서 우물들을 팠다는 소식을 들었다. 5 그들이 와서 아브라함의 종들과 다투었다. 그들이 아브라함의 종들이 판 큰 우물을 빼앗았다. 6 블레셋 왕 아비멜렉이 이 일에 대하여 듣고 그가 그의 군대 장관 비골과 그의 사람들 중 20명과 함께 아브라함에게 왔다. 아비멜렉이 아브라함에게 그

의 종들에 대하여 말했고 아브라함은 아비멜렉의 종들이 빼앗은 우물에 대하여 아비멜렉을 책망했다. 7 아비멜렉이 아브라함에게 말했다. 온 땅을 지으신 주께서 살아계시는 한 내가 오늘까지 내 종들이 당신의 종들에게 한 행위에 대하여 듣지 못했소. 8 아브라함이 일곱 암양을 취하여 아비멜렉에게 주며 말했다. 내가 당신에게 구하니 내 손에서 이것을 받으시오. 그래서 이것이 내가 이 우물을 팠다는 나를 위한 증거가 되도록 하시오. 9 아비멜렉이 아브라함이 그에게 준 그 일곱 암양을 받았으니 이는 그도 전에 아브라함에게 가축과 소를 많이 주었기 때문이다. 아비멜렉이 그 우물에 대하여 아브라함에게 맹세했다. 그러므로 그가 그 우물을 브엘세바라 불렀다. 이는 그들이 그 곳에서 그것에 대하여 맹세했기 때문이다. 10 그들이 브엘세바에서 언약을 맺고 아비멜렉이 그의 군대 장관 비골과 그의 모든 사람과 함께 일어나 블레셋 사람의 땅으로 돌아갔다. 아브라함과 그에게 속한 모든 자는 브엘세바에 거주했다. 그가 그 땅에서 오랫동안 지냈다.

아브라함이 브엘세바에서 나그네를 대접함

11 아브라함이 브엘세바에 큰 숲을 만들고 그가 땅의 사방을 향하는 네 개의 문을 만들었다. 그가 그 안에 포도원을 만들어 나그네가 아브라함에게 오면 그가 그의 길에 있는 어느 문이든지 들어가서 그곳에 머물며 먹고 마시고 배를 채운 후에 떠날 수 있도록 했다. 12 아브라함의 집이 오고 가는 사람의 아들들에게 항상 열려 있었기 때문에 사람들이 매일 아브라함의 집에서 먹고 마셨다. 13 아브라함이 누구든지 굶주려서 아브라함의 집으로 오는 자에게 빵을 주어 먹고 마시고 배를 채우도록 했다. 또 그가 누구든지 벌거벗고 그의 집으로 오는 사람에게 그가 택한 옷을 그에게 입히고 그에게 은과 금을 주고 땅에서 그를

지으신 주를 알게 했다. 아브라함이 평생 이 일을 행했다. 14 아브라함과 그의 자녀들과 그에게 속한 모든 자가 브엘세바에 살았고 그가 헤브론에까지 그의 장막을 쳤다.

나홀의 자녀들

15 아브라함의 형제 나홀과 그의 아버지와 그에게 속한 모든 사람이 하란에 살았는데 이는 그들이 아브라함과 함께 가나안 땅에 오지 않았기 때문이다. 16 하란의 딸, 아브라함의 아내 사라의 자매 밀가가 나홀에게 자녀를 낳았다. 17 그에게 낳은 자녀들의 이름은 우스와 부스와 그무엘과 게셋과 하소와 빌다스와 티들랍과 브두엘로 여덟 아들이다. 이들은 밀가가 아브라함의 형제 나홀에게 낳은 자녀들이다. 18 나홀에게 첩이 있었으니 그 여자의 이름은 르우마였다. 그 여자도 나홀에게 자녀들을 낳았는데 제바와 가하스와 다하스와 마아가로 네 아들이다. 19 나홀에게 태어난 자녀들이 그의 딸들 외에 열두 아들이었다. 그들도 하란에서 자녀들을 낳았다. 20 나홀의 장자 우스의 자녀들은 아비와 헤레프와 가딘과 멜루스와 그들의 누이 드보라였다. 21 부스의 아들들은 브라헬과 나아맛과 세바와 마도누였다. 22 그무엘의 아들들은 아람과 르홉이었다. 23 게셋의 아들들은 아남렉과 므사이와 브논과 이피였다. 하소의 아들들은 빌다스와 므히와 오펠이었다. 24 빌다스의 아들들은 아룻과 하뭄과 메렛과 몰록이었다. 25 티들랍의 아들들은 무산과 구산과 무치였다. 26 브두엘의 자녀들은 세칼과 라반과 그들의 누이 리브가였다. 27 이 사람들이 하란에서 태어난 나홀의 자녀의 가족들이다. 그무엘의 아들 아람과 그의 형제 르홉이 하란을 떠나 그들이 유프라테스 강가 땅에 있는 계곡을 발견했다. 28 그들이 그곳에 성읍을 건축하고 그들이 그 성읍의 이름을 아람의 아들

브돌의 이름을 따라서 불렀다. 그곳이 오늘까지 아람 나하라임이다. 29 게셋의 자녀들도 그들이 찾을 수 있는 장소에 거주하기 위하여 가서 그들이 시날 땅 맞은편의 계곡을 발견하고 그곳에 거주했다. 30 그들이 그곳에 성읍을 건축하고 그들이 그 성읍의 이름을 그들의 아버지의 이름을 따라서 게셋이라 불렀다. 그곳이 오늘까지 카스딤 땅이다. 게셋 사람들이 그 땅에 거주하며 그들이 크게 생육하고 번성했다.

데라와 브릴라의 아들

31 나홀과 아브라함의 아버지 데라가 그의 늙은 나이에 가서 다른 아내를 얻었는데 그 여자의 이름은 브릴라였다. 그 여자가 임신하여 그에게 아들을 낳았다. 그가 그 아들의 이름을 소바라 하였다. 32 데라가 소바를 낳은 후에 25년을 살았다.

데라가 죽음

33 아브라함의 아들 이삭이 태어난 지 35년 되던 해에 데라가 죽었다. 34 데라가 205세를 살고 하란에 묻혔다.

데라의 자손들

35 데라의 아들 소바가 30세에 아람과 아그리스와 메릭을 낳았다. 36 데라의 손자 소바의 아들 아람이 세 아내를 얻고 그가 열두 아들과 세 딸을 낳았다. 주께서 소바의 아들 아람에게 부와 재물과 많은 가축과 양 떼와 소 떼를 주셨고 그 사람이 크게 번성하였다. 37 소바의 아들 아람과 그의 형제와 그의 모든 가족이 하란을 떠나 그들이 발견하는 곳에 거주하려고 떠났으니 이는 그들의 소유가 하란에 거하기에 너무 많아서 그들이 하란에서 그들의 형제, 나홀의 자녀들과 함께 거할

수 없었기 때문이다. 38 소바의 아들 아람이 그의 형제들과 함께 가서 그들이 동쪽 땅 먼 곳에서 계곡을 발견하여 그곳에 거주했다. 39 그들이 그곳에 성읍을 짓고 그곳의 이름을 그들의 맏형의 이름을 따라서 아람이라고 불렀다. 이것이 오늘까지 아람 소바다.

이삭이 자신을 번제로 드릴 수 있다고 말함

40 그 시대에 아브라함의 아들 이삭이 자랐다. 그의 아버지 아브라함이 그가 주를 알도록 그에게 주의 길을 가르쳤고 주께서 그와 함께 하셨다. 41 이삭이 37세였을 때 그의 형제 이스마엘이 장막 안에서 이삭과 어울렸다. 42 이스마엘이 이삭에게 자랑하며 말했다. 주께서 우리에게 할례를 행하라고 내 아버지에게 말씀하셨을 때 나는 열세 살이었다. 나는 주께서 내 아버지에게 하신 말씀대로 행했다. 나는 나의 생명을 주께 드렸고 주께서 내 아버지에게 명령하신 말씀을 어기지 않았다. 43 이삭이 이스마엘에게 대답하여 말했다. 주께서 형에게 명령하셔서 형이 형의 몸에서 살을 조금 잘라낸 것에 대하여 왜 나에게 자랑하시오? 44 내 아버지 아브라함의 하나님 주께서 살아계시는 한 만일 주께서 내 아버지에게 이제 네 아들 이삭을 데려다가 내 앞에 그를 번제로 드리라고 한다면 나는 삼가지 않고 기쁘게 그것에 따를 것이오.

하나님이 아브라함을 시험하고자 하심

45 주께서 이삭이 이스마엘에게 하는 말을 들으시고 그것이 주의 눈에 좋게 보였다. 주께서 이 일로 아브라함을 시험하고자 하셨다. 46 날이 이르자 하나님의 아들들이 와서 주 앞에 서고 사탄도 하나님의 아들들과 함께 주 앞에 왔다. 47 주께서 사탄에게 말씀하셨다. 네가 어디서 왔느냐? 사탄이 주께 대답하여 말했다. 땅을 여기저기 위아래

로 다니다 왔습니다. 48 주께서 사탄에게 말씀하셨다. 네가 땅의 모든 자손에 대하여 나에게 무엇이라 말하겠느냐? 사탄이 주께 대답하여 말했다. 내가 땅의 모든 자손이 주께 어떤 것을 구할 때 주를 섬기고 주를 기억하는 것을 보았습니다. 49 주께서 그들이 주께 구하는 것을 그들에게 주시면 그들은 편히 앉아 주를 잊고 더 이상 주를 기억하지 않았습니다. 50 주께서 데라의 아들 아브라함이 처음에는 자식이 없었으나 주를 섬기고 그가 가는 곳은 어디든지 주께 제단을 세우고 그 위에 제물을 드리고 땅의 모든 자녀에게 계속해서 주의 이름을 선포하는 것을 보았습니까? 51 이제 그의 아들 이삭이 그에게 태어나자 그가 주를 버리고 그가 그 땅의 모든 주민을 위하여 큰 잔치를 열고 그가 주를 잊었습니다. 52 그가 이 모든 일을 하는 동안에 주께 제물을 가져오거나 번제를 드리거나 화목제를 드리지 않았으며 그의 아들이 젖을 뗀 날에 그가 죽인 모든 것들 중에서 소나 양이나 염소나 어느 것도 드리지 않았습니다. 53 그의 아들이 태어나던 때부터 지금까지 37년이 되도록 그가 주 앞에 제단을 쌓거나 주께 어떤 헌물이라도 가져오지 않았으니 이는 그가 주 앞에 구한 것을 주께서 주신 것을 보았기 때문이며 이제 그가 주를 잊었습니다. 54 주께서 사탄에게 말씀하셨다. 네가 나의 종 아브라함을 그렇게 생각하느냐? 땅 위에 그와 같이 온전하고 내 앞에 정직하며 하나님을 경외하고 악을 떠난 자가 없다. 내가 살아 있는 한 만일 내가 그에게 네 아들 이삭을 내 앞에 드리라고 말하면 그가 그 아들을 아끼지 않을 것인데 하물며 만일 내가 그에게 그의 양 떼와 소 떼 중에 내 앞에 번제를 드리라고 하면 그가 그렇게 하지 않겠느냐. 55 사탄이 주께 대답하여 말했다. 그러면 이제 주께서 말씀하신 대로 아브라함에게 말씀하십시오. 주께서 오늘 그가 주를 어기지 않는지, 주의 말씀을 버리지 않는지 보게 될 것입니다.

23 아브라함이 이삭을 바침

하나님이 아브라함에게 이삭을 번제로 드리라고 하심

1 그 때에 주의 말씀이 아브라함에게 임하였다. 주께서 아브라함에게 말씀하셨다. 아브라함아. 그가 말했다. 내가 여기 있습니다. 2 주께서 그에게 말씀하셨다. 이제 네 아들 네 사랑하는 독자 이삭을 데리고 모리아 땅으로 가서 그 곳에서 그를 번제로 드려라. 네가 그 산들 가운데 하나를 볼 것이니 이는 네가 그곳에서 구름과 하나님의 영광을 보게 될 것이기 때문이다. 3 아브라함이 속으로 말했다. 내가 어떻게 나의 아들 이삭을 주 앞에 번제로 드리겠다고 하며 그의 어머니 사라에게서 그를 떼어낼 수 있겠는가? 4 아브라함이 장막으로 와서 그의 아내 사라 앞에 앉아 그 여자에게 이 말을 했다. 5 내 아들 이삭이 자랐으나 그가 그의 하나님을 섬기는 법을 얼마 동안 배우지 못했소. 이제 내일 내가 그를 데리고 셈과 그의 아들 에벨에게 가겠소. 그곳에서 그가 주의 길을 배울 것이니 이는 그들이 그에게 주를 아는 것뿐만 아니라 그가 주 앞에서 계속해서 기도할 때 주께서 그에게 응답하신다는 것을 가르칠 것이기 때문이오. 그리하여 그가 그의 하나님 주를 섬기는 길을 알게 될 것이오. 6 사라가 말했다. 당신이 잘 말했습니다. 내 주여 가셔서 당신이 말한 대로 그에게 행하십시오. 그러나 그를 나에게서 멀리 떨어지게 하지 마시고 그를 그곳에 너무 오래 있게 하지 마

십시오. 내 생명이 그의 생명 안에 연결되어 있기 때문입니다. 7 아브라함이 사라에게 말했다. 내 딸이여, 우리가 우리 하나님 주께 기도하여 그분이 우리에게 좋게 행하시기를 기도합시다. 8 사라가 그 여자의 아들 이삭을 데리고 와서 그가 어머니와 밤새 함께 있었다. 사라가 그에게 입 맞추고 안고 그에게 아침까지 명령을 주었다. 9 그 여자가 그에게 말했다. 오 내 아들아, 내 생명이 어찌 너와 떨어질 수 있겠느냐? 그 여자가 계속해서 그에게 입 맞추며 그를 끌어안았다. 그 여자가 아브라함에게 이삭에 대하여 당부했다. 10 사라가 아브라함에게 말했다. 오 내 주여, 내가 당신께 구하니 당신의 아들에게 주의를 기울이고 당신의 눈을 그에게 두십시오. 나에게는 그 외에 다른 아들이나 딸이 없습니다. 11 그를 버리지 마십시오. 그가 배고프면 빵을 주고 그가 목이 마르면 물을 주십시오. 그가 발로 걷지 않게 하시고 태양 아래에 앉아 있지 않게 해 주십시오. 12 그가 혼자 길을 가게 하지도 마시고 그가 원하는 것은 무엇이든지 금하지 마시고 다만 그가 당신에게 말하는 대로 그에게 행하십시오. 13 사라가 이삭으로 인하여 밤새 통곡하고 그에게 아침까지 명령을 주었다.

아브라함과 이삭이 모리아 땅을 향하여 감

14 아침에 사라가 아비멜렉이 사라에게 주어 그 집에 갖고 있던 옷 중에서 매우 좋고 아름다운 옷을 택했다. 15 사라가 그것으로 그 여자의 아들 이삭을 옷 입히고 그의 머리에 터번을 씌우고 그 터번의 맨 위에 보석을 둘렀다. 그리고 그 여자가 그들에게 길에서 먹을 것을 주었다. 이삭이 그의 아버지 아브라함과 함께 갔다. 그들의 종 몇 사람이 길에서 그들을 배웅하려고 그들과 동행했다. 16 사라가 그들과 함께 나가서 그들을 배웅하러 그들과 동행하였다. 그들이 그 여자에게 장막

으로 돌아가라고 말했다. 17 사라가 그의 아들 이삭의 말을 듣고 그 여자가 통곡하였다. 그 여자의 남편 아브라함이 그 여자와 함께 울었고 그들의 아들도 그들과 함께 크게 통곡했다. 그들과 함께 가는 자들도 크게 통곡했다. 18 사라가 자기 아들 이삭을 붙잡고 안으며 계속해서 그와 함께 울었다. 사라가 말했다. 오늘 이후로 내가 다시 너를 보게 될지 누가 알겠느냐? 19 그들이 여전히 함께 울었으며 아브라함과 사라와 이삭과 그들과 함께 길에서 동행한 모든 자가 그들과 함께 울었다. 그 후에 사라가 통곡하며 자기의 아들을 떠났고 그 여자의 모든 남종과 여종이 그 여자와 함께 장막으로 돌아왔다. 20 아브라함이 주께서 그에게 명령하신 대로 자기 아들 이삭을 주 앞에 제물로 드리러 그와 함께 갔다.

이스마엘과 엘리에셀

21 아브라함이 그의 젊은이들 중 둘을 함께 데리고 갔는데 그들은 하갈의 아들 이스마엘과 그의 종 엘리에셀이었다. 그들이 함께 갔는데 그들이 길을 걸으며 서로에게 이런 말을 했다. 22 이스마엘이 엘리에셀에게 말했다. 이제 내 아버지 아브라함이 주께서 그에게 명령하신 대로 주께 번제를 드리려고 이삭과 함께 가고 있다. 23 이제 그가 돌아오면 그의 모든 재산을 나에게 주어 내가 그의 뒤를 이어 상속하도록 할 것이다. 이는 내가 장자이기 때문이다. 24 엘리에셀이 이스마엘에게 대답했다. 아브라함이 분명히 너와 너의 어머니를 쫓아보내고 네가 그의 모든 재산 중에서 어떤 것도 상속하지 않게 되리라고 맹세했다. 그러면 그가 누구에게 그의 모든 소유와 그의 모든 보물을 주겠느냐? 그것은 다름 아니라 그의 집에서 그에게 충실하고 밤낮으로 그를 섬기며 그가 원하는 모든 일을 행한 내가 아니겠느냐? 그가 죽을 때에 그

의 모든 소유를 나에게 남길 것이다.

사탄이 아브라함을 미혹함

25 아브라함이 그의 아들 이삭과 함께 길을 따라가고 있을 때 사탄이 겸손하고 통회한 마음을 가진 매우 나이 든 사람의 형상으로 아브라함에게 나타났다. 그가 아브라함에게 가까이 가서 그에게 말했다. 당신이 당신의 하나뿐인 아들에게 오늘 이 일을 행하려고 가니 당신은 어리석은 것이요 아니면 잔인한 것이오? 26 하나님께서 당신의 말년에, 당신의 늙은 나이에 당신에게 아들을 주셨소. 그가 아무런 폭력도 행하지 않았는데 당신이 오늘 가서 그를 죽이려 하고 당신의 독자의 생명이 땅에서 사라지게 하려 하오? 27 당신은 이 일이 주께로부터 올 수 없다는 것을 알고 깨닫지 못하였소? 이는 주께서 땅 위에서 사람에게 가서 네 자녀를 죽이라 말하는 그런 악을 행하실 수 없기 때문이오. 28 아브라함이 이것을 듣고 이것이 그를 주의 길에서 벗어나게 하려고 애쓰는 사탄의 말이라는 것을 알았다. 아브라함이 사탄의 음성을 들으려고 하지 않았고 아브라함이 그를 꾸짖자 그가 떠나갔다.

사탄이 이삭을 미혹함

29 사탄이 돌아와서 이삭에게로 갔다. 그가 아름답고 잘생긴 젊은 남자의 형상으로 이삭에게 나타났다. 30 그가 이삭에게 가까이 가서 그에게 말했다. 당신은 당신의 늙고 어리석은 아버지가 오늘 아무런 이유 없이 당신을 죽이려고 하는 것을 알지 않소? 31 그러므로 이제 내 아들이여, 그는 어리석고 늙은 사람이니 그의 말을 듣거나 주의를 기울이지도 마시오. 당신의 귀한 생명과 아름다운 형상이 땅에서 사라지지 않도록 하시오. 32 이삭이 이것을 듣고 아브라함에게 말했다. 내

아버지, 이 사람이 말한 것을 들으셨습니까? 그가 이러이러하게 말했습니다. 33 아브라함이 그의 아들 이삭에게 대답하여 말했다. 그를 주의하고 그의 말을 듣거나 그에게 주의를 기울이지 말라. 그는 오늘 우리를 주의 명령에서 벗어나게 하려고 애쓰는 사탄이기 때문이다.

사탄이 큰 시내로 변함

34 아브라함이 계속 사탄을 꾸짖으니 사탄이 그들을 떠났다. 그가 그들을 이길 수 없음을 보고 그가 그들로부터 숨었다. 그가 가서 길에서 그들을 지나갔다. 그가 길에서 큰 시내로 변했다. 아브라함과 이삭과 그의 두 젊은이가 그곳에 이르러 그들이 그 시내가 크고 강한 물들처럼 세찬 것을 보았다. 35 그들이 그 시내로 들어가 그것을 건너갔다. 처음에 그 물들이 그들의 다리에 이르렀다. 36 그들이 시내의 더 깊은 곳으로 가자 물들이 그들의 목까지 이르렀다. 그들이 모두 물로 인하여 두려워했다. 그들이 그 시내를 건너는 동안 아브라함이 그 장소를 알아보고 전에는 그곳에 물이 없었다는 것을 알았다. 37 아브라함이 그의 아들 이삭에게 말했다. 내가 이곳에 시내나 물이 없었다는 것을 안다. 그러니 이제 이것은 사탄이 오늘 우리를 주의 명령에서 벗어나게 하려고 이 모든 일을 우리에게 행한 것이다. 38 아브라함이 그를 꾸짖고 그에게 말했다. 사탄아, 주께서 너를 꾸짖으신다. 우리는 주의 명령을 따라가니 너는 우리에게서 떠나라. 39 사탄이 아브라함의 음성을 두려워하여 그들에게서 떠나갔고 그 장소가 처음과 같이 마른 땅이 되었다. 40 아브라함이 이삭과 함께 하나님께서 그에게 말씀하신 그 장소로 향하였다.

아브라함과 이삭이 모리아 산을 바라봄

41 셋째 날에 아브라함이 그의 눈을 들어 하나님께서 그에게 말씀하신 그 장소를 멀리 보았다. 42 땅에서 하늘까지 이르는 불기둥이 그에게 나타났고 영광의 구름이 산 위에 나타났다. 주의 영광이 구름 속에 보였다. 43 아브라함이 이삭에게 말했다. 내 아들아, 우리가 멀리서 보고 있는 저 산에 내가 보고 있는 것이 네게도 보이느냐? 44 이삭이 그의 아버지에게 대답하여 말했다. 보십시오, 내가 보니 불기둥과 구름과 주의 영광이 구름 위에 보입니다. 45 아브라함이 그의 아들 이삭이 주 앞에 번제로 받아들여졌음을 알았다. 46 아브라함이 엘리에셀과 그의 아들 이스마엘에게 말했다. 우리가 멀리 있는 저 산에서 보고 있는 것을 너희도 보느냐? 47 그들이 대답하여 말했다. 우리에게는 땅의 다른 산들과 같은 것만 보입니다. 아브라함이 그들이 함께 가는 것이 주 앞에 받아들여지지 않았다는 것을 알았다. 아브라함이 그들에게 말했다. 너희는 이곳에 나귀와 함께 머물라. 나와 내 아들 이삭은 저쪽 산으로 가서 주 앞에 경배하고 너희에게 돌아올 것이다. 48 엘리에셀과 이스마엘이 아브라함이 명령한 대로 그 장소에 남았다. 49 아브라함이 번제를 위한 나무를 취하여 그의 아들 이삭 위에 지우고 그가 불과 칼을 들고 그들 두 사람이 그 장소로 갔다.

아브라함이 이삭을 번제로 드리려고 함

50 그들이 가고 있을 때에 이삭이 그의 아버지에게 말했다. 보십시오, 내가 보니 여기에 불과 나무가 있는데 주께 번제로 드릴 어린 양은 어디 있습니까? 51 아브라함이 그의 아들 이삭에게 대답하여 말했다. 주께서 내 아들 너를 어린 양을 대신하여 온전한 번제로 택하셨다. 52 이삭이 그의 아버지에게 말했다. 내가 주께서 아버지에게 말씀하

신 모든 것을 기쁘고 즐거운 마음으로 행하겠습니다. 53 아브라함이 다시 그의 아들 이삭에게 말했다. 네 마음에 이 일에 대하여 합당하지 않다는 아무런 생각이 없느냐? 내 아들아 내게 말하라. 오 나의 아들아, 내가 너에게 구하니 그것을 나에게 숨기지 말아라. 54 이삭이 그의 아버지 아브라함에게 대답하여 말했다. 오 내 아버지, 주께서 살아 계시고 아버지의 생명이 살아계시는 한 내 마음에 주께서 아버지에게 말씀하신 것에서 나를 우로나 좌로나 벗어나게 할 것은 아무것도 없습니다. 55 이 일로 나의 손발이나 근육이 움직이거나 흔들리지 않으며 내 안에 이 일에 대하여 어떤 생각이나 악한 생각도 없습니다. 56 내가 이 일에 기쁘고 즐거운 마음으로 있으며 내가 오늘 나를 그분 앞에 번제로 택하신 주를 찬양합니다. 57 아브라함이 이삭의 말에 크게 기뻐했다. 그들이 계속 가서 주께서 말씀하신 그 장소에 함께 이르렀다. 58 아브라함이 제단을 쌓으려고 그 장소에 가까이 갔다. 아브라함이 울고 있었고 이삭은 그들이 제단 쌓기를 마칠 때까지 돌들과 회반죽을 주웠다. 59 아브라함이 나무를 가져다가 그가 쌓은 제단 위에 순서대로 두었다. 60 그가 제단 위에 있는 나무 위에 그의 아들 이삭을 두고 주 앞에 드릴 번제로 잡기 위하여 그를 데려다가 묶었다. 61 이삭이 그의 아버지에게 말했다. 내가 돌이켜 움직여 내 몸 위로 오는 칼의 힘에서 벗어나 번제를 더럽히지 않도록 나를 단단히 묶고 제단 위에 두십시오. 아브라함이 그렇게 했다. 62 이삭이 그의 아버지에게 계속해서 말했다. 오 내 아버지여, 당신이 나를 잡아서 번제로 드릴 때에 나의 재의 남은 것을 가져다가 나의 어머니 사라에게 주시고 어머니에게 이것이 이삭의 향기로운 향이라고 말씀해 주십시오. 그러나 만일 어머니가 우물 곁이나 어디든지 높은 곳에 앉아 있을 때에는 말씀하지 마십시오. 어머니가 나를 따라 생명을 던지고 죽을까 염려됩니다. 63 이삭이 이 말을 하자 아브라함이 이삭의 말을 듣고 그가 그의 목소리를 높여 울었다. 아브라함의 눈물이 그의 아들 이삭 위로 펑펑 쏟아졌고 이삭이 슬피 울었다. 그가 그의 아버지에게 말했다. 오 내 아버지여 서둘러 우리 하나님 주께서 당신에게 명령하신 그분의 뜻대로 행하십시오. 64 주께서 그들에게 명령하신 이 일로 인하여 아브라함과 이삭의 마음이 기뻤다. 65 아브라함이 그의 아들 이삭을 묶고 그를 제단 위 나무 위에 두었다. 이삭이 그의 아버지 앞 제단 위에서 그의 목을 폈다. 아브라함이 그의 손을 펴서 주 앞에 그의 아들을 번제로 잡으려고 칼을 쥐었다.

천사들이 이삭을 위하여 중보함

66 그 때에 긍휼의 천사들이 주 앞에 나와 이삭에 대하여 말했다. 67 오 주여 당신은 하늘과 땅의 모든 피조물 위에 긍휼이 많고 자비로운 왕이며 그들을 돕는 분이십니다. 그러므로 당신의 종 이삭을 대신하여 대속물을 주시고 오늘 당신의 명령을 행하는 아브라함과 그의 아들 이삭을 불쌍히 여기고 자비를 베풀어 주십시오. 68 오 주여 당신께서 당신의 종 아브라함의 아들 이삭이 동물과 같이 도살당하도록 묶인 것을 보셨습니까? 오 주여 그들을 불쌍히 여겨 주십시오.

아브라함이 숫양으로 번제를 드림

69 그 때에 주께서 아브라함에게 나타나셔서 하늘로부터 큰 소리로 그에게 말씀하셨다. 그 아이에게 네 손을 대지 말며 그에게 아무 일도 하지 말라. 이는 네가 네 아들, 네 독자도 내게 아끼지 않고 이 일을 행하였으니 이제 내가 네가 하나님을 경외하는 줄을 알았다. 70 아브라함이 그의 눈을 들어 보니 보라 한 숫양이 그 뿔이 수풀에 걸려 있

었다. 그것은 주 하나님이 땅과 하늘을 만드신 날에 땅에 창조하신 숫양이다. 71 주께서 그 날부터 이삭을 대신하여 번제로 드려질 이 숫양을 준비하셨다. 72 이 양이 아브라함을 향하여 나아가자 사탄이 그것을 붙잡고 그 뿔이 수풀에 걸리게 했다. 이는 그 숫양이 아브라함에게 가지 못하게 하여 아브라함이 그의 아들을 잡도록 하려는 것이었다. 73 아브라함이 그 숫양이 아브라함을 향하여 오고 있으나 사탄이 그것을 붙잡은 것을 보고 그것을 가져와서 제단 앞에 놓았다. 그가 그의 아들 이삭을 묶은 것을 풀고 그가 이삭을 대신하여 양을 올려두었다. 아브라함이 제단 위에서 숫양을 잡고 그것을 그의 아들 이삭을 대신하여 헌물로 드렸다. 74 아브라함이 그 숫양의 피의 일부를 제단 위에 뿌리고 외쳐 말했다. 이것은 나의 아들을 대신하는 것이며 이것이 오늘 주 앞에 나의 아들의 피로 여겨지기를 바랍니다. 75 이 때에 아브라함이 제단 옆에서 행한 모든 일은 그가 이렇게 외쳐 말한 것이다. 이것이 내 아들을 대신한 것이며 이것이 오늘 주 앞에서 내 아들을 대신한 것으로 여겨지기를 바랍니다. 아브라함이 제단 옆에서 모든 제사를 마쳤다. 주께서 그 제사를 받으셨고 그것이 이삭을 드린 것처럼 여겨졌다. 주께서 그 날에 아브라함과 그의 씨를 축복하셨다.

사탄이 사라에게 거짓말을 함

76 사탄이 사라에게 갔다. 그가 그 여자에게 매우 겸손하고 온유한 노인의 형상으로 나타났다. 아브라함은 아직 주 앞에 번제를 드리고 있었다. 77 그가 그 여자에게 말했다. 너는 오늘 아브라함이 너의 외아들에게 한 모든 일을 알지 못하느냐? 그가 이삭을 데리고 가서 제단을 쌓고 그를 죽여 제단 위에서 희생제물로 드렸다. 이삭이 그의 아버지 앞에서 부르짖고 울었으나 그가 그 아들을 보지 않았고 그를 불쌍히

여기지도 않았다. 78 사탄이 계속해서 이 말을 하고 그 여자를 떠났다. 사라가 사탄의 모든 말을 듣고 그가 그 여자의 아들과 함께 있었던 사람의 아들들 중 한 노인이며 그가 와서 이 일을 말한 것이라 생각했다.

사라가 이삭으로 인하여 통곡함

79 사라가 자기 아들의 일로 인하여 소리 높여 울며 통곡했다. 그 여자가 땅에 누워 머리 위에 흙을 뿌리며 말했다. 오 내 아들아, 내 아들 이삭아, 오 내가 오늘 너를 대신하여 죽었다. 그 여자가 계속해서 울며 말했다. 내가 너로 인하여 슬퍼한다. 오 내 아들아, 내 아들 이삭아, 오늘 내가 너를 대신하여 죽었다. 80 사라가 계속해서 울며 말했다. 내가 너로 인하여 슬퍼한다. 내가 너를 기르고 양육했다. 이제 내 기쁨이 너에 대한 슬픔이 되었다. 내가 너를 원하였고 내가 90세에 너를 낳을 때까지 주께 부르짖고 기도했다. 이제 오늘 네가 칼과 불로 제물로 드려졌구나. 81 그러나 내가 내 아들 너로 인하여 스스로 위안을 삼는다. 이는 그것이 주의 말씀이고 네가 너의 하나님의 명령을 행했기 때문이다. 우리 하나님의 손안에 살아 있는 모든 것의 생명이 있으니 누가 그분의 말씀을 어길 수 있겠느냐? 82 오 주 우리 하나님, 당신의 모든 일은 선하고 의로우니 당신은 정의로우십니다. 나도 주께서 명령하신 주의 말씀을 기뻐합니다. 내 눈은 슬피 울지만 나의 마음은 기뻐합니다. 83 사라가 자신의 머리를 그 여자의 여종들 중 하나의 가슴에 두고 사라가 돌처럼 잠잠해졌다. 84 그 후에 그 여자가 일어나 헤브론에 이를 때까지 물어보며 다녔다. 그 여자가 길을 걸으며 만나는 모든 사람에게 물었으나 아무도 그 여자에게 그 아들에게 일어난 일을 말해줄 수 없었다. 85 그 여자가 여종들과 남종들과 함께 기럇 아르바, 즉 헤브론에 이르러 자기 아들에 대하여 물었다. 그 여자가 그곳에 머

물며 아브라함이 이삭과 함께 어디로 갔는지 찾기 위하여 종들 몇 명을 보냈다. 그들이 그를 찾기 위하여 셈과 에벨의 집에 갔으나 그를 찾을 수 없었다. 그들이 그 땅 전체를 찾았으나 그가 그곳에 없었다.

사라가 죽음

86 보라 사탄이 노인의 형상으로 사라에게 와서 그 앞에 서서 말했다. 내가 너에게 거짓을 말했다. 아브라함이 그의 아들을 죽이지 않았고 그가 죽지 않았다. 그 여자가 그 말을 들었을 때 그 아들로 인한 그 여자의 기쁨이 너무나 강하여 그 기쁨으로 인하여 그 여자의 혼이 나갔다. 그 여자가 죽어서 자신의 조상들에게로 돌아갔다.

아브람과 이삭이 사라의 죽음으로 인하여 애통함

87 아브라함이 그의 제사를 마치고 그의 아들 이삭과 함께 그의 젊은이들에게로 돌아갔다. 그들이 일어나 함께 브엘세바로 가서 그들이 집에 이르렀다. 88 아브라함이 사라를 찾았으나 그 여자를 찾을 수 없었다. 그가 그 여자에 대하여 묻자 그들이 그에게 대답했다. 사라가 당신들 두 사람이 어디로 갔는지 찾기 위하여 헤브론까지 갔습니다. 우리가 그렇게 들었습니다. 89 아브라함과 이삭이 사라를 찾으려고 헤브론으로 갔다. 그들이 사라가 죽은 것을 발견하자 소리를 높여 그 여자를 위하여 통곡했다. 이삭이 그 여자의 얼굴 위에 엎드려 그 여자를 위하여 애통해 하며 말했다. 오 내 어머니여, 내 어머니여, 어떻게 나를 떠나실 수 있습니까, 어디로 가셨습니까? 오 어떻게, 어떻게 나를 떠나실 수 있습니까! 90 아브라함과 이삭이 크게 울고 그들의 모든 종도 사라의 일로 인하여 그들과 함께 울었다. 그들이 그 여자로 인하여 크게 애통했다.

24 이삭과 리브가

아브라함이 헷 사람 에브론의 밭을 매장지로 삼

1 사라가 127세를 살고 죽었다. 아브라함이 그의 아내 사라를 묻을 매장지를 찾기 위하여 그의 죽은 자 앞에서 일어났다. 그가 그 땅의 주민들 헷 자손들에게 가서 말했다. 2 나는 나그네이며 당신들의 땅에서 당신들과 함께 거류하는 자이오. 당신들의 땅에서 나에게 매장할 소유지를 주어 내가 당신들 앞에서 나의 죽은 자를 장사하도록 해 주시오. 3 헷 자손들이 아브라함에게 말했다. 보시오 땅이 당신 앞에 있으니 우리의 묘실 중에서 좋은 곳에 당신의 죽은 자를 묻으시오. 누구도 당신의 죽은 자를 묻는 것을 금하지 않을 것이오. 4 아브라함이 그들에게 말했다. 당신들이 이것을 기꺼이 동의한다면 나를 위하여 소할의 아들 에브론에게 가서 간청하여 그가 그의 밭 끝에 있는 막벨라 굴을 나에게 주도록 하시오. 그가 그것에 대한 값으로 무엇을 원하든지 내가 그에게서 그것을 사겠소. 5 에브론이 헷 족속 가운데 살고 있었으니 그들이 가서 그를 불러 그가 아브라함 앞에 왔다. 에브론이 아브라함에게 말했다. 보십시오 당신이 요구하는 모든 것을 당신의 종이 드리겠습니다. 아브라함이 말했다. 아니오. 다만 내가 당신이 가진 그 굴과 그 밭을 값을 주고 사겠소. 그래서 그것이 영원히 매장할 소유지가 되게 하겠소. 6 에브론이 대답하여 말했다. 보십시오 그 밭과 그 굴

이 당신 앞에 있습니다. 당신이 원하는 것은 무엇이든지 주십시오. 아브라함이 말했다. 내가 오직 온전한 값으로 당신의 손에서, 당신의 성읍 문으로 들어가는 자들의 손에서, 당신의 씨의 손에서 영원히 그것을 사겠소. 7 에브론과 그의 모든 형제가 이것을 들었다. 아브라함이 은 사백 세겔을 에브론의 손과 그의 모든 형제의 손에 달아서 에브론에게 주었다. 아브라함이 이 매매한 것을 기록했으며 그가 그것을 기록하고 네 증인이 그것의 증인이 되도록 했다. 8 그 증인들의 이름은 헷 족속 아비스나의 아들 아미갈과 히위 족속 아수낙의 아들 아디코롬과 고멜 족속 아키람의 아들 압돈과 시돈 족속 아부디스의 아들 바크딜이었다. 9 아브라함이 매매 장부를 가져가 그것을 그의 보물들 가운데 두었다. 아브라함이 그 증서 안에 기록한 말은 이러하다. 10 아브라함이 헷 족속 에브론과 그의 씨와 그의 성읍에 출입하는 자들과 그들의 씨로부터 영원히 산 그 굴과 그 밭은, 아브라함과 그의 씨와 그의 허리에서 나오는 자들에게 매장할 소유지로 영원히 산 바 되었다. 그가 그것에 도장을 찍고 증인들이 그것을 증언하였다. 11 그 안에 있는 그 밭과 그 굴과 그 모든 장소가 확실하게 헷 자손으로부터 아브라함과 그의 뒤에 올 그의 씨의 것이 되었다. 보라 그것은 가나안 땅에 있는 헤브론의 마므레 앞에 있다.

아브라함이 사라를 장사함

12 이 일 후에 아브라함이 그의 아내 사라를 그곳에 장사하였고 그 장소와 그곳의 모든 경계는 아브라함과 그의 씨에게 매장할 소유지가 되었다. 13 아브라함이 왕들의 장례식과 같이 화려하게 사라를 장사했는데 그 여자가 매우 좋고 아름다운 옷을 입고 장사되었다. 14 그 여자의 상여에는 셈과 그의 아들들 에벨과 아비멜렉이 아날과 아스골

과 마므레와 함께 있었고 그 땅의 모든 귀인이 그 상여를 뒤따라갔다. 15 사라가 127세를 살고 죽었다. 아브라함이 크게 애통하며 그가 7일 동안 애도했다. 16 그 땅의 모든 주민이 사라의 일로 인하여 아브라함과 그의 아들 이삭을 위로했다. 17 그들이 애도하는 기간이 끝나자 아브라함이 자기 아들 이삭을 보냈다. 그가 주의 길과 그분의 가르침을 배우기 위하여 셈과 에벨의 집으로 갔다. 아브라함은 그곳에 3년간 머물렀다. 18 그 때에 아브라함이 그의 모든 종과 함께 일어나 그들이 집으로 브엘세바로 돌아갔다. 아브라함과 그의 모든 종이 브엘세바에 거주하였다.

블레셋 왕 아비멜렉이 죽음

19 해가 바뀌고 그 해에 블레셋 왕 아비멜렉이 죽었다. 그가 죽을 때 193세였다. 아브라함이 그의 사람들과 함께 블레셋 사람의 땅으로 갔다. 그들이 모든 가족과 그의 모든 종을 위로하고 그가 돌이켜 집으로 갔다. 20 아비멜렉이 죽은 후에 그랄 사람들이 그의 아들 벤말릭을 데려왔는데 그는 겨우 열두 살이었다. 그들이 그를 그의 아버지의 자리에 앉혔다. 21 그들이 그의 이름을 그의 아버지의 이름을 따라 아비멜렉이라고 불렀는데 이는 그것이 그랄에서 행하는 그들의 관례이기 때문이다. 아비헬렉이 그의 아버지 아비멜렉을 대신하여 다스렸고 그가 그의 보좌에 앉았다.

롯이 죽음

22 이삭이 39세였을 때에 하란의 아들 롯도 죽었다. 롯이 140세를 살고 죽었다.

롯의 자손들

23 롯의 딸들이 롯에게 낳은 그의 자녀들은 이러하다. 첫째의 이름은 모압이고 둘째의 이름은 벤암미다. 24 롯의 두 아들이 가나안 땅에 가서 아내를 얻어 그들이 자녀들을 낳았다. 모압의 자녀들은 에드와 마욘과 타서스와 칸빌로 네 아들이었다. 이들이 오늘까지 모압 자손들의 조상이다. 25 롯 자손의 가족들이 그들이 발견한 곳은 어디든지 거주하였는데 이는 그들이 크게 생육하고 번성했기 때문이다. 26 그들이 가서 그들이 거하는 땅에 성읍들을 건축했다. 그들이 건축한 성읍들의 이름을 그들 자신의 이름을 따라 불렀다.

나홀이 죽음

27 이삭이 40세였을 때에 데라의 아들, 아브라함의 형제 나홀이 죽었다. 나홀이 172세를 살고 죽어 하란에 묻혔다. 28 아브라함이 그의 형제가 죽었다는 것을 듣고 그가 슬퍼했다. 그가 그의 형제를 위하여 오랜 기간을 애도했다.

아브라함이 엘리에셀에게 이삭의 아내를 데리고 오게 함

29 아브라함이 그의 종의 우두머리인 엘리에셀을 불러 그의 집에 대한 명령을 내렸다. 그가 와서 아브라함 앞에 섰다. 30 아브라함이 그에게 말했다. 보라 나는 늙었고 내가 죽을 날을 알지 못하니 이는 내가 오랜 세월을 살았기 때문이다. 그러므로 이제 일어나 가서 이 곳, 이 땅, 우리가 함께 살고 있는 가나안 사람의 딸들로부터 내 아들의 아내를 얻지 말라. 31 다만 내 땅, 내가 태어난 곳으로 가서 그곳에서 내 아들을 위하여 아내를 데리고 오라. 내 아버지 집에서 나를 인도하셔서 이곳으로 데리고 오시고 내가 네 씨에게 이 땅을 영원히 소유로 주리

라고 내게 말씀하신 하늘과 땅의 하나님 주께서 그분의 천사를 네 앞에 보내시고 네 길이 잘되게 하셔서 네가 내 가족, 내 아버지의 집에서 내 아들을 위하여 아내를 얻게 하실 것이다. 32 그 종이 그의 주인 아브라함에게 대답하여 말했다. 내가 당신이 태어난 곳, 당신의 아버지 집으로 가서 그곳에서 당신의 아들을 위하여 아내를 데리고 오겠습니다. 그러나 만일 그 여자가 나를 따라 이 땅에 오려고 하지 않으면 내가 당신의 아들을 당신이 태어난 곳 그 땅으로 데리고 가야 합니까? 33 아브라함이 그에게 말했다. 네가 내 아들을 다시 이곳으로 데리고 오지 않도록 주의하라. 내가 그 앞에서 걸었던 분, 주께서 그분의 천사를 네 앞에 보내어 네 길이 잘되도록 하실 것이다. 34 엘리에셀이 아브라함이 명령한 대로 행했다. 엘리에셀이 이 일에 대하여 그의 주인 아브라함에게 맹세했다. 엘리에셀이 일어나 그의 주인의 낙타들 중에서 열 마리와 그의 주인의 종들 중에서 열 명을 데리고 갔다. 그가 일어나 아브라함의 아들 이삭의 아내를 얻기 위하여 아브라함과 나홀의 성읍인 하란으로 갔다. 그들이 떠나고 아브라함이 셈과 에벨의 집에 사람을 보내어 그들이 그곳에서 그의 아들 이삭을 데리고 왔다.

엘리에셀이 리브가를 데리고 옴

35 이삭이 브엘세바의 그의 아버지의 집에 이르렀고 엘리에셀과 그의 사람들은 하란에 이르렀다. 그들이 그 성읍 안의 물 긷는 곳 옆에 섰다. 그가 그의 낙타들을 그 물 곁에 꿇어 앉히고 그들이 그곳에 머물렀다. 36 아브라함의 종 엘리에셀이 기도하며 말했다. 오 내 주인 아브라함의 하나님이시여, 내가 구하오니 오늘 나에게 일이 잘되게 하셔서 내 주인에게 은혜를 베풀어 주십시오. 그래서 오늘 당신이 내 주인의 가족으로부터 그의 아들을 위한 아내를 정하여 주십시오. 37 주께

서 그의 종 아브라함을 위하여 엘리에셀의 목소리를 들으셨다. 엘리에셀이 브두엘의 딸을 만났는데 브두엘은 밀가의 아들이고 밀가는 나홀의 아내이며 나홀은 아브라함의 형제였다. 엘리에셀이 그 여자의 집에 이르렀다. 38 엘리에셀이 그들에게 그의 모든 일과 그가 아브라함의 종임을 말하자 그들이 그를 크게 기뻐했다. 39 그들이 모두 이 일을 행하신 주를 찬양하고 그들이 그에게 브두엘의 딸 리브가를 이삭을 위한 아내로 주었다. 40 그 젊은 여자는 매우 아름다운 용모를 갖고 있었으며 처녀였다. 그 때에 리브가는 열 살이었다. 41 그 밤에 브두엘과 라반과 그의 자녀들이 잔치를 열었다. 엘리에셀과 그의 사람들이 그 밤에 그곳에 와서 먹고 마시고 즐거워했다. 42 엘리에셀과 그와 함께 있던 사람들이 아침에 일어나 그가 브두엘의 온 가족을 불러서 말했다. 나를 보내어 내가 내 주인에게 가도록 하시오. 그들이 일어나 리브가와 그 여자의 유모인 우스의 딸 드보라를 보냈다. 그들이 그 여자에게 은과 금과 남종과 여종을 주고 축복했다. 43 그들이 엘리에셀과 그의 사람들을 보내어 그 종들이 리브가를 데리고 갔다. 그가 가서 가나안 땅으로 그의 주인에게로 돌아갔다.

이삭이 리브가를 아내로 맞이함

44 이삭이 리브가를 맞이하여 그 여자가 그의 아내가 되었다. 그가 그 여자를 장막 안으로 데리고 갔다. 45 이삭이 그의 삼촌 브두엘의 딸 리브가를 아내로 얻었을 때 그가 40세였다.

25 그두라의 아들들

아브라함과 그두라의 자손들

1 그 때에 아브라함이 그의 늙은 나이에 다시 아내를 얻었는데 그 여자의 이름은 그두라이며 가나안 땅에서 왔다. 2 그 여자가 그에게 시므란과 욕산과 므단과 미디안과 이스박과 수아 여섯 아들을 낳았다. 시므란의 자녀들은 아비헨과 몰릭과 나림이다. 3 욕산의 아들들은 스바와 드단이고 므단의 아들들은 아미다와 요압과 고히와 엘리사와 노닥이다. 미디안의 아들들은 에바와 에벨과 하녹과 아비다와 엘다아다. 4 이스박의 아들들은 마키로와 브요두아와 타톨이다. 5 수아의 아들들은 빌닷과 맘닷과 무난과 므반이다. 이들 모두는 가나안 사람 그두라의 자녀들의 가족으로 그 여자가 히브리 사람 아브라함에게 낳은 사람들이다. 6 아브라함이 이들 모두를 보내고 그들 모두에게 선물을 주었다. 그들이 아브라함의 아들 이삭으로부터 떠나 어디든지 그들이 발견한 장소에 거주했다. 7 이들 모두가 동쪽에 있는 산으로 가서 여섯 성읍을 건축했는데 그들이 오늘까지 그곳에 거주했다. 8 그러나 세바와 드단 자손과 욕산 자손과 그들의 자녀들은 그들의 형제들과 함께 그 성읍들에 거주하지 않았다. 그들이 가서 지방과 광야에 장막을 치고 오늘까지 살았다.

미디안의 자손들

9 아브라함의 아들 미디안의 자손이 구스 땅 동쪽으로 갔다. 그들이 동쪽 지방 그곳에서 큰 계곡을 발견했다. 그들이 그곳에 머물러 성읍을 건축하고 그 안에 거주했다. 이것이 오늘까지 미디안 땅이다. 10 미디안과 그의 다섯 아들과 그에게 속한 모든 자가 그가 건축한 성읍에 거주했다. 11 그들의 성읍들에 있는 그들의 이름에 따른 미디안의 아들들의 이름은 에바와 에벨과 하녹과 아비다와 엘다아다. 12 에바의 아들들은 메닥과 메살과 아비와 짜누아다. 에벨의 아들들은 에브론과 수르와 알리룬과 메딘이다. 하녹의 아들들은 르우엘과 르켐과 아지와 알요숩과 알랏이다. 13 아비다의 아들들은 후르와 므룻과 그루리와 몰기다. 엘다아의 아들들은 미켈과 르바와 말히야와 가볼이다. 그들의 가족에 따른 미디안 사람들의 이름이 이러하다. 그 후에 미디안 족속이 미디안 온 땅에 흩어졌다.

이스마엘의 자손들

14 사라의 여종 하갈이 아브라함에게 낳은 아브라함의 아들 이스마엘의 세대는 이러하다. 15 이스마엘이 이집트 땅에서 아내를 얻었는데 그 여자의 이름은 리바 즉 므리바이다. 16 리바가 이스마엘에게 느바욧과 게달과 앗브엘과 밉삼과 그들의 누이 보스맛을 낳았다. 17 이스마엘이 그의 아내 리바를 버려서 그 여자가 그로부터 가서 이집트로 그의 아버지 집으로 돌아가 그곳에 살았다. 이는 그 여자가 이스마엘과 그의 아버지 아브라함의 눈에 매우 좋지 않았기 때문이다. 18 그 후에 이스마엘이 가나안 땅에서 아내를 얻었는데 그 여자의 이름은 말훗이었다. 그 여자가 그에게 니스마와 두마와 마사와 하닷과 데마와 여둘과 나비스와 게드마를 낳았다. 19 이들이 이스마엘의 아들들이며

그들의 이름이다. 그들이 그들의 민족들을 따라 열두 지도자들이 되었다. 그 후에 이스마엘 족속이 흩어졌다. 이스마엘이 그의 자녀들과 그가 얻은 모든 재산을 가지고 그의 집의 모든 사람과 그에게 속한 모든 사람과 함께 그들이 발견하는 장소에 거하려고 갔다. 20 그들이 바란 광야 근처에 가서 거주했다. 그들의 거주지는 하윌라에서 수르까지인데 그곳은 이집트 앞이며 앗시리아로 향하는 길에 있다. 21 이스마엘과 그의 아들들이 그 땅에 거하고 그들이 자녀들을 낳으며 크게 생육하고 번성했다. 22 이스마엘의 장자 느바욧의 아들들의 이름은 멘드와 센드와 마온이다. 게달의 아들들은 알리욘과 케셈과 하마드와 엘리다. 23 앗브엘의 아들들은 하마드와 야빈이다. 밉삼의 아들들은 오바댜와 에벳멜렉과 유시다. 이들은 이스마엘의 아내 리바의 자녀들의 가족들이다. 24 이스마엘의 아들 미스마의 아들들은 사무아와 스가룐과 오벳이다. 두마의 아들들은 게세드와 엘리와 마흐마드와 아메드다. 25 마사의 아들들은 멜론과 물라와 에비다돈이다. 하닷의 아들들은 아수르와 민잘과 에벳멜레이다. 데마의 아들들은 세일과 사돈과 야골이다. 26 여둘의 아들들은 메릿과 야이스와 알료와 바홋이다. 나비스의 아들들은 에벳타멧과 아비야샵과 미르다. 게드마의 아들들은 칼립과 타흐티와 오미르다. 이들은 그들의 가족에 따른 이스마엘의 아내 말홋의 자녀들이다. 27 이들 모두는 그들의 세대에 따른 이스마엘의 가족들이다. 그들이 오늘까지 그들이 건축한 성읍 안에 거주했다.

이삭과 리브가

28 그 시대에 아브라함의 아들 이삭의 아내, 브두엘의 딸 리브가가 임신하지 못했고 그 여자에게 아이가 없었다. 이삭은 가나안 땅에 그의 아버지와 함께 거주했고 주께서 이삭과 함께 하셨다.

아르박삿이 죽음

이삭이 48세였을 때에 노아의 손자, 셈의 아들 아르박삿이 죽었다. 아르박삿이 438세를 살고 죽었다.

26 아브라함의 죽음

이삭이 리브가가 임신하도록 기도함

1 아브라함의 아들 이삭이 59세였을 때에 그의 아내 리브가가 여전히 임신하지 못했다. 2 리브가가 이삭에게 말했다. 내 주여 내가 진실로 당신의 아버지 아브라함이 당신의 어머니 사라를 위하여 기도할 때까지 그 여자가 임신하지 못했다는 것을 들었습니다. 3 그러므로 이제 당신도 일어나 주께 기도하십시오. 그분이 당신의 기도를 들으시고 그분의 긍휼로 우리를 기억하실 것입니다. 4 이삭이 그의 아내 리브가에게 대답하여 말했다. 아브라함이 이미 하나님께 자기 씨가 번성하도록 나를 위하여 기도했소. 그러므로 이제 이 임신하지 못하는 것은 당신에게서 나와 우리에게 온 것이 틀림없소. 5 리브가가 그에게 말했다. 이제 당신도 일어나 기도하여 주께서 당신의 기도를 들으시고 우리에게 자녀를 허락하도록 하십시오. 이삭이 그의 아내의 말을 듣고 이삭과 그의 아내가 일어나 모리아 땅에서 기도하고 주를 찾기 위하여 그곳으로 갔다. 그들이 그곳에 이르자 이삭이 서서 그의 아내의 일로 주께 기도하니 이는 그 여자가 임신하지 못하기 때문이다. 6 이삭이 말했다. 오 하늘과 땅의 하나님 주여, 주님의 선하심과 인자하심이 땅에 충만합니다. 내 아버지를 그의 아버지의 집과 그가 태어난 곳에서 이끌어 내신 주께서 그를 이 땅으로 데려오시고 그에게 내가 네 씨

에게 이 땅을 주겠다고 말씀하셨습니다. 그리고 주께서 그에게 약속하여 내가 네 씨를 하늘의 별들과 같이, 바다의 모래와 같이 번성하게 할 것이라고 선포하셨습니다. 이제 주께서 내 아버지에게 하신 말씀이 확실한 것이기를 바랍니다. 7 당신은 주 우리의 하나님이기 때문입니다. 우리의 눈이 주를 향하여 주께서 우리에게 약속하신 것처럼 우리에게 사람의 씨를 주시기를 바랍니다. 당신은 주 우리의 하나님이며 우리의 눈은 오직 당신만을 향하기 때문입니다. 8 주께서 아브라함의 아들 이삭의 기도를 들으셨다. 주께서 그의 간구를 들으셔서 그의 아내 리브가가 임신을 하였다.

리브가가 쌍둥이를 임신함

9 약 7개월 후에 그 여자 안에서 아이들이 서로 다퉜는데 그것이 그 여자를 크게 고통스럽게 하여 그 여자가 그들로 인하여 지쳤다. 그때에 그 여자가 그 땅에 있는 모든 여자에게 말했다. 나에게 일어난 것과 같은 이러한 일을 당신들도 겪었습니까? 그들이 그 여자에게 대답하기를 그렇지 않다고 하였다. 10 그 여자가 그들에게 대답했다. 땅 위에 있는 모든 여자 가운데 어찌하여 나에게만 이런 일이 있는 것입니까? 그 여자가 이 일로 인하여 주를 찾으려고 모리아 땅으로 갔다. 그 여자가 셈과 그의 아들 에벨에게 이 일에 대하여 물으려고 그들에게 가서 그들이 그 여자에 대하여 주께 구하도록 했다. 11 그 여자가 아브라함에게도 자기에게 일어난 모든 일에 대하여 주께 구하고 여쭈도록 했다. 12 그들 모두가 이 일에 대하여 주께 여쭸다. 그들이 주에게서 온 말씀을 가져와 그 여자에게 말했다. 두 아이가 네 태 안에 있다. 그들로부터 두 민족이 일어날 것이다. 한 민족이 다른 민족보다 강할 것이며 큰 자가 작은 자를 섬기리라.

에서와 야곱이 태어남

13 그 여자가 해산할 날이 다 되자 그 여자가 꿇어앉았다. 보라 주께서 그 여자에게 말씀하신 대로 그 여자의 태에 쌍둥이가 있었다. 14 첫째가 나오자 전체가 털옷같이 붉었다. 그 땅의 모든 사람이 그의 이름을 에서라 부르며 말하기를 이 사람이 태에서부터 온전하게 되었다고 했다. 15 그 뒤에 그의 동생이 나왔는데 그의 손이 에서의 뒤꿈치를 잡았다. 그러므로 그들이 그의 이름을 야곱이라 불렀다. 16 아브라함의 아들 이삭이 그들을 낳았을 때 그가 60세였다. 17 그 소년들이 자라 15세가 되었고 그들이 사람의 세상 가운데 나왔다. 에서는 교활하고 속이는 자이며 들에서 노련한 사냥꾼이었다. 야곱은 온전하고 지혜로운 자로 장막 안에 거하며 양 떼를 먹이고 주의 교훈과 그의 아버지와 어머니의 명령을 배웠다. 18 주께서 그들에게 명령하신 대로 이삭과 그의 가족의 자녀들이 그의 아버지 아브라함과 함께 가나안 땅에 거주했다.

아브라함의 첩의 자녀들이 동방에 거주함

19 아브라함의 아들 이스마엘이 그의 자녀들과 그에게 속한 모든 자와 함께 가서 하윌라 땅으로 돌아가 그곳에 거주했다. 20 아브라함의 첩들의 모든 자녀가 동쪽 땅에 가서 거주했으니 이는 아브라함이 그들을 그의 아들로부터 멀리 보내고 그들에게 선물을 주어 그들이 떠나갔기 때문이다.

아브라함의 유언

21 아브라함이 자기의 모든 소유를 그의 아들 이삭에게 주고 그가 또한 그의 모든 보물을 그에게 주었다. 22 그가 이삭에게 명령하여 말

했다. 너는 주께서 하늘과 땅에서 하나님이시고 그분 외에 아무도 없다는 것을 알고 깨닫지 못하느냐? 23 나를 내 아버지 집과 내가 태어난 곳에서 이끌어 내시고 나에게 땅 위의 모든 기쁨을 주신 분이 바로 그분이다. 주께서 악한 자들의 모략으로부터 나를 구하셨으니 이는 내가 그분을 믿기 때문이다. 24 그가 나를 이곳으로 이끄시고 그가 나를 우르 카스딤에서 구하셨다. 그분이 내게 말씀하셨다. 내가 네 씨에게 이 모든 땅을 주겠다. 내가 너에게 명령하고 내가 그들에게 명령할 나의 명령과 나의 규례와 나의 법도를 그들이 지키면 그들이 그 땅을 상속받게 될 것이다. 25 그러므로 이제 내 아들아 내 말을 듣고 내가 너에게 명령한 네 하나님 주의 명령을 지켜라. 옳은 길에서 우로나 좌로나 치우치지 않도록 하여 너와 네 뒤에 올 네 자녀들이 영원히 잘되도록 하여라. 26 주의 놀라운 일과 주께서 우리의 대적들의 손에서 우리를 구원하시고 주 우리 하나님이 그들을 우리 손에 넘기신 일에서 주께서 우리에게 보이신 인애를 기억하라. 그러므로 이제 내가 너에게 명령한 모든 것을 지키고 너의 하나님의 명령에서 치우치지 말며 그분 외에 다른 것을 섬기지 말라. 그리하여 너와 네 뒤에 올 네 씨가 잘되도록 하여라. 27 너는 네 자녀들과 네 씨에게 주의 교훈과 그분의 명령을 가르치고 그들이 가야 할 올바른 길을 그들에게 가르쳐 그들이 영원히 잘되도록 하여라. 28 이삭이 그의 아버지에게 대답하여 그에게 말했다. 내 주께서 명령하신 것을 내가 행하고 주 나의 하나님의 명령으로부터 떠나지 않으며 그분이 내게 명령하신 모든 것을 지키겠습니다. 아브라함이 그의 아들 이삭과 그의 자녀들을 축복하였다. 아브라함이 야곱에게 주의 교훈과 그의 길을 가르쳤다.

아브라함이 죽음

29 이삭의 아들들 야곱과 에서가 15세였을 때에 아브라함이 죽었다. 아브라함이 175세를 살고 죽어 그가 오랫동안 만족스러운 날들을 살고 늙은 나이에 그의 조상에게 돌아갔다. 그의 아들들 이삭과 이스마엘이 그를 장사했다. 30 가나안의 거주민들이 아브라함이 죽었다는 소식을 듣고 그들 모두가 그들의 왕들과 고관들과 그들의 모든 사람이 함께 와서 아브라함을 장사했다. 31 하란 땅의 모든 주민과 아브라함의 집의 모든 가족과 모든 고관과 귀족들과 아브라함의 첩들이 낳은 아들들 모든 이들이 아브라함이 죽은 소식을 듣고 와서 그들이 아브라함의 인애에 보답하고 그의 아들 이삭을 위로했다. 그들이 그가 헷 족속 에브론과 그의 자녀들에게서 매장할 소유지로 산 그 동굴에 아브라함을 장사했다. 32 가나안의 모든 주민과 아브라함을 알던 모든 이들이 한 해 동안 아브라함을 위하여 울고 남자들과 여자들이 그를 애도했다. 33 그 땅의 모든 어린아이들과 모든 주민이 아브라함으로 인하여 울었으니 이는 아브라함이 그들 모두에게 잘 대했으며 그가 하나님과 사람에게 정직했기 때문이다.

아브라함의 업적

34 아브라함과 같이 하나님을 경외하는 자는 한 사람도 없었다. 이는 그가 어렸을 때부터 그의 하나님을 경외하고 주를 섬겼으며 그의 어린 시절부터 그가 죽는 날까지 그의 인생에 그분의 모든 길로 갔기 때문이다. 35 주께서 그와 함께 하셔서 니므롯과 그의 사람들이 게랴에서 그를 건져내시고 그가 엘람의 네 왕과 전쟁할 때 그가 그들을 물리치게 하셨다. 36 그가 땅의 모든 자녀가 주를 섬기도록 했고 그가 그들에게 주의 길을 가르치고 그들이 주를 알도록 했다. 37 그가 숲을 만

들고 그 안에 포도원을 심었고 그가 그 땅을 지나는 자들을 위하여 그의 장막에 항상 먹을 것과 마실 것을 준비하여 그들이 그의 집 안에서 배를 채우도록 했다. 38 주 하나님께서 아브라함으로 인하여 온 땅을 구원하셨다.

하나님이 이삭과 함께 하심

39 아브라함이 죽은 후에 하나님이 그의 아들 이삭과 그의 자녀들을 축복하셨다. 주께서 이삭의 아버지 아브라함과 함께 하신 것처럼 이삭과 함께 하셨으니 이는 이삭이 그의 아버지가 그에게 명령한 대로 주의 모든 명령을 지켰기 때문이다. 그가 그의 아버지가 그에게 명령한 옳은 길에서 우로나 좌로나 치우치지 않았다.

27 니므롯의 죽음

에서가 니므롯을 죽임

1 아브라함이 죽은 후에 에서가 자주 들로 사냥하러 갔다. 2 바벨 왕 니므롯, 즉 아므라벨도 그의 용사들과 함께 들에서 사냥하고 날이 시원할 때 산책하러 자주 나갔다. 3 니므롯이 모든 날 동안 에서를 지켜보고 있었으니 이는 니므롯의 마음속에 항상 에서를 향한 질투가 있었기 때문이다. 4 어느 날 에서가 들로 사냥하러 나갔는데 그가 니므롯이 그의 사람 둘과 함께 광야에서 걷고 있는 것을 발견했다. 5 그의 모든 용사와 그의 백성들이 광야에서 그와 함께 있었으나 그들이 그에게서 멀리 떨어져 있었고 그들이 그로부터 다른 방향으로 사냥하러 갔다. 에서가 니므롯으로부터 자신을 숨기고 그가 광야에서 매복하며 그를 기다렸다. 6 니므롯과 그와 함께 있던 그의 사람들이 에서가 있는 것을 알지 못했다. 니므롯과 그의 사람들이 날이 시원할 때 들에서 자주 산책하고 그들이 그의 사람들이 들 어느 곳에서 사냥하고 있는지 보려고 돌아다녔다. 7 니므롯과 그와 함께 있던 그의 사람들 중 둘이 그들이 있던 곳에 이르자 에서가 그가 매복한 곳에서 갑자기 나와 그의 칼을 뽑고 급히 니므롯에게 달려가 그의 머리를 베었다. 8 에서가 니므롯과 함께 있던 두 사람과 맹렬한 싸움을 했다. 그들이 그에게 큰 소리로 외칠 때 에서가 그들에게 돌이켜 그의 칼로 그들을 쳐서 죽였

다. 9 니므롯을 남겨두고 광야로 간 그의 모든 용사가 멀리서 외치는 소리를 들었다. 그들이 그 두 사람의 목소리를 알아듣고 무엇 때문인지 알아보려고 가니 그들이 그들의 왕과 그와 함께 있던 두 사람이 광야에 죽어 누워있는 것을 발견했다. 10 에서가 니므롯의 용사들이 멀리서 오는 것을 보고 그가 달아나 거기서 벗어났다. 에서가 니므롯의 귀한 옷을 취했는데 그것은 니므롯의 아버지가 니므롯에게 남긴 것으로 니므롯이 그 옷을 입고 온 땅을 이기고 그가 달려가서 그것을 그의 집에 숨겨둔 것이었다.

에서가 야곱에게 장자의 명분과 막벨라 굴을 팖

11 에서가 그 옷을 취하고 니므롯의 사람들로 인하여 성읍 안으로 달려갔다. 그가 싸움에서 지치고 피곤한 채로 그의 아버지의 집에 이르렀다. 그가 그의 동생 야곱에게 가까이 가서 그의 앞에 앉았을 때 그가 슬픔으로 죽을 지경이었다. 12 그가 그의 동생 야곱에게 말했다. 보라 내가 오늘 죽겠으니 내가 무엇 때문에 장자의 명분을 원하겠느냐? 야곱이 이 일에서 에서에게 지혜롭게 행하여 에서가 그의 장자의 명분을 야곱에게 팔았으니 이는 이 일이 주께로부터 난 것이기 때문이다. 13 에서가 또한 아브라함이 매장할 소유지로 헷 자손들로부터 산 막벨라 밭의 굴에서 그의 몫을 야곱에게 팔았다. 야곱이 이 모든 것을 그의 형 에서에게서 값을 주고 샀다. 14 야곱이 이 모든 것을 증서에 쓰고 그가 증인들과 함께 같은 내용을 증언하고 그것을 봉하였다. 그 증서가 야곱의 손에 있었다.

니므롯의 죽음

15 구스의 아들 니므롯이 죽자 그의 사람들이 크게 놀라 그를 들

고 데리고 와서 그의 성읍에 그를 묻었다. 니므롯이 215세를 살고 죽었다. 16 니므롯이 그 땅의 백성들을 다스린 기간은 185년이었다. 니므롯이 에서의 칼에 죽어 수치와 멸시를 당하였는데 그가 그의 꿈에서 본 것처럼 아브라함의 씨가 그를 죽였다. 17 니므롯이 죽자 그의 나라가 여러 부분으로 나뉘었고 니므롯이 다스리던 모든 부분은 각각 그 땅들의 왕들에게로 돌아가 그들이 니므롯이 죽은 후에 그 땅들을 되찾았다. 니므롯의 집의 모든 사람이 오랫동안 그 땅의 다른 모든 왕의 노예가 되었다.

28 이삭과 블레셋 사람들

이삭이 그랄에 거주함

1 아브라함이 죽은 후에 그 시대에 그 해에 주께서 그 땅에 심한 기근이 있게 하셨다. 가나안 땅에 심한 기근이 있을 때 이삭이 그 기근으로 인하여 그의 아버지 아브라함이 한 것과 같이 일어나 이집트로 내려갔다. 2 그 밤에 주께서 이삭에게 나타나 그에게 말씀하셨다. 이집트로 내려가지 말고 일어나 그랄로, 블레셋 사람의 왕 아비멜렉에게로 가서 기근이 그칠 때까지 그곳에 머물러라. 3 이삭이 주께서 그에게 명령하신 대로 일어나 그랄로 가서 그 곳에서 1년을 지냈다.

이삭이 리브가를 자기 누이라 말함

4 이삭이 그랄에 이르렀을 때에 그 땅의 사람들이 보니 그의 아내 리브가의 용모가 아름다웠다. 그랄 사람들이 이삭에게 그의 아내에 대하여 묻자 그가 그 여자는 내 누이라고 대답했다. 이는 그가 그 땅의 사람들이 그 여자로 인하여 그를 죽일까 하여 그 여자가 자기 부인이라고 말하는 것을 두려워했기 때문이다. 5 아비멜렉의 고관들이 가서 왕에게 그 여자를 칭찬했다. 그러나 그가 그들에게 대답도 하지 않고 그들의 말에 주의를 기울이지도 않았다. 6 그러나 그가 이삭이 그 여자를 자기 누이라 하였다고 그들이 말하는 것을 들었다. 그래서 왕이

이것을 기억해 두었다.

아비멜렉이 리브가가 이삭의 아내인 것을 알게 됨

7 이삭이 그 땅에 3개월을 머물렀을 때에 아비멜렉이 창밖을 내다보니 보라 이삭이 그의 아내 리브가를 껴안고 있었다. 이는 이삭이 왕이 소유한 별채에 살아서 이삭의 집이 왕궁의 맞은편에 있었기 때문이다. 8 왕이 이삭에게 말했다. 네가 네 아내를 그 여자는 내 누이라고 말하여 우리에게 행한 이 일이 무엇이냐? 백성의 큰 자들 중 하나가 그 여자와 동침할 뻔하였다. 그랬다면 네가 우리에게 죄를 입게 했을 것이다. 9 이삭이 아비멜렉에게 대답했다. 내가 내 아내로 인하여 죽을까 하여 두려웠기에 내가 그 여자가 내 누이라 말한 것이오. 10 그 때에 아비멜렉이 그의 모든 고관과 큰 자들에게 명령을 내려 그들이 이삭과 그의 아내 리브가를 왕 앞으로 데려왔다. 11 왕이 명령하여 그들이 이삭과 리브가에게 호화로운 옷을 입히고 그들을 말에 태워 성읍의 거리로 다니게 하고 그 땅 전역에 그들 앞에 선포하여 말하기를 이 사람이 남편이고 이 사람은 그의 아내이니 누구든지 이 사람이나 그의 아내를 건드리는 자는 반드시 죽을 것이라 하도록 했다. 이삭이 그의 아내와 함께 왕의 집으로 돌아왔다. 주께서 이삭과 함께 하셔서 그가 계속해서 점점 위대해지고 부족한 것이 없었다.

이삭이 100배의 결실을 맺음

12 주께서 이삭이 아비멜렉의 눈과 그의 모든 신하의 눈에 은총을 입게 하셨다. 아비멜렉이 이삭을 선대했으니 이는 아비멜렉이 그의 아버지와 아브라함 사이에 있었던 맹세와 언약을 기억했기 때문이다. 13 아비멜렉이 이삭에게 말했다. 보라 온 땅이 네 앞에 있으니 네가 네

땅으로 돌아갈 때까지 네 눈이 보기에 좋은 곳에 살아라. 아비멜렉이 이삭에게 밭과 포도원과 그랄 땅의 가장 좋은 곳을 주어 기근이 지날 때까지 심고 거두고 땅의 소산을 먹도록 하였다. 14 이삭이 그 땅에 심어 그 해에 100배를 얻고 주께서 그를 축복하셨다. 15 그 사람이 점점 위대하게 되고 양 떼와 소 떼와 많은 종을 얻게 되었다.

이삭이 가나안 땅으로 돌아감

16 기근이 지나가자 주께서 이삭에게 나타나 그에게 말씀하셨다. 일어나 이곳에서 떠나 네 땅 가나안 땅으로 돌아가라. 이삭과 그에게 속한 모든 사람이 주께서 그에게 명령하신 대로 일어나 가나안 땅에 있는 헤브론으로 돌아갔다.

셀라가 죽음

17 이 일 후에 그 해에 아르박삿의 아들 셀라가 죽었는데 그 때는 야곱과 에서가 18세였을 때였다. 셀라가 433세를 살고 죽었다.

야곱과 에서

18 그 때에 이삭이 그의 작은 아들 야곱을 셈과 에벨의 집으로 보내어 그가 주의 교훈을 배웠다. 야곱이 셈과 에벨의 집에서 32년을 지냈다. 그의 형 에서는 가지 않았으니 이는 그가 가려고 하지 않았기 때문이다. 그가 가나안 땅 그의 아버지 집에 머물렀다. 19 에서가 그가 얻을 수 있는 것을 집으로 가져오기 위하여 계속 들에서 사냥을 했다. 에서가 항상 그렇게 살았다. 20 에서는 교활하고 속이는 자로 사람들의 마음을 쫓고 그들을 교묘히 속이는 자이다. 에서는 들에서 용감한 자였는데 시간이 지나 평소처럼 사냥을 하러 갔다. 그가 세일, 즉 에돔

의 들에까지 이르렀다. 21 그가 세일 땅의 들에서 사냥하며 1년 4개월을 머물렀다. 22 에서가 그곳 세일 땅에서 가나안 사람의 딸을 보았다. 그 여자의 이름은 에펠의 아들 브에리의 딸 여후딧으로 가나안의 아들 헷 족속에서 난 자였다. 23 에서가 그 여자를 아내로 맞이하고 그 여자에게 들어갔다. 에서가 그 여자를 맞이했을 때 그가 40세였다. 그가 그 여자를 그의 아버지가 거하던 땅인 헤브론으로 데려가 그곳에 거주했다.

셈이 죽음

24 이삭이 110세였을 때에, 즉 야곱이 50세였을 때에 노아의 아들 셈이 죽었다. 셈이 죽을 때 600세였다. 25 셈이 죽자 야곱이 가나안 땅의 헤브론으로 그의 아버지 집으로 갔다.

레아와 라헬이 태어남

26 야곱이 56세였을 때에 사람들이 하란에서 와서 리브가에게 그 여자의 오라비이며 브두엘의 아들인 라반에 대하여 말했다. 27 그 때에 라반의 아내가 임신하지 못하여 아이를 낳지 못했고 그의 모든 여종도 그에게 아이를 낳지 못했다. 28 그 후에 주께서 라반의 아내 아디나를 기억하셔서 그 여자가 임신하여 두 딸을 낳았다. 라반이 그의 딸들의 이름을 지었는데 언니의 이름은 레아이고 동생의 이름은 라헬이었다. 29 사람들이 리브가에게 와서 이 일을 말했다. 주께서 그 여자의 오라비에게 가셔서 그가 아이들을 갖게 된 것으로 인하여 리브가가 크게 기뻐했다.

29 야곱의 속임수

야곱이 에서의 축복을 빼앗음

1 아브라함의 아들 이삭이 늙어 나이가 들면서 그의 눈이 흐려졌다. 그의 눈이 어두워져 볼 수 없었다. 2 그 때에 이삭이 그의 아들 에서를 불러 말했다. 내가 너에게 구하니 너의 무기들, 너의 화살통과 너의 화살을 들고 일어나 들로 나가서 나에게 사냥한 사슴 고기를 가져와라. 나를 위하여 맛있는 음식을 만들어 내게로 가져와서 내가 먹고 죽기 전에 너를 축복하게 하라. 이는 이제 내가 늙고 머리가 희어졌기 때문이다. 3 에서가 그렇게 하였다. 그가 그의 아버지가 그에게 명령한 대로 사슴 고기를 사냥하여 그의 아버지에게 가져다 드려서 그가 자신을 축복하도록 평소처럼 그의 무기를 들고 들로 나갔다. 4 리브가가 이삭이 에서에게 한 모든 말을 듣고 그 여자가 급히 그의 아들 야곱을 불러서 말했다. 네 아버지가 네 형 에서에게 이러이러하게 말했고 내가 그것을 들었다. 그러므로 이제 너는 급히 서둘러 내가 너에게 말하는 것을 만들어라. 5 내가 너에게 구하니 일어나 염소 떼로 가서 좋은 염소 새끼 두 마리를 나에게 가져와라. 내가 네 아비지를 위하여 맛있는 음식을 만들테니 너는 그 맛있는 음식을 가져다 드려서 네 형이 사냥에서 돌아오기 전에 네 아버지가 먹고 너를 축복하게 해라. 6 야곱이 급히 그의 어머니가 그에게 명령한 대로 행했다. 그가 맛있

는 음식을 만들어서 에서가 사냥에서 돌아오기 전에 그의 아버지 앞에 그 음식을 가져왔다. 7 이삭이 야곱에게 말했다. 내 아들아, 너는 누구냐? 그가 말했다. 나는 당신의 맏아들 에서입니다. 내가 아버지께서 내게 명한 대로 하였습니다. 내가 당신께 구하오니 이제 일어나 내가 사냥한 것을 드시고 당신이 내게 말씀하신 대로 당신의 마음이 나를 축복하게 하십시오. 8 이삭이 일어나 먹고 마시고 그의 마음이 위안을 얻었다. 그가 야곱을 축복하였고 야곱이 그의 아버지에게서 나갔다. 이삭이 야곱을 축복하고 그가 그에게서 떠나자마자 보라 에서가 들에서 사냥을 하고 돌아왔다. 그도 맛있는 음식을 만들어서 그의 아버지가 그것을 먹고 축복하도록 그것을 그에게 가져갔다. 9 이삭이 에서에게 말했다. 네가 오기 전에 사냥한 고기를 나에게 가져온 자가 누구이며 내가 축복한 자가 누구냐? 에서가 그의 동생 야곱이 이 일을 한 것을 알았다. 에서가 그의 동생 야곱이 그에게 이렇게 행한 것을 알고 그의 동생에 대하여 화가 타올랐다. 10 에서가 말했다. 그가 야곱이라고 불리는 것이 옳지 않은가? 그가 나에게서 두 번이나 빼앗았다. 그가 나의 장자의 명분을 빼앗았고 이제는 그가 내 축복을 빼앗았다. 에서가 크게 울었다. 이삭이 그의 아들 에서가 우는 소리를 듣고 그가 에서에게 말했다. 내 아들아, 내가 너에게 무엇을 해 줄 수 있겠느냐? 너의 동생이 교묘하게 와서 네 축복을 빼앗았다. 에서가 그의 아버지가 야곱에게 준 축복으로 인하여 그의 동생 야곱을 미워했다. 그가 야곱을 향하여 크게 화가 났다.

야곱이 에벨의 집으로 도망감

11 야곱이 그의 형 에서를 크게 두려워하여 그가 일어나 셈의 아들 에벨의 집으로 도망갔다. 그가 그의 형으로 인하여 그곳에 숨었다. 야

곱이 가나안 땅 헤브론에서 떠났을 때 그가 63세였다. 그가 그의 형 에서로 인하여 에벨의 집에 14년 동안 숨어 지냈다. 그가 그곳에서 계속해서 주의 길과 그분의 명령을 배웠다.

에서의 아내들

12 에서가 야곱이 도망하여 그에게서 벗어난 것과 야곱이 교활하게 축복을 얻은 것을 보고 그가 몹시 슬퍼했다. 그가 또한 그의 아버지와 어머니에게 화가 났다. 그도 일어나 그의 아내를 데리고 그의 아버지와 어머니를 떠나 세일 땅으로 가서 그곳에 머물렀다. 에서가 그곳에서 헷 사람의 딸들 중에 한 여자를 보았는데 그 여자의 이름은 보스맛으로 헷 사람 엘론의 딸이었다. 그가 그의 첫 아내 외에 그 여자를 아내로 삼았다. 에서가 그 여자의 이름을 아다라고 부르며 말하기를 그 때에 축복이 나로부터 떠나갔다고 했다. 13 에서가 세일 땅에서 여섯 달 동안 머물며 그의 아버지와 어머니를 보지 않았다. 그 후에 에서가 그의 아내들을 데리고 일어나 가나안 땅으로 돌아갔다. 에서가 그의 두 아내를 헤브론의 그의 아버지의 집에 두었다. 14 에서의 아내들이 그들의 일로 인하여 이삭과 리브가를 화나게 했으니 이는 그들이 주의 길로 걷지 않고 그들의 조상이 그들에게 가르친 대로 나무와 돌로 된 그들의 조상의 신들을 섬기고 그들이 그들의 조상보다 더 악했기 때문이다. 15 그들이 그들의 마음의 악한 뜻을 따라갔고 바알들에게 제사하고 분향했다. 이삭과 리브가가 그들로 인하여 지쳤다. 16 리브가가 말했다. 내가 내 삶에 지쳤으니 이는 헷의 딸들 때문입니다. 만일 야곱이 이 땅의 딸들인 이들과 같은 헷의 딸들 중에서 아내를 얻는다면 내 인생에 무슨 좋은 일이 있겠습니까? 17 그 때에 에서의 아내 아다가 임신하여 그에게 아들을 낳았다. 에서가 그에게 태어난 그 아

들의 이름을 엘리바스라 불렀다. 그 여자가 에서에게 아들을 낳았을 때 에서가 65세였다.

이스마엘이 죽음

18 그 때에 야곱이 64세였을 때에 아브라함의 아들 이스마엘이 죽었다. 이스마엘이 137세를 살고 죽었다. 19 이삭이 이스마엘이 죽었다는 소식을 듣고 그를 위하여 애도했다. 이삭이 그를 위하여 많은 날 동안 애도했다.

에서가 야곱을 죽이려고 함

20 야곱이 에벨의 집에 산 지 14년이 지나고 그가 그의 아버지와 어머니를 보기를 원했다. 야곱이 헤브론의 그의 아버지와 어머니의 집에 이르렀다. 그 때에 에서는 야곱이 그에게 한 일, 그로부터 축복을 빼앗아간 일을 잊었다. 21 에서가 야곱이 그의 아버지와 어머니의 집으로 오는 것을 보자 그가 야곱이 자기에게 한 일이 생각났다. 그가 야곱에 대하여 크게 분노하며 그가 그를 죽이려고 했다. 22 아브라함의 아들 이삭이 나이가 들어 늙었다. 에서가 말했다. 이제 내 아버지가 죽을 때가 가까워지고 있으니 그가 죽으면 내가 나의 동생 야곱을 죽이겠다.

리브가와 이삭이 야곱을 하란으로 보냄

23 리브가가 이것을 듣고 급히 사람을 보내 자기 아들 야곱을 불렀다. 그 여자가 그에게 말했다. 일어나 가서 하란에 있는 내 오라비 라반에게로 가라. 그곳에 얼마 동안 머물러 너에 대한 네 형의 화가 그칠 때까지 있고 그 후에 네가 돌아오거라. 24 이삭이 야곱을 불러 그에게

말했다. 가나안의 딸들로부터 아내를 취하지 말아라. 이는 주께서 우리 아버지 아브라함에게 명령하신 주의 말씀대로 아브라함이 우리에게 그렇게 명령했기 때문이다. 주께서 이렇게 말씀하셨다. 내가 너의 씨에게 이 땅을 주겠다. 만일 네 자손이 내가 너와 맺은 내 언약을 지키면 나도 내가 너에게 말한 것을 네 자손들에게 행할 것이며 내가 그들을 잊지 않을 것이다. 25 그러므로 이제 내 아들아 내가 너에게 명령하는 내 모든 말을 듣고 가나안의 딸들 중에서 아내를 얻는 것을 삼가라. 일어나 하란에 있는 네 어머니의 아버지 브두엘의 집으로 가라. 그곳에서 네 어머니의 오라비 라반의 딸들 중에서 아내를 삼아라. 26 그리고 너는 네가 가는 땅에서 주 네 하나님과 그분의 모든 길을 잊지 않도록 하고 그 땅의 사람들과 관계되어 헛된 것을 따르지 말고 주 네 하나님을 잊지 않도록 주의하라. 27 네가 그 땅에 이르거든 그곳에서 주를 섬기고 내가 너에게 명령하고 네가 배운 그 길에서 우로나 좌로나 치우치지 말아라. 28 전능하신 하나님께서 네가 땅의 사람들의 눈에 은총을 입도록 허락하셔서 네가 그곳에서 네가 택한 선하고 주의 길에 정직한 아내를 얻게 되기를 바란다. 29 주께서 네 조상 아브라함의 복을 너와 네 씨에게 주셔서 너를 생육하고 번성하게 하시기를 원하며, 네가 어디로 가든지 그 땅에서 많은 민족을 이루고 주께서 네가 자녀들과 함께 큰 부유함과 기쁨과 즐거움 가운데 네 조상들이 거하던 땅, 이 땅으로 돌아오게 하시기를 원한다. 30 이삭이 야곱에게 명령하기를 마치고 그를 축복하고 그에게 은과 금과 함께 많은 선물을 주고 그를 떠나보냈다. 야곱이 그의 아버지와 어머니의 말을 들었다. 그가 그들에게 입 맞추고 일어나 밧단아람으로 갔다. 야곱이 가나안 땅 브엘세바에서 떠날 때 그가 77세였다.

에서가 엘리바스에게 야곱을 죽이라고 명령함

31 야곱이 하란으로 가려고 떠났을 때 에서가 그의 아들 엘리바스를 불러서 그에게 은밀히 말했다. 이제 급히 네 칼을 네 손에 들고 야곱을 쫓아가 길에서 그를 앞질러 지나가라. 산들 중 하나에 숨어서 그를 기다렸다가 네 칼로 그를 죽이고 그의 모든 소유를 가지고 돌아와라. 32 에서의 아들 엘리바스는 민첩한 사람으로 그의 아버지가 그를 가르쳐 그가 활에 능숙했다. 그는 들에서 유명한 사냥꾼이며 용사였다. 33 그가 그의 아버지가 그에게 명령한 대로 행했다. 그 때에 엘리바스는 열세 살이었다. 엘리바스가 일어나 가서 그의 어머니의 형제들 중 열 사람을 데리고 야곱을 쫓아갔다. 34 그가 야곱을 가까이 뒤쫓아 가서 세겜 성읍 맞은편 가나안 땅의 경계에서 숨어서 그를 기다렸다.

엘리바스가 야곱을 죽이지 않음

35 야곱이 엘리바스와 그의 사람들이 자신을 쫓는 것을 봤다. 야곱이 이 일이 무엇인지 알기 위하여 그가 가던 곳에 가만히 섰으니 이는 그가 그 일을 알지 못했기 때문이다. 엘리바스가 그의 칼을 뽑고 그와 그의 사람들이 야곱을 향하여 나아갔다. 야곱이 그들에게 말했다. 너희가 무슨 상관이 있기에 이곳에 왔느냐? 너희가 너희 칼을 들고 나를 쫓는 것이 무슨 의미냐? 36 엘리바스가 야곱에게 가까이 와서 그가 그에게 대답했다. 내 아버지가 나에게 이러이러하게 명령하였습니다. 그러므로 이제 내가 내 아버지가 나에게 준 명령에서 벗어나지 않을 것입니다. 야곱이 에서가 엘리바스에게 폭력을 쓰도록 말한 것을 알고 그들에게 가까이 가서 엘리바스와 그의 사람들에게 간청하여 말했다. 37 내가 가진 모든 것과 내 아버지와 어머니가 내게 준 것을 보라. 네가 이것들을 가지고 나를 떠나고 나를 죽이지 말라. 이 일이 너희에게

의로 여겨질 것이다. 38 주께서 야곱이 에서의 아들 엘리바스와 그의 사람들의 눈에 은총을 입도록 하셔서 그들이 야곱의 말을 듣고 그를 죽이지 않았다. 엘리바스와 그의 사람들이 야곱의 모든 소유와 그가 브엘세바에서 함께 가지고 온 은과 금을 함께 취하고 그들이 야곱에게 아무것도 남기지 않았다. 39 엘리바스와 그의 사람들이 야곱을 떠나 그들이 브엘세바로 에서에게로 돌아왔다. 그들이 야곱과 있었던 모든 일을 그에게 말했다. 그들이 야곱에게서 빼앗은 모든 것을 그에게 주었다. 40 에서가 그의 아들 엘리바스와 그와 함께 있던 그의 사람들에게 화가 났으니 이는 그들이 야곱을 죽이지 않았기 때문이다. 41 그들이 에서에게 대답하여 말했다. 야곱이 이 일에 대하여 우리에게 자신을 죽이지 말아 달라고 했습니다. 우리가 그를 불쌍히 여겨 우리가 그의 모든 소유를 빼앗아 당신에게 가져왔습니다. 에서가 엘리바스가 야곱에게서 빼앗은 모든 은과 금을 가져다가 그의 집 안에 그것들을 쌓아두었다.

에서가 이스마엘의 딸을 아내로 삼음

42 그 때에 에서가 이삭이 야곱을 축복하고 그에게 명령하여 너는 가나안의 딸들 중에서 아내를 삼지 말라고 말한 것과 가나안의 딸들이 이삭과 리브가의 눈에 안 좋게 보인 것을 보고 43 그가 그의 삼촌 이스마엘의 집으로 가서 그의 아내들 외에 이스마엘의 딸, 느바욧의 자매인 마흘랏을 아내로 삼았다.

30 야곱과 라헬

야곱이 벧엘에서 꿈을 꿈

1 야곱이 계속해서 하란으로 나아갔다. 그가 모리아 산에까지 이르자 그가 룻 성읍 근처에서 밤을 지냈다. 그 밤에 그곳에서 주께서 야곱에게 나타나셔서 말씀하셨다. 나는 아브라함의 하나님이며 네 아버지 이삭의 하나님인 주다. 네가 누워 있는 그 땅을 내가 너와 네 씨에게 주겠다. 2 보라 내가 너와 함께 있고 네가 어디를 가든지 너를 지켜줄 것이다. 내가 너의 씨를 하늘의 별들처럼 번성하게 하고 내가 네 모든 대적이 네 앞에서 쓰러지게 하겠다. 그들이 너와 전쟁을 일으켜도 그들이 너를 이기지 못할 것이다. 내가 너를 다시 이 땅에 돌아오게 할 것이며 기쁜 마음으로 자녀들과 큰 부를 거느리고 오게 할 것이다. 3 야곱이 그의 꿈에서 깨어 그가 본 환상으로 크게 기뻐했다. 그가 그곳의 이름을 벧엘이라 하였다. 4 야곱이 매우 기뻐하며 그곳에서 일어났다. 그가 걸을 때 기쁨으로 인하여 그의 발이 가볍게 느껴졌다.

야곱이 하란에 도착함

그가 그곳을 떠나 동방 자손들의 땅으로 갔다. 그가 하란으로 돌아가 목자의 우물 곁에 앉았다. 5 그가 그곳에서 하란으로부터 그들의 양 떼를 먹이려고 오는 몇 사람을 발견했다. 야곱이 그들에게 묻자 그들이 대답했다. 우리는 하란에서 왔습니다. 6 그가 그들에게 말했다. 당신들이 나홀의 아들 라반을 압니까? 그들이 말했다. 우리가 그를 압니다. 보십시오 그의 딸 라헬이 아버지의 양 떼를 먹이려고 오고 있습니다. 7 그가 그들과 말하는 동안 라반의 딸 라헬이 아버지의 양을 먹이려고 왔으니 이는 그 여자가 양을 쳤기 때문이다. 8 야곱이 그의 어머니의 오라비 라반의 딸 라헬을 보자 그가 달려가서 그 여자에게 입 맞추고 소리를 높여 울었다. 9 야곱이 라헬에게 그가 그 여자의 아버지의 누이 리브가의 아들이라고 말하자 라헬이 자기 아버지에게 달려가서 말했다. 야곱이 계속해서 울었으니 이는 그가 라반의 집으로 가져갈 것이 아무것도 없었기 때문이다.

야곱이 라반의 집에 거함

10 라반이 그의 누이의 아들 야곱이 왔다는 것을 듣자 그가 달려가서 그에게 입 맞추고 그를 안고 그를 집으로 데려와 그에게 빵을 주니 그가 먹었다. 11 야곱이 그의 형 에서가 그에게 한 일과 그의 아들 엘리바스가 길에서 그에게 한 일을 라반에게 말했다. 12 야곱이 라반의 집에서 한 달 동안 살며 그가 라반의 집에서 먹고 마셨다.

야곱이 라헬을 위하여 7년 동안 일함

그 후에 라반이 야곱에게 말했다. 네 품삯을 어떻게 할지 나에게 말해라. 네가 어떻게 거저 나를 섬기겠느냐? 13 라반에게는 아들이 없고 딸들뿐이었다. 그 때에 그의 다른 아내들과 여종들은 여전히 임신하지 못했다. 라반의 아내 아미다가 그에게 낳은 딸들의 이름은 이러하니 언니의 이름은 레아이고 동생의 이름은 라헬이다. 레아는 시력이 약하나 라헬은 예쁘고 아름다웠다. 야곱이 라헬을 사랑했다. 14 야곱이 라반에게 말했다. 내가 당신의 작은 딸 라헬을 위하여 당신을 7년 동안 섬기겠습니다. 라반이 이것에 동의하고 야곱이 라반의 딸 라헬을 위하여 그를 7년 동안 섬겼다.

에벨이 죽음

15 야곱이 하란에 거주한 지 둘째 해, 즉 야곱이 79세였을 때 그 해에 셈의 아들 에벨이 죽었다. 그가 죽을 때 464세였다. 16 야곱이 에벨이 죽었다는 것을 듣고 몹시 슬퍼했다. 그가 그를 위하여 많은 날을 애통하고 애도했다.

르우엘이 태어남

17 야곱이 하란에 거주한 지 셋째 해에 이스마엘의 딸, 에서의 아내 보스맛이 에서에게 아들을 낳았다. 에서가 그의 이름을 르우엘이라 불렀다.

야곱으로 인하여 라반이 주의 복을 받음

18 야곱이 라반의 집에 거주한 지 넷째 해에 주께서 야곱으로 인하여 라반에게 가시고 그를 기억하셔서 그에게 아들들이 태어났다. 그의 첫째 아들의 이름은 브올이고 그의 둘째는 알립이며 셋째는 호라시다. 19 주께서 야곱으로 인하여 라반에게 부와 명예와 아들들과 딸들을 주시고 그가 창대하게 되었다. 20 그 때에 야곱이 집과 들에서 온갖 종류의 일로 라반을 섬겨서 집과 들에서 라반에게 속한 모든 것에 주의 복이 있었다.

에서의 아내 여후딧이 죽고 아홀리바마를 아내로 맞이함

21 다섯째 해에 브에리의 딸, 에서의 아내 여후딧이 가나안 땅에서 죽었다. 그 여자에게는 아들이 없고 딸들뿐이었다. 22 그 여자가 에서에게 낳은 그 여자의 딸들의 이름은 이러하니 언니의 이름은 마르싯이고 동생의 이름은 부잇이다. 23 여후딧이 죽자 에서가 평소처럼 일어나 들로 사냥하러 세일로 갔다. 에서가 세일 땅에서 오랜 시간 동안 머물렀다. 24 여섯째 해에 에서가 그의 다른 아내들 외에 히위 사람 스브온의 딸 아홀리바마를 아내로 삼았다. 에서가 그 여자를 가나안 땅으로 데리고 왔다. 25 아홀리바마가 임신하여 에서에게 세 아들, 여우스와 야알란과 고라를 낳았다.

에서가 세일 땅에 거주함

26 그 때에 가나안 땅에서 에서의 목동들과 가나안 땅 주민들의 목동들 사이에 다툼이 있었으니 이는 에서의 가축과 소유가 너무 많아 그가 가나안 땅, 그의 아버지 집에 머물 수 없었고 가나안 땅이 그의 가축을 감당할 수 없었기 때문이다. 27 에서가 그가 가나안 땅의 주민들과 말다툼하는 일이 늘어나는 것을 보자 그가 일어나 그의 아내들과 아들들과 딸들과 그에게 속한 모든 사람과 그가 소유한 가축과 가나안 땅에서 얻은 모든 소유를 이끌고 그 땅의 주민들을 떠나 세일 땅으로 갔다. 에서와 그에게 속한 모든 사람이 세일 땅에 살았다. 28 그러나 에서가 가끔 그의 아버지와 어머니를 보러 가나안 땅으로 갔다. 에서가 호르 사람들과 통혼하여 그의 딸들을 호르 사람들, 세일의 아들들에게 주었다. 29 그가 그의 큰 딸 마르싯을 그의 아내의 오라비 스브온의 아들에게 주고 부잇을 호르 사람 빌한의 아들 아살에게 주었다. 에서와 그의 자손들이 그 산에 거하며 그들이 생육하고 번성했다.

31 야곱의 결혼

야곱이 레아와 라헬과 결혼함

1 일곱째 해에 야곱이 라반을 섬기는 일이 끝났다. 야곱이 라반에게 말했다. 내가 섬기는 날이 찼으니 내 아내를 나에게 주십시오. 라반이 그렇게 했다. 라반과 야곱이 그 땅의 모든 사람을 모아 잔치를 열었다. 2 저녁에 라반이 집에 왔다. 그 후에 야곱이 축제의 사람들과 함께 그곳에 왔다. 라반이 그 집 안에 있던 모든 불을 껐다. 3 야곱이 라반에게 말했다. 당신이 무엇 때문에 우리에게 이 일을 하는 것입니까? 라반이 대답했다. 이것이 이 땅에서 행하는 우리의 풍습이다. 4 그 후에 라반이 그의 딸 레아를 야곱에게 데려가 그가 그 여자에게 들어갔다. 야곱은 그 여자가 레아인 것을 알지 못했다. 5 라반이 그의 여종 실바를 그의 딸 레아에게 시녀로 주었다. 6 그 축제의 모든 사람이 라반이 야곱에게 한 일을 알았다. 그러나 그들이 그 일을 야곱에게 말하지 않았다. 7 그 밤에 모든 이웃 사람들이 야곱의 집으로 왔다. 그들이 먹고 마시고 즐거워하고 레아 앞에서 탬버린으로 춤추며 놀았다. 그들이 야곱에게 헬레아, 헬레아라고 답했다. 8 야곱이 그들의 말을 들었으나 그 의미를 알지 못했다. 그러나 그는 그것이 이 땅에서 그들의 풍습이라 생각했다. 9 그 밤 내내 이웃 사람들이 야곱 앞에서 이 말을 했다. 그 밤에 라반이 그 집에 있던 모든 불을 껐다. 10 아침에 해가 뜨자

야곱이 그의 아내에게 돌이켜 그가 보니 보라 그의 품에 누워 있는 것은 레아였다. 야곱이 말했다. 보라 이제 내가 지난 밤에 이웃들이 말한 헬레아가 무엇인지 알겠다. 내가 그것을 알지 못했다. 11 야곱이 라반에게 큰 소리로 말했다. 당신이 나에게 한 이 일이 무엇입니까? 내가 분명히 라헬을 위하여 당신을 섬겼는데 어찌하여 당신은 나를 속이고 나에게 레아를 주었습니까? 12 라반이 야곱에게 대답하여 말했다. 우리 지방에서는 언니보다 동생을 먼저 주지 않는다. 그러므로 이제 만일 네가 그 동생도 얻기를 원하면 네가 나를 다시 7년 동안 섬겨 그 아이를 아내로 삼아라. 13 야곱이 그렇게 하여 그가 라헬도 아내로 삼았다. 그가 7년을 더 라반을 섬겼다. 야곱이 라헬에게도 들어갔다. 그가 레아보다 라헬을 더 사랑했다. 라반이 그의 여종 빌하를 라헬에게 시녀로 주었다.

야곱의 자녀들

14 주께서 레아가 미움받는 것을 보시고 그 여자의 태를 여셨다. 그 때에 그 여자가 임신하여 야곱에게 네 아들을 낳았다. 15 그들의 이름은 르우벤과 시므온과 레위와 유다이다. 그 후에 그 여자가 출산이 멈췄다. 16 그 때에 라헬이 임신하지 못하여 그 여자에게 자식이 없었다. 라헬이 그 여자의 언니 레아를 시기했다. 라헬이 자기가 야곱에게 아이를 낳지 못함을 보고 자기 시녀 빌하를 데려갔다. 그 여자가 야곱에게 두 아들, 단과 납달리를 낳았다. 17 레아가 자신이 출산이 멈춘 것을 보고 그 여자도 자기 시녀 실바를 데려다가 야곱에게 아내로 주었다. 야곱이 실바에게도 들어가서 그 여자도 야곱에게 두 아들, 갓과 아셀을 낳았다. 18 그 때에 레아가 다시 임신하여 야곱에게 두 아들과 딸 하나를 낳았는데 그들의 이름은 잇사갈과 스불론과 그들의 누이 디

나이다. 19 그 때에 라헬은 여전히 임신하지 못했다. 그 때에 라헬이 주께 기도하여 말했다. 오 주 하나님 내가 구하오니 나를 기억하시고 나를 찾아주십시오. 내가 내 남편에게 아이를 낳지 못했으니 이제 그가 나를 버릴 것이기 때문입니다. 20 오 주 하나님, 이제 내가 당신 앞에 드리는 나의 간구를 들으시고 나의 고난을 살피셔서 시녀들의 하나와 같이 나에게 자식을 주시고 내가 더 이상 수치를 당하지 않게 하소서. 21 하나님께서 그 여자의 말을 들으시고 그 여자의 태를 여셨다. 라헬이 임신하여 아들을 낳고 말했다. 주께서 내 수치를 없애셨다. 그 여자가 그 아들의 이름을 요셉이라고 부르며 말했다. 주께서 나에게 또 다른 아들을 더하시기를 원한다. 그 여자가 야곱에게 자식을 낳았을 때 야곱이 91세였다.

라반이 야곱의 품삯을 정함

22 그 때에 야곱의 어머니 리브가가 자기 유모, 우스의 딸 드보라와 이삭의 종들 중 둘을 야곱에게 보냈다. 23 그들이 하란에 야곱에게로 이르러 그에게 말했다. 리브가가 당신이 가나안 땅의 당신의 아버지의 집으로 돌아오도록 우리를 당신에게 보냈습니다. 야곱이 그의 어머니가 그들에게 말한 것을 들었다. 24 그 때에 야곱이 라헬을 위하여 라반을 섬긴 또 다른 7년이 끝났다. 야곱이 하란에 거주한 지 14년이 되었을 때에 그가 라반에게 말했다. 나에게 내 아내들을 주시고 나를 보내어 내가 내 땅으로 가도록 해 주십시오. 내 어머니가 가나안 땅으로부터 내게 사람들을 보내어 내게 내 아버지 집으로 돌아오라 하셨습니다. 25 라반이 그에게 말했다. 내가 너에게 구하니 그렇게 하지 말라. 내가 네 눈에 은총을 입었으면 나를 떠나지 말거라. 내게 네 품삯을 정하여 내가 너에게 그것을 주겠으니 나와 함께 남거라. 26 야곱이

그에게 말했다. 이것이 당신이 나에게 줄 품삯입니다. 오늘 내가 당신의 모든 가축 떼를 두루 다니며 모든 어린 양들로부터 점 있는 것과 얼룩이 있는 것과 양들과 염소들 가운데서 갈색인 것을 가려내리니 당신이 내게 이 일을 행하면 내가 처음과 같이 돌아가서 당신의 가축을 먹이겠습니다. 27 라반이 그렇게 행하여 그의 가축 떼로부터 야곱이 그에게 말한 모든 것을 가려내어 그에게 주었다. 28 야곱이 라반의 가축 떼로부터 그가 가려낸 모든 것을 그의 아들들의 손에 두고 야곱이 라반의 남은 가축 떼를 먹였다. 29 이삭이 야곱에게 보낸 그의 종들이 야곱이 그들과 함께 가나안 땅 그의 아버지에게 돌아가지 않으려는 것을 보고 그들이 그를 떠나 가나안 땅의 집으로 돌아갔다. 30 드보라는 야곱과 함께 하란에 남고 이삭의 종들과 함께 가나안 땅으로 돌아가지 않았다. 드보라가 야곱의 아내와 자녀들과 함께 하란에 살았다.

라반의 집에서 야곱이 번창함

31 야곱이 다시 6년 동안 라반을 섬겼다. 양이 태어났을 때 야곱이 라반과 정한 대로 그것들로부터 점이 있고 얼룩이 있는 것을 가려냈다. 야곱이 라반의 양 떼에서 6년 동안 그렇게 하여 그 사람이 번창하고 그가 가축과 여종과 남종과 낙타와 나귀를 소유했다. 32 야곱이 200마리의 가축 떼를 소유했는데 그의 가축 떼는 매우 크고 모양이 아름답고 새끼를 잘 낳았다. 사람의 아들들의 모든 가족이 야곱의 가축 떼 중 얼마를 얻기를 원했으니 이는 그것들이 매우 번성했기 때문이다. 33 사람의 아들들 중 많은 사람이 야곱의 가축 가운데 몇 마리를 얻으려고 오니 야곱이 그들에게 남종이나 여종 한 명 또는 나귀나 낙타 한 마리에 양 한 마리를 주었고 아니면 그들이 야곱이 그들에게 원하는 것은 무엇이든지 그에게 주었다. 34 야곱이 사람의 아들들과의

이런 거래를 통해서 부와 명예와 소유를 얻었다. 라반의 자녀들이 야곱의 이런 명예를 시기했다. 35 오랜 시간이 지나서 그가 라반의 아들들이 말하는 것을 들었다. 야곱이 우리 아버지가 소유했던 모든 것을 빼앗았다. 그가 우리 아버지가 소유했던 것으로 이 모든 명예를 얻었다. 36 야곱이 라반과 그의 자녀들의 안색을 보니 그 때에 그들이 자기에 대하여 전과 같지 않았다.

야곱이 라반에게서 떠남

37 6년이 지난 후 주께서 야곱에게 나타나셔서 그에게 말씀하셨다. 일어나 이 땅에서 나가 네가 태어난 땅으로 돌아가라. 내가 너와 함께 하겠다. 38 그 때에 야곱이 일어나 그의 자녀들과 아내들과 그에게 속한 모든 자를 낙타 위에 태우고 그가 가나안 땅 그의 아버지 이삭에게로 가려고 떠났다. 39 라반은 야곱이 떠난 것을 알지 못했으니 그가 그 날 양털을 깎고 있었기 때문이다.

라반의 우상

40 라헬이 자기 아버지의 우상들을 도둑질하여 그 여자가 그것들을 가져다가 낙타 위에 숨기고 그 위에 앉아서 갔다. 41 우상을 만드는 방법은 이러하다. 장자를 데려다가 그를 죽이고 그의 머리에서 머리카락을 뽑는다. 소금을 가져다가 그 머리를 소금에 절이고 그것에 기름을 붓는다. 그리고 구리나 금으로 만든 작은 판을 가져다가 그 위에 이름을 쓰고 그것을 그 머리의 혀 아래에 둔다. 그 판을 혀 아래에 눈 그 머리를 가져다가 집 안에 두고 그 앞에 불을 피우고 그것에게 엎드려 절한다. 42 그들이 그것에게 엎드려 절하면 그것이 그 안에 적힌 이름의 권세로 그들이 묻는 모든 것에 대하여 그들에게 말한다. 43 어떤 사

람들은 그것을 금과 은으로 사람의 형상으로 만들어 그들에게 알려진 시간에 그것에게 가면 그 우상이 별들의 감동을 받아서 그들에게 미래의 일을 말해준다. 이런 방법으로 만들어진 것이 라헬이 아버지로부터 훔친 우상들이다. 44 라헬은 라반이 이것들을 통하여 야곱이 어디로 갔는지 알지 못하도록 자기 아버지의 소유인 이 우상들을 훔쳤다. 45 라반이 집에 와서 야곱과 그의 가족에 대하여 물었으나 그를 찾을 수 없었다. 라반이 야곱이 어디로 갔는지 알기 위하여 그의 우상들을 찾았으나 그것들을 찾을 수 없었다. 그가 다른 우상들에게 가서 그것들에게 묻자 그것들이 그에게 야곱이 그로부터 도망쳐 가나안 땅 그의 아버지의 집으로 갔다고 말했다.

라반이 야곱을 뒤쫓음

46 라반이 일어나 그가 그의 형제들과 그의 모든 종을 데리고 나아가 야곱을 쫓았다. 그가 길르앗 산에서 그를 따라잡았다. 47 라반이 야곱에게 말했다. 네가 나에게 행한 것, 곧 네가 도망치고 나를 속여 내 딸들과 그들의 자식들을 칼로 사로잡힌 자들같이 데리고 간 이 일이 무엇이냐? 48 네가 나로 하여금 그들에게 입 맞추고 기쁜 마음으로 보내지 못하게 하였고 네가 내 신들을 훔쳐 떠났다. 49 야곱이 라반에게 대답하여 말했다. 나는 당신이 나에게서 당신의 딸들을 억지로 빼앗을까 하여 두려웠기 때문입니다. 이제 당신이 누구에게서 당신의 신들을 찾든지 그는 죽을 것입니다. 50 라반이 그의 우상들을 찾아 야곱의 모든 장막과 가구를 살펴봤으나 그가 그것들을 찾을 수 없었다.

라반과 야곱이 언약을 맺음

51 라반이 야곱에게 말했다. 우리가 함께 언약을 맺자. 그것이 나

와 너 사이에 증거가 될 것이다. 만일 네가 내 딸들을 힘들게 하거나 내 딸들 외에 다른 아내들을 얻으면 하나님이 이 일에 나와 너 사이에 증인이 될 것이다. 52 그들이 돌들을 쌓아 무더기를 만들었다. 라반이 말했다. 이 무더기는 나와 너 사이에 증인이다. 그러므로 그가 그것의 이름을 길르앗이라 하였다. 53 야곱과 라반이 그 산 위에 제물을 드리고 그들이 그 무더기 옆에서 먹고 그 산에서 밤을 지냈다. 라반이 아침 일찍 일어나 그의 딸들과 함께 울고 그들에게 입 맞추고 그의 지역으로 돌아갔다.

라반이 에서에게 사자들을 보내어 야곱에 대하여 말함

54 그가 급히 열일곱 살 된 그의 아들 브올을 나홀의 아들인 우스의 아들 아비호로프와 함께 보냈는데 열 사람이 그들과 함께 있었다. 55 그들이 급히 가서 야곱보다 앞서 그 길을 지나서 그들이 세일 땅의 또 다른 길에 이르렀다. 56 그들이 에서에게 이르러 그에게 말했다. 당신의 형제이며 친족이요 당신의 어머니의 오라비, 브두엘의 아들 라반이 이렇게 말했습니다. 57 너는 네 동생 야곱이 나에게 한 일을 들었느냐? 그가 처음에 내게 벌거벗은 알몸으로 와서 내가 그를 만나러 가서 예의를 갖춰 그를 내 집으로 데려오고 내가 그를 번창하게 하고 내가 그에게 나의 두 딸을 아내로 주고 또한 내 여종들 가운데 둘을 주었다. 58 하나님께서 나로 인하여 그를 축복하셔서 그가 크게 번창하고 아들들과 딸들과 여종들을 갖게 되었다. 59 그가 또한 엄청난 양 떼와 소 떼와 낙타들과 나귀들과 많은 은과 금을 소유하게 되었다. 그가 그의 재산이 크게 된 것을 보고 내가 내 양의 털을 깎으러 갔을 때에 그가 나를 떠났다. 그가 일어나 은밀히 도망쳤다. 60 그가 그의 아내들과 자식들을 낙타 위에 태우고 그가 내 땅에서 얻은 그의 모든 가축과 소

유를 이끌고 그가 그의 얼굴을 들고 가나안 땅 그의 아버지 이삭에게로 갔다. 61 그는 내가 내 딸들과 그들의 자식들에게 입 맞추지 못하게 했고 그가 내 딸들을 칼로 사로잡힌 자처럼 데리고 갔고 그가 또한 나의 신들을 훔쳐서 달아났다. 62 이제 내가 그와 그에게 속한 모든 자를 얍복 시내의 산에 남겨두었다. 그에게는 부족한 것이 없다. 63 만일 네 소원이 그에게 가는 것이면 가라. 그러면 네가 그곳에서 그를 찾을 것이고 네가 원하는 대로 그에게 행할 수 있다. 라반의 사자들이 와서 에서에게 이 모든 것을 말했다.

에서가 야곱을 치려고 감

64 에서가 라반의 사자들의 모든 말을 듣고 그의 화가 야곱을 향하여 크게 일어났다. 그가 미워하는 마음을 기억하고 그의 안에 화가 타올랐다. 65 에서가 급히 그의 자녀들과 종들과 그의 가족 사람들을 모으니 60명이었고 그가 가서 호르 사람 세일의 모든 자손과 그들의 사람들을 모으니 340명이었다. 그가 이 칼을 뽑은 400명의 사람 모두를 이끌고 야곱을 치려고 그에게로 갔다. 66 에서가 이 사람들의 수를 몇으로 나누어 그가 그의 자녀들과 종들과 그의 가족 사람들 60명을 한 무리로 취하여 그들을 그의 장자 엘리바스에게 맡겼다. 67 그가 남은 무리들을 호르 사람 세일의 여섯 아들에게 맡기고 그가 모든 사람을 그들의 세대들과 자녀들 위에 두었다. 68 이 진영 전체가 그대로 나아갔고 에서가 그들 가운데 야곱을 향하여 갔다. 그가 그들을 신속하게 인도했다.

라반의 사자들이 리브가에게 에서와 야곱에 대하여 말함

69 라반의 사자들이 에서를 떠나 가나안 땅으로 가서 그들이 야곱

과 에서의 어머니 리브가의 집에 이르렀다. 70 그들이 그 여자에게 말했다. 보십시오 당신의 아들 에서가 그의 형제 야곱이 온다는 소식을 듣고 400명과 함께 그에게로 갔습니다. 그가 야곱과 전쟁을 일으켜 그를 치고 그의 모든 소유를 빼앗으려고 갔습니다.

리브가가 야곱에게 사자들을 보내어 조언함

71 리브가가 길에서 야곱을 만나게 하려고 이삭의 종들 가운데 72명을 보내며 그들에게 말했다. 에서가 야곱을 만나면 어쩌면 그가 길에서 전쟁을 일으킬지도 모른다. 72 이 사자들이 길에서 야곱을 만나기 위하여 길로 가서 그들이 얍복 시내 맞은편 시냇길에서 그를 만났다. 야곱이 그들을 보고 말했다. 이 진영은 하나님께서 나를 위하여 보내신 진영이다. 야곱이 그곳의 이름을 마하나임이라 불렀다. 73 야곱이 그의 아버지의 모든 사람을 알았고 그들에게 입 맞추고 그들을 안고 그들과 함께 왔다. 야곱이 그들에게 그의 아버지와 어머니에 대하여 묻자 그들이 잘 계신다고 대답했다. 74 이 사자들이 야곱에게 말했다. 당신의 어머니 리브가가 우리를 당신에게 보내며 말했습니다. 내 아들아, 내가 네 형 에서가 호르 사람 세일의 자손들 가운데에서 온 사람들과 함께 길에서 너를 향하여 가고 있다는 것을 들었다. 75 그러므로 내 아들아, 내 말을 듣고 네가 무엇을 해야 할지에 대한 조언을 받아들여라. 그가 너에게 이르면 그에게 간청하고 그에게 경솔하게 말하지 말며 네 소유와 하나님께서 네게 은혜를 주신 것에서 그에게 선물을 주어라. 76 그가 너에게 네 일에 대하여 물으면 그에게 아무것도 숨기지 말아라. 어쩌면 그가 너에 대한 그의 노를 돌이켜 너와 네게 속한 모든 자의 생명을 살릴 것이다. 그를 높이는 것이 네 의무이니 이는 그가 네 형이기 때문이다. 77 야곱이 그 사자들이 그에게 말한 그의 어

머니의 말을 듣고 야곱이 소리를 높여 슬피 울고 그의 어머니가 그에게 명령한 대로 행했다.

32 야곱과 에서의 화해

야곱이 에서에게 사자들을 보내어 간청함

1 그 때에 야곱이 세일 땅으로 그의 형 에서에게 사자들을 보내 그에게 간청하는 말을 전했다. 2 그가 그들에게 명령하여 말했다. 당신들은 나의 주 에서에게 이렇게 말하시오. 당신의 종 야곱이 이렇게 말했습니다. 내 주는 내 아버지가 나에게 준 축복이 내게 유익이 되었다고 생각하지 마십시오. 3 내 주께서 이미 모두 들은 것처럼 내가 이 20년 동안 라반과 함께 있으면서 그가 나를 속이고 내 품삯을 열 번이나 바꿨습니다. 4 내가 그의 집에서 몹시 힘들게 그를 섬긴 후에 하나님께서 내 고통과 내 수고와 내 손의 일을 보시고 그분이 내가 그의 눈에 은총을 입도록 하셨습니다. 5 그 후에 내가 하나님의 큰 자비와 인애로 소들과 나귀들과 가축과 남종들과 여종들을 얻었습니다. 6 이제 내가 내 땅과 내 고향과 가나안 땅에 계시는 내 아버지와 어머니께로 가고 있습니다. 내가 내 주의 눈에 은총을 입기 위하여 내 주가 이 모든 것을 알도록 보냅니다. 그래서 당신이 내가 부를 얻거나 내 아버지가 나에게 준 축복이 내게 유익이 된 것으로 생각하지 않도록 하려는 것입니다. 7 그 사자들이 에서에게 가서 에돔 땅 경계에서 야곱에게 가고 있는 그를 발견했는데 호르 사람 세일의 자손 400명이 칼을 뽑고 서 있었다. 8 야곱의 사자들이 야곱이 에서에 대하여 그들에게 말한

모든 말을 에서에게 전했다.

에서가 야곱의 사자들에게 대답함

9 에서가 교만하고 멸시하며 그들에게 대답하여 말했다. 내가 분명히 들었고 내가 진실로 야곱이 라반에게 한 일을 들었다. 라반이 자기 집에서 야곱을 높이고 그에게 자기 딸들을 아내로 주어 그가 아들들과 딸들을 낳았으며 라반의 집에서 라반의 소유로 그의 부와 재물이 크게 늘어났다. 10 그가 자신의 부와 재물이 많은 것을 보고 그가 그에게 속한 모든 자와 함께 라반의 집에서 도망하여 그가 라반에게 이르지 않고 라반의 딸들을 칼로 사로잡힌 자들처럼 그들의 아버지의 얼굴로부터 데려갔다. 11 야곱이 라반에게 그렇게 했을 뿐만 아니라 내게도 그렇게 행하여 내게서 두 번이나 빼앗았으니 내가 침묵해야 하겠느냐? 12 그러므로 이제 내가 오늘 나의 진영들과 함께 그를 만나러 왔다. 내가 내 마음에 원하는 대로 그에게 행할 것이다. 13 그 사자들이 돌아가 야곱에게 이르러 그에게 말했다. 우리가 당신의 형 에서에게 이르러 그에게 당신의 모든 말을 전했습니다. 그가 우리에게 이러이러하게 대답했으며 보십시오 그가 400명의 사람과 함께 당신을 만나러 오고 있습니다. 14 그러니 이제 당신이 행할 바를 아셔서 그로부터 주 앞에 기도하여 당신을 구하도록 하십시오. 15 야곱이 그의 형이 야곱의 사자들에게 말한 말을 듣고 그가 크게 두려워하고 고민했다.

야곱이 하나님께 기도함

16 야곱이 그의 하나님 주께 기도하여 말했다. 오 나의 조상들 아브라함과 이삭의 하나님 주여, 당신이 내가 내 아버지의 집을 떠날 때에 내게 말씀하셨습니다. 17 나는 네 조상 아브라함의 하나님, 이삭의

하나님 주다. 내가 너와 네 뒤에 올 네 씨에게 이 땅을 주고 내가 네 씨를 하늘의 별들과 같이 만들어 네가 하늘의 사방으로 뻗어 나갈 것이다. 너와 네 씨로 땅의 모든 족속이 복을 받을 것이다. 18 당신이 당신의 말씀을 이루셔서 당신이 당신의 종에게 주신 내 마음의 가장 좋은 소원과 같이 나에게 재물과 자녀들과 가축을 주셨습니다. 당신이 내가 당신께 구한 모든 것을 주셔서 나에게는 부족함이 없습니다. 19 그 후에 당신이 내게 이르시기를 네 부모에게, 네 고향으로 돌아가라. 내가 여전히 너와 함께하여 네가 잘 될 것이라 하셨습니다. 20 이제 내가 왔고 당신이 나를 라반으로부터 구하셨으나 내가 에서의 손에 넘겨져 그가 나와 내 자식들의 어미들을 함께 죽일 것입니다. 21 그러므로 이제 오 주 하나님이여, 내가 구하오니 나를 내 형 에서의 손에서도 구하소서. 내가 그를 크게 두려워합니다. 22 만일 나에게 의가 없다면 아브라함과 내 아버지 이삭으로 인하여 그렇게 해 주십시오. 23 내가 자비와 인애로 이 부를 얻은 것을 내가 압니다. 그러므로 이제 내가 당신께 구하오니 당신의 자비로 오늘 나를 구원하시고 내게 응답해 주십시오. 24 야곱이 주께 기도하기를 마쳤다.

야곱이 자기 소유를 두 진영으로 나눔

그가 그와 함께 있던 사람들과 양 떼와 소 떼를 두 진영으로 나눠 절반을 아브라함의 종 엘리에셀의 아들 다메섹에게 맡겨 그의 자녀들과 함께 한 진영이 되게 하고, 나머지 절반을 그의 형제 엘리에셀의 아들 엘리아누스에게 맡겨 그의 자녀들과 함께 한 진영이 되도록 했다. 25 그가 그들에게 명령하여 말했다. 너희는 각자의 진영 사이에 거리를 두어 서로 너무 가깝지 않게 하라. 만일 에서가 와서 한 진영을 치면 멀리 있는 다른 진영이 그로부터 도망할 것이다. 26 야곱이 그곳에서 밤을 보냈다. 그가 그의 종들에게 밤새도록 무리들과 그의 자녀들에 대하여 명령했다.

하나님이 에서에게 천사들을 보내심

27 그 날에 주께서 야곱의 기도를 들으셔서 야곱을 그의 형 에서의 손에서 구하셨다. 28 주께서 하늘의 천사들 중 세 천사를 보내셔서 그들이 에서 앞으로 가서 그에게 이르렀다. 29 이 천사들이 에서와 그의 사람들 앞에 말을 타고 모든 종류의 전쟁 무기들을 지닌 이천 명의 사람들로 나타났다. 그들이 에서와 그의 사람들의 눈에 대장 넷이 있는 네 진영으로 나타났다. 30 한 진영이 가서 에서가 400명의 사람과 함께 그의 동생 야곱에게로 오는 것을 발견했다. 이 진영이 에서와 그의 백성들에게로 달려가 그들을 위협하자 에서가 놀라 말에서 떨어졌고 그곳에서 그의 모든 사람이 크게 두려워하여 그에게서 떨어졌다. 31 그들이 에서에게서 달아날 때 그 온 진영이 그들 뒤에서 소리쳤다. 그리고 모든 전사가 대답하여 말했다. 32 우리는 분명히 야곱의 종들이며 그는 하나님의 종이다. 누가 우리를 대적하여 설 수 있는가? 에서가 그들에게 말했다. 오 내 주이며 동생인 야곱이 당신들의 주이고 내가 이 20년 동안 그를 보지 못했소. 내가 오늘 그를 보기 위해 왔는데 당신들이 나를 이렇게 대하는 것이오? 33 그 천사들이 그에게 대답하여 말했다. 주께서 살아계시는 한, 네가 네 동생이라고 말하는 야곱이 아니었다면 우리가 너와 네 사람들 중에서 하나도 남기지 않았을 것이다. 그러나 오직 야곱으로 인하여 우리가 그들에게 아무 일도 행하지 않을 것이다. 34 이 진영이 에서와 그의 사람들을 지나 떠났다. 에서와 그의 사람들이 그들로부터 약 십 리를 가자 둘째 진영이 모든 무기를 지니고 그에게로 왔다. 그들도 첫째 진영이 그들에게 한 것과

같이 에서와 그의 사람들에게 행했다. 35 그들이 그것을 떠나 계속 가자 보라 셋째 진영이 그에게 와서 그들이 모두 두려워했고 에서가 말에서 떨어졌다. 그 모든 진영이 소리치며 말했다. 우리가 분명히 야곱의 종들이며 그는 하나님의 종이다. 누가 우리를 대적하여 설 수 있는가? 36 에서가 다시 그들에게 대답하여 말했다. 오 내 주이고 당신들의 주인 야곱이 내 동생이며, 내가 20년 동안 그의 얼굴을 보지 못했고 오늘 그가 온다는 소식도 듣지 못했소. 내가 오늘 그를 만나러 가는데 당신들이 나를 이렇게 대하는 것이오? 37 그들이 그에게 대답하여 말했다. 주께서 살아계시는 한 네가 말한 네 동생 야곱이 아니었다면 우리가 너와 네 사람들로부터 한 사람도 남기지 않았을 것이다. 그러나 오직 네가 네 동생이라고 말한 야곱으로 인하여 우리가 너와 너의 사람들과 관여하지 않을 것이다. 38 셋째 진영도 그들로부터 지나갔다. 그가 아직도 계속해서 그의 사람들과 함께 야곱에게로 그의 길을 가고 있었다. 넷째 진영이 그들에게 이르자 그들도 다른 진영들이 한 것처럼 그와 그의 사람들에게 행했다. 39 에서가 네 천사가 그와 그의 사람들에게 행한 재앙을 보고 그가 그의 동생 야곱을 크게 두려워하여 평안하게 그를 만나러 갔다. 40 에서가 야곱에 대한 그의 분노를 숨겼으니 이는 그가 그의 동생 야곱으로 인하여 그의 생명을 잃을까 두려웠고 그가 만났던 네 진영이 야곱의 종들이라고 생각했기 때문이다.

야곱이 에서를 위한 선물을 준비함

41 야곱이 그의 종들과 함께 그들의 진영에서 밤을 보냈다. 그가 그의 종들과 함께 그의 모든 소유에서 에서에게 선물을 주기로 결심했다. 야곱과 그의 사람들이 아침에 일어나 그들이 가축 가운데 에서를 위한 선물을 골랐다. 42 이것이 야곱이 그의 형 에서에게 주기 위하여

그의 가축으로부터 택한 선물의 양이다. 그가 양 떼로부터 240마리를 고르고, 낙타들과 나귀들로부터 각각 30마리를 고르고 소 떼로부터 암소 다섯 마리를 골랐다. 43 그가 그것들 모두를 열 무리로 나누고 각 종류대로 그것을 두고 그가 그것들을 각각 그의 종 열 명의 손에 넘겨 줬다. 44 그가 그들에게 명령하여 말했다. 너희가 서로 거리를 두어 무리들 사이에 간격을 두어라. 에서와 그와 함께 있는 자들이 너희를 만나고 이렇게 물을 것이다. 너희는 누구의 사람이고 어디로 가며 너희 앞에 있는 모든 것은 누구의 소유이냐? 너희는 그들에게 말하라. 우리는 야곱의 종들로 평안히 에서를 만나러 왔습니다. 보십시오, 야곱이 우리 뒤에서 오고 있습니다. 45 우리 앞에 있는 것은 야곱이 그의 형 에서에게 보내는 선물입니다. 46 만일 그들이 너희에게 말하기를 그가 왜 그의 형을 만나고 그의 얼굴을 보러 오는 일에 너희 뒤에서 지체하느냐 하면 너희는 그들에게 말하라. 분명히 그가 그의 형을 만나기 위하여 우리 뒤에서 기뻐하며 오고 있습니다. 그가 말하기를 내가 그에게 가는 선물로 그의 화를 푼 후에 내가 그의 얼굴을 보니 그가 어쩌면 나를 받아주리라 했습니다. 47 그리하여 그 날 야곱의 종들의 손에 넘겨진 모든 선물이 그의 앞에 가고 그는 얍복 시내 경계 옆에서 그의 진영들과 함께 그 밤을 지냈다. 그가 한밤중에 일어나 그의 아내들과 여종들과 그에게 속한 모든 자를 이끌고 그 밤에 얍복 시내를 건넜다.

야곱이 한 사람과 씨름함

48 그가 그에게 속한 모든 자가 시내를 건너가게 하고 그는 홀로 남았다. 한 사람이 그를 만나 그가 그 밤에 날이 밝기까지 그와 씨름하였다. 야곱이 그와 씨름하다가 그의 허벅지 관절이 탈골되었다. 49 동이 틀 무렵에 그 사람이 야곱을 그곳에 남겨두고 그를 축복하고 떠났

다. 야곱이 동틀 때에 시내를 건넜는데 그가 허벅지로 인하여 절뚝거렸다.

야곱이 에서를 만남

50 그가 시내를 건널 때에 해가 그의 위로 돋았다. 그가 그의 가축과 자녀들이 있는 곳에 이르렀다. 51 그들이 정오까지 계속 갔고 그들이 가는 동안 선물이 그들 앞에서 갔다. 52 야곱이 그의 눈을 들어 보니 보라 에서가 멀리서 약 400명의 많은 사람과 함께 오고 있었다. 야곱이 그의 형을 몹시 두려워했다. 53 야곱이 급히 그의 아내들과 그의 여종들에 따라 그의 자녀들을 나누고 그의 딸 디나를 궤 속에 넣어 그 딸을 그의 종들의 손에 넘겨주었다. 54 그가 그의 형을 만나려고 그의 자녀들과 아내들 앞으로 지나갔다. 그가 땅에 엎드려 절했는데 그가 그의 형에게 다가갈 때까지 일곱 번 엎드려 절했다. 하나님께서 야곱이 에서와 그의 사람들의 눈에 은혜와 은총을 입게 하셨으니 이는 주께서 야곱의 기도를 들으셨기 때문이다.

에서와 야곱이 화해함

55 야곱에 대한 두려움이 그의 형 에서에게 임했으니 하나님의 천사들이 에서에게 행한 일로 인하여 에서가 야곱을 크게 두려워했기 때문이다. 야곱에 대한 에서의 화가 자비로 바뀌었다. 56 에서가 야곱이 자신을 향하여 달려오는 것을 보고 그도 그에게 달려가 그를 안고 목을 어긋 맞추어 그들이 입 맞추고 울었다. 57 하나님께서 에서와 함께 온 사람들의 마음에 야곱에 대한 두려움과 자비를 주셔서 그들도 야곱에게 입 맞추고 그를 안았다. 58 에서의 아들 엘리바스와 에서의 아들들인 그의 네 형제도 야곱과 함께 울고 그들이 그에게 입 맞추고 그를

안았으니 이는 야곱에 대한 두려움이 그들 모두에게 임했기 때문이다. 59 에서가 그의 눈을 들어 여자들과 그들의 자식들, 야곱의 자녀들이 야곱의 뒤에서 걸어와 에서에게 절하는 것을 보았다. 60 에서가 야곱에게 말했다. 내 동생아, 너와 함께 한 이들은 누구냐? 그들이 네 자녀 혹은 네 종들이냐? 야곱이 에서에게 대답하여 말했다. 그들은 하나님께서 당신의 종에게 은혜로 주신 내 자녀들입니다.

에서가 야곱의 선물을 받음

61 야곱이 에서와 그의 사람들에게 말하고 있을 때 에서가 그 온 진영을 보고 야곱에게 말했다. 내가 어젯밤에 본 온 진영을 네가 어디서 얻었느냐? 야곱이 대답했다. 그것은 하나님께서 당신의 종에게 은혜로 주신 것으로 내 주의 눈에 은혜를 입기 위한 것입니다. 62 그 선물이 에서 앞에 이르자 야곱이 에서에게 강권하여 말했다. 내가 당신께 구하니 내가 내 주께 가져온 선물을 받으십시오. 에서가 말했다. 내가 무엇을 위하여 이것을 쓰겠느냐? 네 소유를 네게 두어라. 63 야곱이 말했다. 내가 이것을 모두 드리는 것이 나의 의무입니다. 내가 당신의 얼굴을 보았고 당신이 여전히 평안하게 살고 있기 때문입니다. 64 에서가 그 선물 받기를 거절하자 야곱이 그에게 말했다. 내 주여 내가 구하오니 이제 만일 내가 당신의 눈에 은혜를 입었으면 내 손에서 내 선물을 받으십시오. 내가 당신의 얼굴을 보니 마치 하나님의 얼굴을 본 것 같으니 당신이 나를 기뻐했기 때문입니다. 65 에서가 그 선물을 받았다. 야곱이 에서에게 은과 금과 베델리엄도 주었으니 이는 야곱이 그를 심히 강권하여 그가 그것들을 받았기 때문이다. 66 에서가 진영에 있던 가축들을 나누어 절반을 그와 함께 온 사람들에게 주었는데 그들이 돈을 주고 사 온 사람들이기 때문이다. 그가 나머지 절반을

그의 자녀들의 손에 맡겼다. 67 그가 은과 금과 베델리엄을 그의 장자 엘리바스의 손에 주었다.

에서가 세일에, 야곱이 가나안 땅에 거주함

에서가 야곱에게 말했다. 우리가 너와 함께 머물게 하라. 네가 나와 함께 내 집에 이를 때까지 우리가 너와 함께 천천히 가겠다. 그래서 우리가 그곳에서 함께 살자. 68 야곱이 그의 형에게 대답하여 말했다. 내 주께서 내게 말한 대로 내가 행하겠습니다. 그러나 내 주가 아시듯이 내 자식들은 약하고 나와 함께 있는 양 떼와 소 떼는 그들의 새끼들과 함께 있어 천천히 가야 합니다. 당신이 그것들이 짐을 지고 수고한 것을 아시니 만일 그것들이 빨리 가면 모두 죽을 것입니다. 69 그러므로 내 주는 그의 종 앞에서 가시고 나는 자녀들과 가축으로 인하여 내가 내 주의 집 세일에 이르기까지 천천히 가겠습니다. 70 에서가 야곱에게 말했다. 내가 나와 함께 한 자들 중 몇 사람을 너와 함께 두어 길에서 너를 돌보고 너의 수고와 짐을 돕게 하겠다. 그가 말했다. 내 주여 내가 주의 눈에 은혜를 입었다면 그것이 어찌 필요하겠습니까? 71 보십시오. 당신이 말한 대로 내가 당신에게 세일에 가서 그곳에서 함께 거할 것입니다. 그러니 당신은 당신의 사람들과 함께 가십시오. 내가 당신을 따를 것입니다. 72 야곱이 이것을 에서에게 말한 것은 에서와 그의 사람들을 자신으로부터 떠나게 하여 그 후에 야곱이 가나안 땅 그의 아버지 집으로 가기 위함이었다. 73 에서가 야곱의 말을 듣고 그가 그와 함께 있던 400명의 사람과 함께 세일로 돌아갔다. 그 날 야곱과 그에게 속한 모든 자가 가나안 땅 경계의 끝까지 가서 그곳에서 얼마 동안 머물렀다.

33 세겜과 디나

야곱이 세겜에 거주함

1 얼마 후 야곱이 그 땅의 경계에서 떠나 그가 살렘 땅, 즉 세겜 성읍에 이르렀는데 그곳은 가나안 땅 안에 있었다. 그가 그 성읍 앞에 머물렀다. 2 그가 그 땅 사람 하몰의 자손으로부터 그곳에 있던 땅 한 부분을 5세겔에 샀다. 3 야곱이 그곳에 집을 건축하고 그곳에 그의 장막을 쳤으며 그의 가축을 위한 우릿간을 만들었다. 그러므로 그가 그곳의 이름을 숙곳이라 불렀다. 4 야곱이 숙곳에 1년 6개월을 머물렀다.

세겜이 디나를 욕보임

5 그 때에 그 땅 주민의 딸들 중 몇이 세겜 성읍 사람들의 딸들과 춤추고 즐기기 위하여 그 성읍으로 갔다. 그들이 나아갈 때 야곱의 아내 라헬과 레아도 그들의 가족들과 함께 그 성읍의 딸들이 즐기는 것을 보려고 갔다. 6 야곱의 딸 디나도 그들과 함께 가서 그 성읍의 딸들을 보았다. 그들이 그 딸들 앞에 있었고 그 성읍의 모든 사람이 그들이 즐기는 것을 보려고 그들 곁에 서 있었는데 그 성읍의 모든 위대한 자들도 그곳에 있었다. 7 그 땅의 군주, 하몰의 아들 세겜도 그들을 보려고 그곳에 서 있었다. 8 세겜이 야곱의 딸 디나가 그 성읍의 딸들 앞에 어머니와 함께 앉아 있는 것을 보았는데 그가 그 소녀를 몹시 마음

에 들어 했다. 그가 그곳에서 그의 친구들과 그의 사람들에게 말했다. 여자들 가운데 앉아 있는 저 사람이 누구의 딸이오? 내가 이 성읍에서 저 여자를 알지 못하오. 9 그들이 그에게 말했다. 그 여자는 분명 히브리 사람 이삭의 아들 야곱의 딸로 이 성읍에 얼마 동안 살았소. 이 땅의 딸들이 즐기기 위하여 나간다는 소식을 듣고 당신이 보듯이 그 여자가 어머니와 여종들과 함께 그들 가운데 앉아있소. 10 세겜이 야곱의 딸 디나를 보았다. 그가 그 여자를 볼 때 그의 마음이 디나에게 고정되었다. 11 그가 사람을 보내어 그 여자를 강제로 데려왔다. 디나가 세겜의 집에 오자 그가 억지로 그 여자를 붙잡고 누워 그 여자를 욕보였다. 그가 그 여자를 몹시 사랑하여 그 여자를 그의 집 안에 두었다.

야곱이 세겜이 디나를 욕보인 일을 들음

12 그들이 와서 이 일을 야곱에게 말했다. 야곱이 세겜이 그의 딸 디나를 더럽혔다는 것을 듣고 야곱이 그의 종 열둘을 보내 세겜의 집에서 디나를 데려오도록 했다. 그들이 가서 세겜의 집에서 디나를 데리고 오려고 그곳에 이르렀다. 13 그들이 이르렀을 때 세겜이 그의 사람들과 함께 나와서 그의 집에서 그들을 쫓아내고 그들이 디나 앞에 이르지 못하도록 하였다. 그러나 세겜은 그들의 눈앞에서 디나와 함께 앉아서 그 여자에게 입 맞추고 안았다. 14 야곱의 종들이 돌아와서 그에게 말했다. 우리가 갔을 때에 그와 그의 사람들이 우리를 쫓아냈습니다. 그리고 세겜이 우리의 눈앞에서 이러이러하게 디나에게 행했습니다. 15 야곱이 세겜이 그의 딸을 더럽혔다는 것을 알았으나 그가 아무 말도 하지 않았다. 그의 아들들이 들에서 그의 가축을 먹이고 있었고 야곱은 그들이 돌아올 때까지 잠잠히 있었다. 16 야곱이 그의 아들들이 돌아오기 전에 그의 종들의 딸들 중에서 두 소녀를 보내 세겜의

집에서 디나를 돌보고 함께 머물도록 했다.

세겜이 하몰에게 디나를 아내로 달라고 간청함

세겜이 그의 친구들 중 셋을 그의 아버지, 베렛의 아들인 깃데겜의 아들 하몰에게 보내어 말했다. 이 소녀를 나에게 아내로 주십시오. 17 히위 사람 깃데겜의 아들 하몰이 그의 아들 세겜의 집에 이르러 그의 앞에 앉았다. 하몰이 그의 아들에게 말했다. 세겜아, 너의 백성의 딸들 가운데 여자가 없어서 네가 네 백성이 아닌 히브리 여자를 취하려고 하느냐? 18 세겜이 그에게 말했다. 당신이 나를 위하여 오직 그 여자를 얻어야 합니다. 그 여자가 내 눈에 몹시 마음에 들기 때문입니다. 세겜이 하몰에게 크게 사랑을 받았으므로 하몰이 그의 아들의 말대로 하였다. 19 하몰이 이 일에 대하여 이야기를 나누기 위하여 야곱에게로 갔다.

야곱의 아들들이 디나의 일로 분노함

그가 그의 아들 세겜의 집에서 떠나 야곱에게 말하기 위하여 그에게 이르기 전에, 보라 야곱의 아들들이 들에서 오자마자 그들이 하몰의 아들 세겜이 한 일을 들었다. 20 그들이 그들의 누이의 일에 대하여 몹시 슬퍼하고 그들이 심히 노하며 그들의 가축을 모으는 때가 되기 전에 집으로 돌아왔다. 21 그들이 와서 그들의 아버지 앞에 앉아 분노하며 그에게 말했다. 이 사람과 그의 가족은 정녕 죽어야 마땅하니 이는 온 땅의 하나님 주께서 노아와 그의 자손에게 사람이 도둑질하거나 간음하지 말라고 명령했기 때문입니다. 이제 보십시오, 세겜이 약탈하고 우리 누이와 간음하는 일을 둘 다 행했는데 이 성읍의 모든 사람 중 한 사람도 그에게 말 한마디 하는 사람이 없습니다. 22 세겜이 행한 일로 인하여 그와 그의 아버지와 온 성읍에 정녕 죽음의 심판이 임하게 될 것을 아버지께서 아십니다.

하몰과 세겜이 야곱에게 디나를 달라고 간청함

23 그들이 그들의 아버지 앞에서 이 일을 말하고 있는 동안 보라 세겜의 아버지 하몰이 디나에 관한 그의 아들의 말을 야곱에게 전하기 위하여 와서 야곱과 그의 아들들 앞에 앉았다. 24 하몰이 그들에게 말하였다. 내 아들 세겜의 마음이 당신의 딸을 원합니다. 내가 당신에게 구하니 당신의 딸을 내 아들에게 아내로 주고 우리와 통혼합시다. 당신의 딸들을 우리에게 주고 우리가 우리의 딸들을 당신에게 주겠습니다. 당신이 우리 땅에서 우리와 함께 거하여 우리가 그 땅에서 한 민족이 될 것입니다. 25 우리 땅이 매우 넓으니 당신이 거주하고 그 안에서 매매하고 기업을 얻으며 당신이 원하는 대로 그 안에서 행하십시오. 아무도 당신에게 말 한마디라도 금하는 이가 없을 것입니다. 26 하몰이 야곱과 그의 아들들에게 말하기를 그치니 보라 그의 아들 세겜이 그의 뒤에 와서 그가 그들 앞에 앉았다. 27 세겜이 야곱과 그의 아들들 앞에서 말했다. 내가 당신의 눈에 은혜를 입어 당신이 나에게 당신의 딸을 주기를 원합니다. 당신이 내게 말하는 것은 무엇이든지 내가 그 여자를 위하여 행하겠습니다. 28 나에게 많은 혼수와 예물을 구하십시오. 내가 드리겠습니다. 당신이 나에게 말하는 것은 무엇이든지 내가 그리할 것이며 누구든지 당신의 명령에 거역하는 그는 죽을 것입니다. 오직 그 소녀를 나에게 아내로 주십시오.

시므온과 레위가 세겜의 모든 남자를 죽이기로 계획함

29 시므온과 레위가 하몰과 그의 아들 세겜에게 속여 말했다. 우

리가 당신이 우리에게 말한 모든 것을 당신을 위하여 행하겠습니다. 30 보십시오, 우리 누이가 당신의 집에 있습니다. 그러나 우리가 이 일에 대하여 우리 조상 이삭에게 사람을 보낼 때까지 그 여자를 멀리 하십시오. 이는 우리가 그의 허락 없이는 아무것도 할 수 없기 때문입니다. 31 그가 우리 조상 아브라함의 길을 알기 때문에 그가 우리에게 말하는 것은 무엇이든지 우리가 당신에게 말할 것이고 우리가 당신에게 아무것도 숨기지 않을 것입니다. 32 시므온과 레위가 이것을 세겜과 그의 아버지에게 말한 것은 그들이 구실을 찾고 이 일에 대하여 세겜과 그의 성읍에 무엇을 행해야 하는지 조언을 얻기 위함이었다. 33 세겜과 그의 아버지가 시므온과 레위의 말을 들을 때에 그것이 그들에게 좋게 보여 세겜과 그의 아버지가 집으로 가려고 나갔다. 34 그들이 떠났을 때에 야곱의 아들들이 그들의 아버지에게 말했다. 보십시오, 죽음이 이 악한 자들과 그들의 성읍에 임할 것을 우리가 알고 있으니 이는 그들이 하나님께서 노아와 그의 자녀들과 그들 뒤에 올 그의 씨에게 명령하신 것을 어겼기 때문이며 35 또한 세겜이 우리의 누이 디나를 더럽힌 이 일을 행했기 때문입니다. 그런 악행이 우리 가운데에서 행해져서는 안 됩니다. 36 그러므로 이제 당신이 행할 바를 아셔서 이 성읍의 모든 주민을 죽이기 위하여 그들에게 무엇을 해야 할지 조언과 구실을 찾으십시오. 37 시므온이 그들에게 말했다. 여기에 너희를 위한 적당한 계획이 있다. 우리가 할례받은 것처럼 그들 중에서 모든 남자가 할례를 받아야 하며 만일 그들이 이 일을 행하기를 원하지 않으면 우리가 그들에게서 우리의 딸을 데리고 떠날 것이라고 말해라. 38 만일 그들이 이 일 행하기를 동의하고 그렇게 행하면 그들이 아파하며 누워있을 때에 우리가 우리의 칼로 조용하고 평온한 사람들을 치듯이 그들을 쳐서 우리가 그들 가운데 모든 남자를 죽일 것이다.

39 그들이 시므온의 계획을 좋게 여겼다. 시므온과 레위가 그가 말한 대로 그들에게 행하기로 결심했다. 40 다음 날 아침에 세겜과 그의 아버지 하몰이 다시 야곱과 그의 아들들에게 와서 디나에 대하여 말하고 그것에 대하여 야곱의 아들들이 어떤 대답을 하는지 듣고자 했다. 41 야곱의 아들들이 그들에게 속여 말했다. 우리가 우리의 조상 이삭에게 당신들의 모든 말을 전했고 그가 그것을 좋게 여겼습니다. 42 그러나 그가 우리에게 말했습니다. 그의 아버지 아브라함이 온 땅의 주 하나님으로부터 그에게 명령하기를 그의 자손이 아닌 자 중에 그의 딸들 중 하나를 얻기 원하는 자는 누구든지 우리가 할례를 받은 것처럼 그에게 속한 모든 남자가 할례를 받게 해야 한다. 그 뒤에 우리가 그에게 우리 딸을 아내로 줄 수 있다. 43 이제 우리가 당신들에게 우리 조상이 우리에게 말한 모든 길을 알렸습니다. 우리는 당신들이 우리에게 말한 이 일, 우리의 딸을 할례받지 않은 남자에게 주는 것을 할 수 없으니 이는 그것이 우리에게 치욕이기 때문입니다. 44 그러나 만일 당신들이 우리의 말을 듣고 우리가 할례받은 것처럼 당신들에게 속한 모든 남자가 할례를 받아 우리와 같이 되기를 동의하면, 우리가 당신들에게 동의하여 우리의 딸을 당신들에게 주고 우리도 당신들의 딸들을 취하고 당신들이 말한 대로 우리가 당신들 가운데 거하며 한 민족이 되겠습니다. 45 만일 당신들이 우리가 명령한 대로 우리가 할례를 받은 것처럼 모든 남자가 할례를 받도록 하라는 우리의 말을 듣지 않으면 우리가 당신들에게 가서 당신들로부터 우리의 딸을 데리고 갈 것입니다.

세겜 성읍의 남자들이 할례를 받음

46 세겜과 그의 아버지 하몰이 야곱의 아들들의 말을 듣고 그들이

그 일을 매우 좋게 여겼다. 그들이 야곱의 아들들이 원하는 대로 급히 행했으니 이는 세겜이 디나를 매우 사랑하고 그의 마음이 디나에게 고정되었기 때문이다. 47 세겜과 그의 아버지 하몰이 급히 성문으로 가서 그들이 그들의 성읍의 모든 남자를 모으고 그들에게 야곱의 아들들의 말을 전했다. 48 우리가 야곱의 아들들에게 이르러 그들에게 그들의 딸에 대하여 말했고 이 사람들이 우리가 원하는 대로 하기를 동의할 것입니다. 보시오, 우리의 땅이 그들에게 매우 넓으니 그들이 그 안에 거주하며 그 안에서 매매하고 우리가 한 민족이 될 것입니다. 우리가 그들의 딸들을 취하고 우리가 우리의 딸들을 그들에게 아내로 줄 것입니다. 49 그러나 오직 이 조건이 있어야 이 사람들이 이렇게 하기를 동의하리니, 그것은 그들의 하나님이 그들에게 명령한 대로 그들이 할례를 받은 것처럼 우리 가운데 모든 남자가 할례를 받는 것입니다. 우리가 그들이 할례를 받으라는 지시에 따라 행하면 그들이 그들의 가축과 소유와 함께 우리 가운데 거주하고 우리가 그들과 함께 한 민족과 같이 될 것입니다. 50 그 성읍의 모든 남자가 세겜과 그의 아버지 하몰의 말을 듣자 그들의 성읍의 모든 남자가 이 제안을 받아들여 그들이 할례받는 것에 순종했다. 이는 세겜과 그의 아버지 하몰이 그 땅의 군주들로 매우 존경을 받았기 때문이다. 51 다음 날에 세겜과 그의 아버지 하몰이 아침 일찍 일어나 그들이 그 성읍의 모든 남자를 성읍 중앙에 모으고 그들이 야곱의 아들들을 불러 그 날과 다음 날에 그들에게 속한 모든 남자에게 할례를 행하도록 했다. 52 그들이 세겜과 그의 아버지 하몰과 세겜의 다섯 형제에게 할례를 행했다. 그 후에 모든 사람이 일어나 집으로 갔다. 이 일이 주께로부터 세겜 성읍에 대하여 왔으며 주께로부터 시므온의 계획이 나와 주께서 이 일로 세겜 성읍을 야곱의 두 아들의 손에 넘기시려는 것이다.

34 세겜의 살육

깃데겜이 세겜과 하몰이 할례 받은 것을 책망함

1 할례를 받은 모든 남자의 수는 장정이 645명이고 아이가 246명이었다. 2 그러나 하몰의 아버지, 베렛의 아들 깃데겜과 그의 여섯 형제는 세겜과 그의 아버지 하몰의 말을 듣지 않고 할례를 받지 않았다. 이는 야곱의 아들들의 제안이 그들이 보기에 몹시 싫었기 때문이다. 그 성읍 사람들이 그들의 말을 듣지 않은 것으로 그들이 크게 화가 일어났다. 3 둘째 날 아침에 그들이 할례받지 않은 작은 아이들 여덟 명을 발견했다. 이는 그들의 어머니가 세겜과 그의 아버지 하몰과 그 성읍 사람들로부터 그 아이들을 숨겼기 때문이다. 4 세겜과 그의 아버지 하몰이 그 아이들에게 할례를 행하기 위하여 그들 앞으로 데려오도록 사람들을 보내자 깃데겜과 그의 여섯 형제가 칼을 들고 그들에게 달려와 그들을 죽이려고 했다. 5 그들이 세겜과 그의 아버지 하몰도 죽이려 했고 그들이 이 일로 인하여 그들과 함께 디나를 죽이려고 했다. 6 그들이 그들에게 말했다. 너희가 행하는 이 일이 무엇이냐? 너희 형제 가나안 사람들의 딸들 중에서 여자가 없어서 너희가 선에 알시노 못한 히브리 사람의 딸들을 아내로 삼으려 하고 너희 조상들이 너희에게 명령한 적도 없는 이 행위를 하려고 하느냐? 7 너희는 너희가 행한 이 행위로 너희가 성공할 것으로 생각하느냐? 너희 형제 가나안 사람

들이 내일 와서 너희에게 이 일에 대하여 물으면 너희가 이 일에 대하여 무엇이라고 답하려느냐? 8 만일 너희가 우리의 말을 듣지 않은 너희 행위가 그들이 보기에 의롭고 선하지 않으면, 너희는 너희의 생명을 위해서 무엇을 할 것이며 나는 우리의 생명을 위하여 무엇을 하겠느냐? 9 만일 그 땅의 주민들과 너희의 모든 형제 함의 자손들이 말하기를 10 세겜과 그의 아버지 하몰과 그들의 성읍의 모든 주민이 한 히브리 여자로 인하여 그들이 들어보지도 못하고 그들의 조상들이 명령한 적도 없는 일을 행했다고 하면 너희 형제 가나안 땅의 주민들 앞에서 너희의 모든 날 동안 너희가 어디로 달아나거나 어디에 너희 수치를 숨기겠느냐? 11 그러므로 이제 너희가 행한 이 일을 우리가 견딜 수 없고 우리 조상들이 우리에게 명령하지 않은 이 멍에를 우리 위에 지울 수도 없다. 12 보라 우리가 내일 가서 우리의 모든 형제, 그 땅에 거주하는 가나안 형제들을 모아 우리가 모두 와서 너와 너희를 믿는 모든 자를 쳐서 너희나 그들 가운데 한 사람도 남지 않게 할 것이다.

하몰과 세겜이 야곱의 가족을 죽이려고 계획함

13 하몰과 그의 아들 세겜과 그 성읍의 모든 사람이 깃데겜과 그의 형제들의 말을 듣자 그들이 그들의 말에 목숨을 잃을까 하여 심히 두려워하고 자신들이 한 일을 후회했다. 14 세겜과 그의 아버지 하몰이 그들의 아버지 깃데겜과 그의 형제들에게 대답하여 말했다. 당신들이 우리에게 한 모든 말이 맞습니다. 15 이제 우리가 우리 조상들이 우리에게 명령하지 않은 이 일을 히브리 사람을 사랑하여 행했다고 말하거나 마음속으로 생각하지 마십시오. 16 그것은 그들이 이 조건 없이는 그들의 딸을 얻으려는 우리의 바람에 동의하지 않으리라는 것을 우리가 보았기 때문입니다. 그래서 우리가 그들로부터 우리가 원하는

것을 얻으려고 그들의 말을 듣고 당신들이 본 그 행위를 한 것입니다. 17 우리가 그들에게 요구한 것을 얻으면 우리가 그들에게 돌아가 당신들이 우리에게 말한 것을 그들에게 행할 것입니다. 18 그러므로 우리가 당신들에게 구하니 우리의 살이 아물고 우리가 다시 강해질 때까지 기다렸다가 그 후에 우리가 함께 그들에게 가서 당신들과 우리의 마음에 있는 것을 그들에게 행합시다.

디나가 야곱에게 하몰과 세겜의 계획을 알림

19 야곱의 딸 디나가 깃데겜과 그의 형제들이 말하고 하몰과 그의 아들 세겜과 그 성읍의 사람들이 그들에게 대답한 이 모든 말을 들었다. 20 디나가 자기 아버지가 세겜의 집에서 자기를 돌보도록 보낸 시녀들 중 하나를 급히 자기 아버지 야곱과 자기 오라비들에게 보내며 말했다. 21 깃데겜과 그의 형제들이 당신들에 대하여 이러이러하게 말하고 하몰과 세겜과 그 성읍 사람들이 그들에게 이러이러하게 답했습니다. 22 야곱이 이 말을 듣자 그가 분노로 가득했고 그가 그들에 대하여 분개했으며 그들에 대한 그의 화가 타올랐다.

시므온과 레위가 세겜 성읍을 진멸함

23 시므온과 레위가 맹세하여 말했다. 온 땅의 하나님 주께서 살아계시는 한 내일 이 때까지 그 성읍에 한 사람도 남은 자가 없을 것이다. 24 할례받지 않은 20명의 젊은 남자들이 자신을 숨겼다. 이 젊은 남자들이 시므온과 레위와 싸워 시므온과 레위가 그들 중 18명을 죽였고 2명이 그들로부터 달아나 그 성읍에 있는 석회 구덩이로 도망하였다. 시므온과 레위가 그들을 찾았으나 찾을 수 없었다. 25 시므온과 레위가 그 성읍 안에서 계속해서 돌아다니며 그들이 칼날로 그 성

읍의 모든 사람을 죽이고 그들이 아무도 남기지 않았다. 26 그 성읍 가운데에 큰 놀람이 있었고 그 성읍 사람들의 부르짖음이 하늘로 올라갔으며 모든 여자와 아이들이 크게 울었다. 27 시므온과 레위가 그 성읍을 진멸하고 그들이 그 온 성읍에서 남자는 한 사람도 남기지 않았다. 28 그들이 하몰과 그의 아들 세겜을 칼날로 죽이고 그들이 세겜의 집에서 디나를 데려와 그곳에서 떠났다. 29 야곱의 아들들이 갔다가 돌아와 죽임당한 자들에게 와서 성읍과 들에 있던 그들의 모든 소유를 노략했다. 30 그들이 노략물을 취하는 동안 300명의 남자가 서서 그들에게 먼지를 뿌리고 그들을 돌로 쳤다. 그러자 시므온이 그들에게 돌이켜 그가 그들 모두를 칼날로 죽였다. 시므온이 레위 앞에서 돌이켜 그 성읍 안으로 들어갔다. 31 그들이 그들의 양과 그들의 소와 그들의 가축과 여자들과 아이들의 남은 자들을 데리고 그것들 모두를 이끌고 떠났다. 그들이 대문을 열고 나가서 힘차게 그들의 아버지 야곱에게 왔다. 32 야곱이 그들이 그 성읍에 한 모든 일과 그들이 거기서 취한 노략물을 보고 야곱이 그들에게 크게 성내며 말했다. 너희가 나에게 행한 이 일이 무엇이냐? 보라, 내가 그 땅의 가나안 주민들 가운데 안식을 얻었고 그들 중 아무도 나를 참견하지 않았다. 33 이제 너희가 나를 그 땅의 주민들, 가나안 사람들과 브리스 사람들 가운데 미움받는 자가 되게 하였다. 나는 수가 적으나 그들이 너희가 그들의 형제들에게 한 일을 들으면 그들이 모두 나를 대적하여 모여서 나를 죽여 나와 내 가족이 멸망할 것이다. 34 시므온과 레위와 그들과 함께 한 모든 형제가 그들의 아버지 야곱에게 대답하여 말했다. 보십시오, 우리가 그 땅에 사는데 세겜이 우리 누이에게 이런 일을 행해야겠습니까? 당신은 어찌하여 세겜이 한 모든 일에 대하여 침묵하십니까? 그가 우리 누이를 거리의 창녀와 같이 대해야겠습니까? 35 시므온과 레위가 세겜 성읍에서 죽이지 않고 사로잡아 온 여자들의 수는 85명인데 그들이 남자를 알지 못했다. 36 그들 가운데에 용모가 아름답고 고운 어린 소녀가 있었는데 그 여자의 이름은 부나였다. 시므온이 그 여자를 아내로 삼았다. 그들이 죽이지 않고 사로잡은 남자들의 수는 47명이었고 그 나머지는 그들이 죽였다. 37 시므온과 레위가 세겜 성읍에서 사로잡은 모든 젊은 남녀가 야곱의 아들들이 이집트 땅에서 나갈 때까지 야곱의 아들들과 그들 뒤에 오는 그들의 자녀들의 종이 되었다.

세겜의 일이 답낙 왕에게 알려짐

38 시므온과 레위가 그 성읍에서 나갔을 때 그 성읍에 숨어서 그 성읍 사람들 가운데 죽지 않고 남았던 두 젊은 남자들이 일어났다. 이 젊은 남자들이 성읍 안으로 들어가 그 안에서 돌아다니며 그 성읍에 남자가 한 사람도 없이 황폐해졌고 오직 여자들만이 울고 있는 것을 발견했다. 이 젊은 남자들이 울며 말했다. 보라, 이것은 히브리 사람 야곱의 아들들이 이 성읍에 행한 악으로 그들이 오늘 가나안 사람의 성읍들 중 하나를 파괴하고 가나안 온 땅에서 그들의 생명을 두려워하지 않았다. 39 이 남자들이 그 성읍을 떠나 답낙 성읍으로 갔다. 그들이 그곳에 이르러 그들에게 임한 모든 일과 야곱의 아들들이 세겜 성읍에 행한 모든 일을 답낙 주민들에게 말했다. 40 이 소식이 답낙 왕 야숩에게 이르렀다. 그 왕이 이 일에 대하여 그들을 믿을 수 없어서 그가 그 젊은 남자들을 보려고 사람들을 세겜 성읍에 보내며 말했다. 어떻게 두 사람이 세겜과 같이 큰 성읍을 멸할 수 있느냐? 41 야숩의 사자들이 돌아와 그에게 말했다. 우리가 그 성읍에 갔는데 그것이 파괴되었고 남자는 한 명도 없고 오직 여자들이 울고 있었습니다. 거기에 양 떼나 가축도 없었으니 이는 야곱의 아들들이 그 성읍 안의 모든 것

을 노략했기 때문입니다. 42 야숩이 이 일에 놀라며 말했다. 어떻게 두 사람이 이런 일을 행하여 그렇게 큰 성읍을 멸하고 한 사람도 그들을 대항할 수 없었느냐? 43 이와 같은 일은 니므롯의 때로부터 없던 일이며 그보다 훨씬 이전부터도 이와 같은 일이 일어난 적이 없다. 답낙 왕 야숩이 그의 백성들에게 말했다. 담대하라. 우리가 가서 이 히브리 사람들과 싸워 그들이 이 성읍에 행한 대로 그들에게 행하여 그 성읍 사람들의 원수를 갚으리라.

아모리의 왕들이 전쟁을 하려고 모임

44 답낙 왕 야숩이 이 일에 대하여 그의 모사들과 의논하였고 그의 모사들이 그에게 말했다. 당신 혼자서는 이 히브리인들을 이길 수 없으니 이는 그들이 이 일을 그 온 성읍에 행할 만큼 강할 것이기 때문입니다. 45 만일 그들 중 두 사람이 그 온 성읍을 멸하고 한 사람도 그들을 대항할 수 없었을진대 만일 당신이 그들에게 대적하여 가면 분명히 그들이 모두 당신을 대적하여 일어나 그들과 같이 우리를 멸할 것입니다. 46 그러나 만일 당신이 우리 주위의 모든 왕에게 사람을 보내어 그들이 함께 오게 한 후에 우리가 그들과 함께 가서 야곱의 아들들과 싸우면 우리가 그들을 이길 것입니다. 47 야숩이 그의 모사들의 말을 듣고 그와 그의 백성들이 그 말을 기쁘게 여겨 그렇게 행했다. 답낙 왕 야숩이 세겜과 답낙을 둘러싼 모든 아모리 왕들에게 사람을 보내어 말했다. 48 나와 함께 가서 나를 도우시오. 우리가 히브리 사람 야곱과 그의 모든 아들을 쳐서 땅에서 그들을 멸할 것이니 이는 그가 세겜 성읍에 이러이러하게 행했기 때문이오. 당신들이 그것을 알지 않소? 49 아모리의 모든 왕이 야곱의 아들들이 세겜 성읍에 한 일을 듣고 그들이 크게 놀랐다. 50 아모리의 일곱 왕이 그들의 모든 군대, 칼을 뺀

자들 약 1만 명과 함께 모여 그들이 야곱의 아들들과 싸우러 왔다.

아모리 왕들이 모인 것을 듣고 야곱이 두려워함

야곱이 아모리의 왕들이 그의 아들들과 전쟁하려고 모였다는 것을 듣고 야곱이 크게 두려워했고 그가 그것으로 크게 근심했다. 51 야곱이 시므온과 레위에게 소리쳐 말했다. 너희가 한 이 행위가 무엇이냐? 너희가 어찌하여 나에게 가나안의 모든 자손이 나와 내 가족을 멸하려고 오게 하는 해를 입히느냐? 나와 내 가족이 평안했으나 너희가 이 일을 나에게 행하여 너희의 행위로 그 땅의 주민들이 나를 대적하도록 하느냐? 52 유다가 그의 아버지에게 대답하여 말했다. 내 형 시므온과 레위가 아무 이유 없이 세겜의 모든 주민을 죽였습니까? 분명히 그것은 세겜이 우리 누이를 욕보이고 우리 하나님이 노아와 그의 자손들에게 주신 그분의 명령을 어겼기 때문이니 이는 세겜이 우리 누이를 강제로 **빼앗아** 가고 그 여자에게 간음을 행했기 때문입니다. 53 세겜이 이 모든 악을 행했는데 그의 성읍의 주민들 중 한 사람도 그를 금하는 사람이 없었습니다. 그런데 너희가 어찌하여 이 일을 행했냐고 말씀하십니까? 분명히 이것으로 인하여 내 형제들이 가서 그 성읍을 치고 주께서 그것을 그들의 손에 넘기셨으니 이는 그 주민들이 우리 하나님의 명령을 어겼기 때문입니다. 그러면 그들이 행한 이 모든 것이 아무 이유 없이 행한 것입니까? 54 이제 당신이 어찌하여 두려워하거나 근심하고 어찌하여 내 형들을 못마땅해 하며 어찌하여 그들에게 화를 냅니까? 55 분명히 세겜 성읍과 그 주민을 그들의 손에 넘기신 우리 하나님께서 또한 우리를 대적하여 오는 모든 가나안 왕들을 우리의 손에 넘기셔서 내 형제들이 세겜에 행한 것처럼 우리가 그들에게 행할 것입니다. 56 이제 그들에 대하여 잠잠하고 당신의 두려움을 버리십시오.

다만 우리 하나님 주를 믿고 그분께 우리를 도우시고 구원하시며 우리의 대적들을 우리의 손에 넘겨달라고 기도하십시오.

야곱의 아들들이 전쟁을 준비함

57 유다가 그의 아버지의 종들 중 하나에게 큰 소리로 말했다. 이제 가서 우리를 대적하여 오고 있는 저 왕들이 그들의 군대와 함께 어디에 있는지 알아보라. 58 그 종이 가서 멀리 바라보고 시혼 산 맞은편으로 올라가 들에 세워진 왕들의 모든 진영을 봤다. 그가 유다에게 돌아가 말했다. 보십시오, 왕들이 그들의 모든 진영과 함께 들에 있고 사람들이 해변의 모래와 같이 매우 많습니다. 59 유다가 시므온과 레위와 그의 모든 형제에게 말했다. 우리 하나님 주께서 우리와 함께 하시니 너희는 담대하고 용감한 아들들이 되어라. 그들을 두려워하지 말라. 60 각 사람은 자신의 전쟁 무기, 활과 칼을 들고 나아가라. 우리가 가서 이 할례받지 않은 자들과 싸우리라. 주는 우리 하나님이시니 그가 우리를 구원하실 것이다. 61 야곱의 열한 아들과 그들과 함께 한 야곱의 모든 종이 일어나 각 사람이 크고 작은 자신의 전쟁 무기들을 들었다. 62 이삭과 함께 헤브론에 있던 이삭의 모든 종이 모든 종류의 전쟁 무기들을 갖추고 그들에게 이르렀다. 야곱의 아들들과 그들의 종들 112명이 이 왕들에게로 갔고 야곱도 그들과 함께 갔다.

이삭의 기도

63 야곱의 아들들이 헤브론, 즉 기럇 아르바로 그들의 조상 아브라함의 아들 이삭에게 사람을 보내 말했다. 64 우리가 당신에게 구하니 우리를 위하여 우리 하나님 주께 기도하여 우리를 대적하여 오고 있는 가나안 사람들의 손에서 우리를 구하시고 그들을 우리 손에 넘겨 주시

도록 기도해 주십시오. 65 아브라함의 아들 이삭이 그의 아들들을 위하여 주께 기도하여 말했다. 오 주 하나님, 당신께서 내 아버지에게 약속하여 이르시기를 내가 네 씨를 하늘의 별들과 같이 번성하게 하겠다고 하고 또한 당신의 말을 내게 약속하고 세우셨습니다. 이제 가나안의 왕들이 내 자손들이 폭력을 행하지 않은 것으로 인하여 그들과 전쟁을 하려고 함께 모여 오고 있습니다. 66 그러므로 오 온 땅의 하나님, 주 하나님이여, 이제 내가 주께 기도하오니 이 왕들의 계략을 무너뜨리셔서 그들이 내 아들들과 싸우지 않게 하소서. 67 이 왕들과 그들의 백성의 마음에 내 아들들에 대한 두려움을 주셔서 그들의 교만을 낮추시고 그들이 내 아들들로부터 떠나가게 하소서. 68 당신의 강한 손과 편 팔로 그들로부터 내 아들들과 그들의 종들을 구원하소서. 이는 이 모든 일을 행하실 권세와 능력이 당신의 손에 있기 때문입니다.

야곱의 기도

69 야곱의 아들들과 그들의 종들이 이 왕들을 향하여 나아갔으며 그들이 그들의 하나님 주를 믿었다. 그들이 가는 동안 그들의 아버지 야곱도 주께 기도하며 말했다. 오 옛적부터 지금까지 영원히 다스리시는 강하고 존귀하신 하나님, 주 하나님이시여. 70 당신은 전쟁을 일으키고 멈추는 분이시며, 당신의 손에 높이고 낮추는 권세와 능력이 있습니다. 내 기도가 당신 앞에 받아들여져 당신께서 당신의 자비로 내게 돌이키시고 이 왕들과 그들의 백성의 마음에 내 아들들에 대한 두려움을 주셔서 그들과 그들의 진영이 두려워하게 하소서. 당신의 큰 자비하심으로 당신을 믿는 모든 자를 구해 주십시오. 백성들을 우리 아래로 오게 하시고 민족들을 우리의 힘 아래로 낮추실 수 있는 분이 당신이기 때문입니다.

35 아모리 사람들의 반응

아모리 모든 왕의 모사들이 전쟁하지 말 것을 고함

1 아모리의 모든 왕이 와서 야곱의 아들들에게 무엇을 행해야 하는지 그들의 모사들과 의논하기 위하여 들에 섰으니 이는 그들이 여전히 야곱의 아들들을 두려워하였기 때문이다. 그들이 말하기를 보라 그들 가운데 둘이 세겜 온 성읍을 멸하였다고 하였다. 2 주께서 이삭과 야곱의 기도를 들으시고 이 모든 왕의 모사들의 마음에 두려움과 공포를 주셔서 그들이 일제히 외쳤다. 3 오늘 당신들이 어리석거나 혹은 당신들에게 분별이 없어서 그 히브리 사람들과 싸우려고 하시오? 어찌하여 오늘 당신들이 스스로 멸망하는 것을 낙으로 삼으려 하시오? 4 보시오 그들 중 두 사람이 두려움 없이 세겜 성읍에 와서 그 성읍의 모든 주민을 죽였고 한 사람도 그들에게 대항하지 못했소. 그런데 당신들이 어떻게 그들 모두와 싸울 수 있단 말이오? 5 당신들이 분명히 그들의 신이 그들을 몹시 사랑하여 그들을 위하여 놀라운 일을 행한 것을 알고 있소. 그러한 일은 옛적부터 행해진 적이 없고 모든 민족의 신들 가운데 그의 놀라운 일과 같은 것을 행할 수 있는 신은 없소. 6 그가 확실히 그들의 조상 히브리 사람 아브라함을 니므롯의 손에서와 그를 여러 번 죽이려 했던 모든 사람의 손에서 구했소. 7 그가 또한 니므롯 왕이 아브라함을 불 속에 던졌을 때 그를 구했소. 8 어떤 다른 신이

그와 같은 일을 할 수 있겠소? 엘람의 다섯 왕이 소돔에 살던 아브라함의 형제의 아들을 건드렸을 때 그들을 죽인 자가 분명히 아브라함이었소. 9 그가 그의 집에서 충성스러운 그의 종과 그의 사람들 몇을 데리고 하룻밤 사이에 엘람의 다섯 왕을 쫓아 그들을 죽이고 그들이 데려간 그의 형제의 아들과 그의 모든 소유를 되찾았소. 10 당신들이 확실히 이 히브리인들의 하나님이 그들을 매우 기뻐하고 그들도 그분이 그들의 모든 대적으로부터 그들을 건져냈다는 것을 알고 그분을 매우 기뻐한다는 것을 알고 있소. 11 아브라함이 그의 하나님을 향한 사랑으로 그가 그의 하나뿐인 귀중한 아들을 데리고 그를 그의 하나님께 번제로 드리려고 했소. 그가 이 일을 행하는 것을 막으신 하나님이 아니었다면 그가 그의 하나님을 향한 사랑으로 그 일을 행했을 것이오. 12 하나님께서 그가 행한 모든 일을 보시고 그에게 맹세하고 약속하시기를 그분께서 그의 아들들과 그의 모든 씨를 그들에게 일어날 모든 환난에서 건져낼 것이라 하셨으니 이는 그가 그의 하나님에 대한 사랑으로 그의 자식을 불쌍히 여기는 마음까지 억누르고 이 일을 행했기 때문이오. 13 아브라함이 이집트와 그랄 사람들이 그 여자의 아내로 인하여 자기를 죽이고 그 여자를 아내로 삼으려 할까 하여 그 여자는 나의 누이라 말하였소. 그래서 이집트 왕 바로와 그랄 왕 아비멜렉이 그 여자를 아내로 삼으려고 했던 일로 하나님이 그들에게 무슨 일을 행했는지 당신들은 듣지 못했소? 하나님이 그들과 그들의 백성에게 당신들이 들은 모든 일을 행하셨소. 14 야곱의 형 에서가 400명의 사람과 함께 야곱을 죽이려고 그에게 왔으니 이는 그가 야곱이 그에게서 그의 아버지의 축복을 빼앗은 것을 기억했기 때문이오. 15 야곱이 시리아에서 왔을 때에 그가 그 어미들과 자식들을 치려고 야곱을 만나려고 가자 야곱이 믿었던 그의 하나님 외에 누가 그를 그의 형의 손으로부터 구했소? 그분이 그를 그의 형의 손과 또한 그의 대적들의 손으로부터 구했소. 그분이 확실히 그들을 다시 보호할 것이오. 16 세겜 성읍에 당신들이 들은 재앙을 행하도록 그들에게 힘을 주신 이가 그들의 하나님이라는 것을 누가 알지 못하오? 17 그들이 믿는 그들의 하나님이 아니었다면 두 사람이 자기들의 힘으로 세겜과 같은 큰 성읍을 멸할 수 있었겠소? 그분이 그들의 성읍 안에 있는 그 성읍 주민들을 죽이려고 이 모든 것을 말하고 그들에게 행하셨소. 18 그러니 당신들이 그들 모두와 싸우려고 당신들의 성읍에서 함께 나오고 천 배나 더 많은 사람이 당신들을 도우러 온다고 한들 당신들이 그들을 이길 수 있겠소? 19 당신들이 그들과 싸우러 온 것이 아니라 그들을 택한 그들의 하나님과 전쟁을 하러 왔으니 오늘 당신들 모두가 멸망을 당하러 왔다는 것을 당신들이 확실히 알고 있소. 20 그러므로 이제 당신들이 스스로 당신들에게 가져오려는 이 재앙을 삼가고 당신들이 그들과 전쟁하러 가지 않는 것이 좋을 것이오. 그들의 수는 적으나 그들의 하나님이 그들과 함께 계시기 때문이오.

아모리의 모든 왕이 자기 성읍으로 돌아감

21 아모리의 모든 왕이 그들의 모사들의 모든 말을 듣고 그들의 마음이 두려움으로 가득 찼고 그들이 야곱의 아들들을 두려워하여 그들과 싸우려 하지 않았다. 22 그들이 그들의 모사들의 말에 귀를 기울이고 그들의 모든 말을 들었다. 그 왕들이 그 모사들의 말을 매우 좋게 여겨 그들이 그렇게 행했다. 23 그 왕늘이 놀이켜 야곱의 아들들을 널리했으니 이는 그 왕들이 그들을 몹시 두려워하고 그 왕들의 마음이 녹아 감히 그들과 전쟁하러 가까이 갈 수 없었기 때문이다. 24 이 일이 주께로부터 그들에게 나간 것이니 이는 그의 종 이삭과 야곱이 그분을

믿음으로 주께서 그들의 기도를 들으셨기 때문이다. 그 날 이 모든 왕이 그들의 진영과 함께 각각 자기 성읍으로 돌아가고 그 때에 그들이 야곱의 아들들과 싸우지 않았다. 25 야곱의 아들들이 그 날 저녁까지 시혼 산 맞은편에서 전열을 유지하다가 이 왕들이 그들과 싸우러 오지 않는 것을 보고 집으로 돌아갔다.

36 에돔 사람들의 힘이 커짐

야곱이 벧엘에 거주함

1 그 때에 주께서 야곱에게 나타나 말씀하셨다. 일어나 벧엘로 가서 그곳에 거주하고 너에게 나타나고 너와 네 아들들을 고난에서 건져 낸 주께 제단을 쌓아라. 2 야곱이 그의 아들들과 그에게 속한 모든 자와 함께 일어나 그들이 주의 말씀을 따라가서 벧엘에 이르렀다. 3 야곱이 벧엘로 올라갔을 때 그가 99세였다. 야곱과 그의 아들들과 그와 함께 있던 자들이 루스의 벧엘에 머물렀다. 그가 그곳에서 그에게 나타난 주께 제단을 쌓았다. 야곱과 그의 아들들이 벧엘에 6개월 동안 머물렀다. 4 그 때에 야곱과 함께 있었던 리브가의 유모 우스의 딸 드보라가 죽었다. 야곱이 그 여자를 벧엘 아래 그곳에 있던 상수리나무 아래에 묻었다.

리브가가 죽음

5 그 때에 야곱의 어머니 브두엘의 딸 리브가도 헤브론, 즉 기럇아르바에서 죽었다. 그 여자가 아브라함이 헷 자손에게서 산 막벨라 굴 안에 장사되었다. 6 리브가가 133세를 살고 죽었다. 야곱이 그의 어머니 리브가가 죽었다는 소식을 듣고 그가 그의 어머니를 위하여 슬피 울고 그 여자를 위하여 크게 애통했다. 그 여자의 유모 드보라가 상수

리나무 아래에 있었으므로 그가 그곳을 알론 바굿이라고 불렀다.

라반이 죽음

7 그 때에 시리아 사람 라반이 죽었으니 이는 그가 그와 야곱 사이에 있는 언약을 어겨 주께서 그를 치셨기 때문이다.

하나님이 야곱을 이스라엘이라 부르심

8 야곱이 100세였을 때에 주께서 야곱에게 나타나 그를 축복하시고 그의 이름을 이스라엘이라 부르셨다. 그 때에 야곱의 아내 라헬이 임신했다. 9 그 때에 야곱과 그에게 속한 모든 자가 벧엘에서 떠나 그의 아버지의 집 헤브론으로 갔다.

라헬이 베냐민을 낳고 죽음

10 그들이 길을 가는 동안에 에브랏에 조금 못 미친 곳에서 라헬이 아들을 낳았는데 그 여자가 난산으로 죽었다. 11 야곱이 그 여자를 에브랏, 즉 베들레헴으로 가는 길에 장사했다. 그가 그 여자의 무덤 위에 기둥을 세웠는데 그것이 오늘까지 그곳에 있다. 라헬이 45세를 살고 죽었다. 12 야곱이 라헬이 낳은 그의 아들의 이름을 베냐민이라 불렀으니 이는 그 아들이 그 땅에서 오른편에 태어났기 때문이다.

르우벤이 아버지의 침상을 더럽혀 장자권을 잃어버림

13 라헬이 죽은 후에 야곱이 그 여자의 시녀 빌하의 장막 안에 그의 장막을 쳤다. 14 르우벤이 이 일로 인하여 그의 어머니 레아를 위하여 시기하였다. 그가 몹시 화가 났고 그가 분노 가운데 일어나 가서 빌하의 장막에 들어가 그가 그곳에서 그의 아버지의 침상을 치워버렸다.

15 그 때에 르우벤의 아들들로부터 장자의 분깃과 왕의 직분과 제사장의 직분이 제하여졌으니 이는 그가 그의 아버지의 침상을 더럽혔기 때문이다. 그 장자권이 요셉에게 주어졌고 왕의 직분이 유다에게, 제사장의 직분이 레위에게 주어졌으니 이는 르우벤이 그의 아버지의 침상을 부정하게 했기 때문이다.

야곱의 아들들

16 이들은 밧단아람에서 야곱에게 태어난 그의 세대들이다. 야곱의 아들들은 열둘이었다. 17 레아의 아들들은 장자 르우벤과 시므온과 레위와 유다와 잇사갈과 스불론과 그들의 누이 디나다. 라헬의 아들들은 요셉과 베냐민이다. 18 레아의 시녀 실바의 아들들은 갓과 아셀이다. 라헬의 시녀 빌하의 아들들은 단과 납달리다. 이들은 밧단아람에서 야곱에게 태어난 그의 아들들이다. 19 야곱과 그의 아들들과 그에게 속한 모든 자가 가서 아브라함과 이삭이 거류했던 헤브론 안에 마므레, 즉 기럇아르바에 이르렀다. 야곱과 그의 아들들과 그에게 속한 모든 자가 그의 아버지와 함께 헤브론에 거주했다.

에서의 자손들

20 그의 형 에서와 그의 아들들과 그에게 속한 모든 자가 세일 땅으로 가서 그곳에 거주하며 세일 땅에서 기업을 얻었다. 에서의 자손들이 세일 땅에서 크게 생육하고 번성했다. 21 이들은 가나안 땅에서 에서에게 태어난 그의 세대들이다. 에서의 아들들은 다섯이었다. 22 아다가 에서에게 그의 장자 엘리바스를 낳았고 그 여자가 또한 그에게 르우엘을 낳았다. 아홀리바마는 그에게 여우스와 야알람과 고라를 낳았다. 23 이들은 가나안 땅에서 에서에게 태어난 그의 자녀들이

다. 에서의 아들 엘리바스의 아들들은 데만과 오말과 스보와 가담과 그나스와 아말렉이다. 르우엘의 아들들은 나핫과 스락과 사마와 밋사다. 24 여우스의 아들들은 딤나와 알바와 여뎃이다. 야알람의 아들들은 알라와 비놀과 그나스다. 25 고라의 아들들은 데만과 밉살과 막디엘과 에람이다. 이들은 세일 땅에서 그들의 군주의 신분에 따른 에서의 아들들의 가족들이다.

세일의 자손들

26 세일 땅의 주민들. 호르 사람 세일의 아들들의 이름은 로단과 소발과 시브온과 아나와 디산과 에셀과 디손으로 일곱 아들이다. 27 로단의 자녀들은 호리와 헤만과 그들의 누이 딤나다. 이 딤나가 야곱과 그의 아들들에게 갔으나 그들이 그 여자의 말을 듣지 않자 그 여자가 가서 에서의 아들 엘리바스의 첩이 되어 그에게 아말렉을 낳았다. 28 소발의 아들들은 알반과 마나핫과 에발과 스보와 오남이다. 시브온의 아들들은 아야와 아나이다. 이 아나는 그가 그의 아버지 시브온의 나귀들을 먹일 때에 광야에서 여밈을 발견한 자이다. 29 아나가 그의 아버지의 나귀들을 먹이면서 그가 광야로 여러 번 그것들을 이끌고 갔다. 30 하루는 그가 그 나귀들을 그 사람들의 광야 맞은편 해변의 사막 중 하나로 데리고 갔다. 그가 그것들을 먹이고 있는데 바다 건너편으로부터 매우 강한 폭풍이 와서 풀을 뜯고 있던 나귀들 위에 있었으나 그것들 모두가 가만히 있었다. 31 그 후에 약 120마리의 크고 두려운 동물들이 바다 건너편 광야로부터 와서 그것들 모두가 나귀들이 있는 곳에 이르러 그곳에 자리를 잡았다. 32 그 동물들은 가운데에서 아래로는 사람의 자손의 모양이었고 가운데에서 위로는 어떤 것은 곰의 형상을 가졌고 어떤 것은 키파스의 형상을 가졌으며 그것들의 뒤

쪽에는 어깨 사이로부터 땅에 이르는 꼬리가 있었는데 두치팟의 꼬리와 같았다. 이 동물들이 와서 그 나귀들 위에 올라타고 그것들을 이끌고 갔는데 그것들이 오늘까지 돌아오지 않았다. 33 이 동물들 중 하나가 아나에게 가까이 가서 그것의 꼬리로 그를 치고 그 장소에서 달아났다. 34 그가 이 일을 보고 자기 생명을 잃을까 몹시 두려워하여 그가 달아나 그 성읍으로 도망하였다. 35 그가 그의 아들들과 형제들에게 그에게 일어난 모든 일을 말하자 많은 사람들이 그 나귀들을 찾으러 갔으나 그것들을 찾을 수 없었다. 그 날 이후로 아나와 그의 형제들이 더 이상 그곳에 가지 않았으니 이는 그들이 그들의 생명을 잃을까 크게 두려워했기 때문이다. 36 세일의 아들 아나의 자녀들은 디손과 그의 누이 아홀리바마다. 디산의 자녀들은 헴단과 에스반과 이드란과 게란이다. 에셀의 자녀들은 빌한과 사아반과 아간이다. 디손의 자녀들은 우스와 아란이다. 37 이들은 세일 땅에서 그들의 군주의 신분에 따른 호르 사람 세일의 자녀들의 가족들이다.

에서의 자손들이 세일에, 야곱의 자손들이 가나안에 거함

38 에서와 그의 자녀들이 그 땅의 주민 호리 사람 세일의 땅에 거주하며 그곳에서 기업을 얻고 크게 생육하고 번성했다. 야곱과 그의 자녀들과 그에게 속한 모든 자가 주께서 그들의 조상 아브라함에게 명령하신 대로 가나안 땅에서 그들의 아버지 이삭과 함께 거주했다.

37 가나안 전쟁의 시작

야곱과 자녀들이 세겜에 거주함

1 야곱이 105세였을 때에, 즉 야곱이 밧단아람에서 와서 그의 자녀들과 함께 가나안 땅에 거주한 지 9년째 되는 해였다. 2 그 때에 야곱이 그의 자녀들과 그들에게 속한 모든 자와 함께 헤브론을 떠나 세겜 성읍으로 돌아가 그곳에 거주하였다. 이는 야곱의 자녀들이 세겜 성읍 안에서 그들의 가축을 위한 넓고 비옥한 목초지를 얻었기 때문이다. 그 무렵에 세겜 성읍은 재건되고 있었고 그 안에 남녀 약 300명이 있었다. 3 야곱과 그의 자녀들과 그에게 속한 모든 자가 야곱이 세겜의 아버지 하몰에게 산 밭의 일부에 거주했다. 그것은 시므온과 레위가 그 성읍을 치기 전에 야곱이 밧단아람에서 왔을 때 산 것이다.

가나안의 모든 왕이 야곱과 아들들에게 전쟁을 선포함

4 세겜 성읍을 둘러싼 가나안 사람들과 아모리 사람들의 모든 왕이 야곱의 아들들이 다시 세겜으로 와서 그곳에 거주한다는 소식을 듣고 5 그들이 말했다. 히브리 사람 야곱의 아들들이 그 성읍의 주민들을 치고 그들을 쫓아냈었는데 그들이 다시 그 성읍에 와서 그곳에 거주하려고 하는가? 그들이 이제 돌아와서 다시 그 성읍에 거주하는 자들을 쫓아내거나 그들을 죽이려고 하는가? 6 가나안의 모든 왕이 다

시 모여 그들이 야곱과 그의 아들들과 전쟁을 하려고 함께 왔다. 7 답낙 왕 야숩이 그 근처의 모든 왕, 가아스와 엘란과 실로 왕 이후리와 가살 왕 바라돈과 사르돈 왕 수시와 벧호란 왕 라반과 옷나이마 왕 사빌에게 사람들을 보내어 말했다. 8 나에게 올라와 나를 도우시오. 우리가 히브리 사람 야곱과 그의 아들들과 그에게 속한 모든 자를 칩시다. 이는 그들이 전과 같이 세겜을 차지하고 그 주민들을 죽이려고 다시 왔기 때문이오. 9 이 모든 왕이 함께 모여 그들의 모든 진영을 이끌고 왔다. 사람들이 해변의 모래와 같이 매우 많았고 그들이 모두 답낙 맞은편에 있었다. 10 답낙 왕 야숩이 그의 모든 군대와 함께 그들에게 나아가 그가 그들과 함께 성읍이 없는 답낙 맞은편에 진을 쳤다. 이 모든 왕이 일곱 부분으로 나뉘어 야곱의 아들들을 대항하는 일곱 진영이 되었다. 11 그들이 야곱과 그의 아들들에게 사람을 보내 선포하여 말했다. 너희가 모두 우리에게 나아오라. 그리하여 우리가 평원에서 함께 만나 대화하고 너희가 세겜 성읍에서 죽인 자들의 일을 갚게 하라. 이제 너희가 다시 세겜 성읍으로 돌아와 그 안에 거주하며 전과 같이 그 주민들을 죽이려 하노라.

야곱의 아들들이 전쟁을 준비함

12 야곱의 아들들이 이 말을 듣고 그들이 가나안 왕들의 말에 몹시 화가 났다. 야곱의 아들들 중 열 명이 급히 일어나 그들 각자가 전쟁 무기를 들었다. 그들에게 전열을 갖춘 102명의 종이 함께 있었다. 13 이 모든 사람, 야곱의 아들들과 그들의 종들이 이 왕들에게로 갔는데 그들의 아버지 야곱이 그들과 함께 있었고 그들 모두가 세겜 산 위에 섰다.

야곱의 기도

14 야곱이 그의 아들들을 위하여 주께 기도했다. 그가 그의 손을 펴고 주께 말했다. 오 하나님, 당신은 전능하신 하나님이고 당신은 우리의 아버지이시며 당신은 우리를 지으셨고 우리는 당신의 손으로 만든 작품입니다. 내가 당신께 기도하니 당신의 자비로 오늘 내 아들들과 싸우러 오는 그들의 대적들의 손에서 내 아들들을 건져주시고 그들의 손에서 내 아들들을 구원해 주소서. 당신의 손에는 많은 자로부터 적은 자들을 구할 권세와 능력이 있기 때문입니다. 15 내 아들들, 당신의 종들에게 마음에 용기와 그들의 대적과 싸울 힘을 주셔서 그들을 정복하고 그 대적들이 그들 앞에서 쓰러지게 하시고 내 아들들과 그들의 종들이 가나안 자손들의 손에 죽지 않게 하소서. 16 그러나 만일 주께서 내 아들들과 그들의 종들의 생명을 거두는 것을 좋게 여기시면 당신의 큰 자비 안에서 당신의 사역자들의 손으로 그들을 거두셔서 그들이 오늘 아모리 왕들의 손에 죽지 않게 하소서. 17 야곱이 주께 기도하기를 마치자 땅이 흔들리고 해가 어두워졌다. 그 모든 왕이 두려워하고 큰 공포가 그들을 엄습했다. 18 주께서 야곱의 기도를 들으셔서 모든 왕과 그들의 군대의 마음에 야곱의 아들들에 대한 두려움을 주셨다. 19 주께서 그들에게 야곱의 아들들로부터 전차들의 소리와 강력한 말들의 소리와 그들과 동행하는 큰 군대의 소리가 들리게 하셨다.

가나안 전쟁이 시작됨

20 이 왕들에게 야곱의 아들들에 대한 큰 두려움이 임했고 그들이 그들의 진영에 서 있는 동안 야곱의 아들들이 102명의 사람과 함께 큰 소리를 지르며 그들에게 나아갔다. 21 그 왕들이 야곱의 아들들이 그들을 향하여 진격하는 것을 보자 그들이 더 큰 혼란에 빠졌고 그들이

처음과 같이 야곱의 아들들 앞에서 물러나 그들과 싸우려고 하지 않았다. 22 그러나 그들이 물러나지 않고 말했다. 우리가 이 히브리인들로부터 이렇게 두 번이나 물러나는 것은 우리에게 수치가 될 것이다. 23 야곱의 아들들이 가까이 와서 이 모든 왕과 그들의 군대를 향하여 나아갔다. 그들이 보니 이들은 매우 강한 자들이며 해변의 모래와 같이 많았다. 24 야곱의 아들들이 주께 외치며 말했다. 오 주여, 우리를 도우소서. 우리가 당신을 믿으니 우리를 도우시고 우리에게 응답하소서. 우리가 오늘 우리에게 온 이 할례받지 않은 자들의 손에 죽지 않게 하소서. 25 야곱의 아들들이 그들의 전쟁 무기를 지니고 그들이 그들의 손에 각각 자기 방패와 자기 창을 들고 그들이 전쟁을 하러 가까이 나아갔다.

유다가 답낙 왕 야숩을 물리침

26 야곱의 아들 유다가 그의 형제들 앞에 선두로 달려갔고 그의 종들 열 명이 그와 함께 했으며 그가 이 왕들에게로 갔다. 27 답낙 왕 야숩도 그의 군대와 함께 선두로 유다 앞으로 나아왔다. 유다가 야숩과 그의 군대가 그에게 오는 것을 봤다. 유다가 분노하며 자기 목숨을 내건 전쟁으로 향했다. 28 야숩과 그의 온 군대가 유다에게 나아가고 있었는데 그가 매우 힘 있고 강한 말 위에 타고 있었다. 야숩은 매우 강한 용사로 머리부터 발까지 철과 놋으로 덮고 있었다. 29 그가 말 위에 앉아 그의 모든 전쟁에서 하던 대로 양손으로 앞뒤에서 화살을 쐈는데 그가 그의 화살로 조준한 곳을 절대 놓치지 않았다. 30 야숩이 유다와 전쟁하러 와서 유다에게 많은 화살을 쏠 때 주께서 야숩의 손을 묶으셔서 그가 쏜 모든 화살이 그의 사람들에게로 돌아왔다. 31 이 일에도 불구하고 야숩이 계속 유다를 향하여 나아가고 화살을 쏘며 그에게

싸움을 걸었다. 그러나 그들 사이의 거리가 약 30규빗이었다. 유다가 야숩이 자신을 향하여 화살들을 쏘는 것을 보자 그가 분노하며 그에게 달려갔다. 32 유다가 땅에서 큰 돌을 들었는데 그것의 무게가 60세겔이었다. 유다가 야숩을 향하여 달려가 그 돌로 그의 방패를 치자 야숩이 그 충격에 놀라 그의 말에서 땅으로 떨어졌다. 33 그 방패가 야숩의 손에서 산산조각 났고 그 충격으로 그 방패가 약 15규빗을 날아가 둘째 진영 앞에 떨어졌다. 34 야숩과 함께 온 그 왕들이 멀리서 야곱의 아들 유다의 힘과 그가 야숩에게 행한 것을 보고 그들이 유다를 몹시 두려워했다. 35 그들이 야숩이 혼란한 것을 보고 그의 진영 가까이에 모였다. 유다가 그의 칼을 뽑아 야숩의 진영에서 42명을 치자 야숩의 온 진영이 유다 앞에서 도망하였고 아무도 그에게 대항하지 못했다. 그들이 야숩을 떠나 그로부터 도망하였고 야숩은 여전히 땅에 엎드리고 있었다. 36 야숩이 그의 진영의 모든 사람이 그로부터 달아난 것을 보고 유다를 두려워하여 급히 일어나 유다를 마주 보고 섰다. 37 야숩이 방패와 방패를 맞대고 유다와 일대일 전투를 벌였다. 야숩의 사람들은 모두 유다를 크게 두려워하여 도망하였다. 38 야숩이 그의 창을 손에 들고 유다의 머리를 치려고 했으나 유다가 재빨리 그의 방패를 그의 머리로 가져가 야숩의 창을 막았다. 유다의 방패가 야숩의 창으로부터 충격을 받아 그 방패가 둘로 쪼개졌다. 39 유다가 그의 방패가 쪼개진 것을 보고 그가 급히 그의 칼을 뽑아 야숩의 발목을 쳐서 그의 다리를 베었다. 야숩은 땅에 떨어졌고 그 창이 그의 손에서 떨어졌다. 40 유다가 급히 야숩의 창을 들어 그것으로 그의 머리를 베고 그것을 그의 발 옆에 던졌다.

야곱의 아들들이 가나안 왕들의 군대와 싸움

41 야곱의 아들들이 유다가 야숩에게 행한 것을 보고 그들이 모두 다른 왕들의 전열로 달려갔다. 야곱의 아들들이 야숩의 군대와 그곳에 있던 모든 왕의 군대와 싸웠다. 42 야곱의 아들들이 그들 가운데 만 오천 명을 쓰러뜨리고 그들을 치기를 박을 치듯 했다. 그 나머지는 자기 목숨을 위하여 도망쳤다. 43 유다가 여전히 야숩의 시체 옆에 서서 그의 쇠사슬 갑옷을 벗겼다. 44 유다가 또한 야숩을 두른 철과 놋을 벗겼는데 야숩의 대장들 중 아홉 명이 유다와 싸우려고 왔다. 45 유다가 급히 땅에서 돌을 들어 그것으로 그들 중 한 명의 머리를 치자 그의 두개골이 부서졌고 그가 말에서 땅으로 떨어졌다. 46 그 나머지 대장 여덟 명이 유다의 힘을 보고 크게 두려워하여 그들이 도망하였다. 유다가 그의 사람들 열 명과 함께 그들을 쫓아가서 그들을 따라잡고 그들을 죽였다. 47 야곱의 아들들이 계속해서 왕들의 군대들을 치고 있었고 그들 중 많은 수를 죽였다. 그러나 그 왕들이 그들의 대장들과 함께 용맹하게 그들의 자리를 지키고 있었고 그 곳에서 물러나지 않았다. 그들이 그들의 군대 중에서 야곱의 아들들 앞에서 도망하는 자들에게 외쳤으나 아무도 그들의 말을 듣지 않았으니 이는 그들이 죽을까 하여 두려웠기 때문이다. 48 야곱의 모든 아들이 왕들의 군대들을 친 후에 돌아와서 유다 앞으로 왔다. 유다는 여전히 야숩의 대장들 여덟 명을 죽이며 그들의 옷을 벗기고 있었다. 49 레위가 가아스 왕 엘론을 보고 그를 치려고 그를 향하여 나아갔고 그의 대장들 열네 명이 그와 함께 있었는데 레위가 그것을 확실히 알지 못했다. 50 엘론과 그의 대장들이 가까이 다가가자 레위가 뒤를 보고 그의 뒤에서 전쟁이 일어난 것을 알았다. 그가 그의 종들 중 열두 명과 함께 달려가 그들이 가서 엘론과 그의 대장들을 칼날로 죽였다.

38 가나안 전쟁

가나안 왕들이 가살로 도망함

1 실로 왕 이후리가 엘론을 도우려고 와서 그가 야곱에게 가까이 가자 야곱이 그의 손에 있던 활을 들고 화살로 이후리를 쳐서 그가 죽었다. 2 실로 왕 이후리가 죽자 그 나머지 네 왕이 나머지 대장들과 함께 그들의 진영에서 도망하였다. 그들이 물러나며 말했다. 히브리 사람들이 우리보다 강한 세 왕과 그들의 대장들을 죽였으니 우리가 그들과 싸울 힘이 없다. 3 야곱의 아들들이 그 나머지 왕들이 그들의 진영에서 떠나는 것을 보고 그들을 뒤쫓았고 야곱도 그가 서 있던 장소인 세겜 산에서 왔다. 그들이 왕들의 뒤를 쫓아 그들의 종들과 함께 왕들에게 가까이 갔다. 4 그 왕들과 대장들과 그 나머지 군대들이 야곱의 아들들이 그들에게 가까이 오는 것을 보고 두려워하여 그들이 가살 성읍에 이르기까지 도망하였다. 5 야곱의 아들들이 가살 성읍의 성문에까지 그들을 쫓아가서 그들이 그 왕들과 그들의 군대 약 사천 명을 크게 쳤다. 그들이 그 왕들의 군대를 치는 동안 야곱이 그의 활로 왕들을 치기에 바빴고 그가 그를 모두들 죽였다. 6 그가 가살 성읍의 성분에서 가살 왕 바라돈을 죽이고 그 후에 사르돈 왕 수시와 벧호린 왕 라반과 마흐나이마 왕 사빌을 죽였다. 그가 그들 모두를 화살로 죽였는데 그들 각 사람을 화살 하나로 죽였다. 7 야곱의 아들들이 그 모든 왕이

죽고 그들이 흩어지고 물러가는 것을 보고 가살 성문 맞은편에서 왕들의 군대들과 계속해서 전쟁을 하여 그들이 그 사람들 중에 약 400명을 쳤다. 8 그 전쟁에서 야곱의 종들 중 셋이 쓰러졌다. 유다가 그의 종들 중 셋이 죽은 것을 보고 그것을 크게 슬퍼하며 그가 아모리 사람들에게 몹시 화가 났다. 9 그 왕들의 군대들 중 남은 모든 사람이 그들의 생명을 잃을까 크게 두려워하여 그들이 달려가서 가살 성읍의 벽에 있는 성문을 부수고 그들 모두가 그 성읍 안으로 도망하였다.

야곱의 아들들이 가살 사람들을 물리침

10 가살 성읍은 매우 크고 넓었기 때문에 그들이 그 성읍 가운데 숨었다. 이 모든 군대가 그 성읍에 들어가자 야곱의 아들들이 그들을 쫓아 그 성읍으로 달려갔다. 11 전쟁에 능한 강한 자 네 명이 그 성읍에서 나가 그들의 손에 칼과 창을 들고 그 성읍의 입구에 섰다. 그들이 야곱의 아들들 맞은편에 자리 잡고 그들을 그 성읍으로 들여보내지 않으려 했다. 12 납달리가 달려가서 그들 중 두 사람 사이에 이르러 그의 칼로 그들 둘을 한 번에 쳐서 그들의 머리를 베었다. 13 그가 다른 두 사람에게 돌이키니 그들이 도망하였다. 그가 그들을 쫓아가서 그들을 따라잡고 그들을 쳐서 죽였다. 14 야곱의 아들들이 그 성읍에 이르러 보니 그 성읍에 또 다른 벽이 있었다. 그들이 벽의 문을 찾았으나 찾을 수 없었다. 유다가 그 벽의 꼭대기로 뛰어 올라갔고 시므온과 레위가 그를 따랐다. 그들 셋 모두가 그 벽에서 내려와 그 성읍 안으로 갔다. 15 시므온과 레위가 그 성읍 안으로 도망한 모든 자와 그 성읍 주민과 그들의 아내와 아이들을 칼날로 죽였다. 그 성읍의 통곡 소리가 하늘로 올라갔다. 16 야곱의 아들들이 그들의 형제를 염려하여 단과 납달리가 무엇 때문에 통곡 소리가 나는지 보려고 그 벽 위로 뛰어올라갔

다. 그들이 그 성읍 주민들이 울며 간구하며 말하는 것을 들었다. 우리 성읍 안의 모든 소유를 가지고 떠나고 다만 우리를 죽이지는 말아주십시오. 17 유다와 시므온과 레위가 그 성읍 주민들 치기를 그치고 그들이 벽을 올라 벽 위에 있던 단과 납달리와 그 나머지 형제들을 불렀다. 시므온과 레위가 그들에게 그 성읍의 입구를 알려주자 야곱의 모든 아들이 전리품을 취하러 왔다. 18 야곱의 아들들이 가살 성읍의 전리품과 양 떼와 소 떼와 재산과 그들이 손에 넣을 수 있는 모든 것을 취하고 그 날 그 성읍에서 떠났다.

야곱의 아들들이 사르돈 사람들과 전쟁함

19 다음 날에 야곱의 아들들이 사르돈으로 갔으니 이는 그들이 사르돈 성읍에 남아있던 사람들이 그들의 왕을 죽인 것으로 인하여 야곱의 아들들과 전쟁하려고 모였다는 소식을 들었기 때문이다. 사르돈은 매우 높고 견고한 성읍이며 그것을 둘러싼 넓은 성벽이 있다. 20 성벽의 기둥은 약 50규빗이고 그것의 너비는 40규빗이며 그 성벽으로 인하여 사람이 그 성읍에 들어갈 수 있는 곳이 없었다. 21 그 성읍의 입구가 뒤쪽에 있었으므로 그 성읍에 들어가고자 하는 모든 사람은 그 길로 와서 온 성읍을 돌아간 후에야 그 성읍에 들어갈 수 있었다. 22 야곱의 아들들이 그 성읍 안으로 들어가는 길을 찾지 못하여 몹시 화가 났다.

사르돈 성벽 위의 전투

23 사르돈 성읍의 주민들이 야곱의 아들들과 싸우기 위하여 성읍 안에 모였으나 그들이 야곱의 아들들이 성읍 안으로 들어올까 하여 그들에게로 나갈 수 없었다. 그들이 야곱의 아들들이 그들을 향하여 오

고 있는 것을 보고 그들을 몹시 두려워하였으니 이는 그들의 힘과 그들이 가살 성읍에 행한 일을 들었기 때문이다. 24 그래서 사르돈 주민들이 야곱의 아들들이 오기 전에 재빨리 그 성읍 길의 다리를 원래 있던 곳에서 옮겨 성읍 안으로 가져왔다. 25 야곱의 아들들이 와서 그 성읍 안으로 가는 길을 찾았으나 찾을 수 없었다. 그 성읍 주민들이 벽 꼭대기에 올라가 보니 야곱의 아들들이 그 성읍의 입구를 찾고 있었다. 26 그 성읍 주민들이 그 벽 꼭대기에서 야곱의 아들들을 비난하고 저주했다. 야곱의 아들들이 그들의 비난을 듣고 분노했다. 27 야곱의 아들들이 그들로 인하여 화가 나서 그들이 모두 일어나 그들의 힘으로 성벽 위로 뛰어 그들의 힘으로 40규빗 너비의 성벽을 건넜다. 28 그들이 성벽을 건넜을 때 그들이 그 성읍의 벽 아래에 서 있었으며 그들이 그 성읍의 모든 성문이 철문으로 둘러싸인 것을 발견했다. 29 야곱의 아들들이 그 성읍의 성문을 부수어 열려고 가까이 가자 주민들이 벽 꼭대기에서 그들에게 돌을 던지고 화살을 쏘며 그들이 들어오지 못하게 했다. 30 그 벽 위에 있던 사람들의 수는 약 400명이었다. 야곱의 아들들이 그 성읍 사람들이 그들이 그 성읍 문을 열지 못하게 하는 것을 보고 그들이 그 벽 꼭대기로 뛰어 올랐는데 유다가 먼저 그 성의 동쪽으로 올라갔다. 31 그 뒤에 갓과 아셀이 그 성의 서쪽 모퉁이로 올라갔고 시므온과 레위가 북쪽으로, 단과 르우벤이 남쪽으로 올라갔다. 32 벽 꼭대기에 있던 그 성읍 주민들이 야곱의 아들들이 그들에게로 올라오는 것을 보고 그들이 모두 성벽에서 달아나 그 성읍 안으로 내려가 그 성읍 가운데에 숨었다.

사르돈 탑의 전투

33 성벽 아래에 남아있던 잇사갈과 납달리가 그 성읍의 성문을 부

수고 그 성읍 성문들에 불을 놓아 철이 녹았다. 야곱의 모든 아들들과 그들의 사람들이 그 성읍 안으로 들어와 사르돈 성읍 주민들과 싸우며 그들을 칼날로 쳤는데 누구도 그들에게 대항할 수 없었다. 34 200명 정도의 사람들이 그 성읍에서 달아나 그들이 모두 그 성읍의 어떤 탑으로 가서 숨었다. 유다가 그들을 쫓아 그 탑으로 가서 그것을 무너뜨리자 그것이 사람들 위에 떨어졌고 그들 모두가 죽었다. 35 야곱의 아들들이 그 탑의 꼭대기로 가는 길로 올라가서 그들이 보니 그 성읍 안 멀리에 또 다른 견고하고 높은 탑이 있었으며 그것의 꼭대기가 하늘에 닿았다. 야곱의 아들들이 급히 내려가 그들의 모든 사람과 함께 그 탑으로 갔더니 거기에 남자와 여자와 어린아이 300명 정도가 가득 있는 것을 발견했다. 36 야곱의 아들들이 그 탑 안의 그 남자들을 크게 쳐서 그들이 도망하여 그들로부터 달아났다.

사르돈 열두 용사와의 전투

37 시므온과 레위가 그들을 쫓자 열두 명의 강한 용사들이 그들이 숨었던 곳에서 나왔다. 38 그 열두 명이 시므온과 레위와 강한 전투를 벌였는데 시므온과 레위가 그들을 이길 수 없었다. 그 용사들이 시므온과 레위의 방패를 부수었다. 그들 중 하나가 그의 칼로 레위의 머리를 치려고 하자 레위가 그 칼을 두려워하여 그의 손을 그의 머리 쪽으로 올렸다. 그 칼이 레위의 손을 쳤으나 레위의 손을 베기에는 짧았다. 39 레위가 그 용사의 손에 있는 칼을 잡아 그로부터 그것을 빼앗고 그것으로 그 강한 자의 머리를 쳐서 거기 그의 머리를 베었다. 40 열한 명이 그들 중 하나가 죽은 것을 보고 레위와 싸우려고 가까이 갔다. 야곱의 아들들이 싸웠으나 그 사람들이 매우 강했기 때문에 그들을 이길 수 없었다. 41 야곱의 아들들이 자기들이 그들을 이길 수 없음을 보고

시므온이 크고 엄청난 소리를 질렀다. 열한 명의 강한 자들이 시므온의 외침에 놀랐다. 42 유다가 멀리서 시므온이 외치는 소리를 알아들었다. 납달리와 유다가 그들의 방패를 들고 시므온과 레위에게 달려가니 그들이 그 강한 자들과 싸우고 있었으나 그들의 방패가 부서져 그들을 이길 수 없다는 것을 알았다. 43 납달리가 시므온과 레위의 방패가 부서진 것을 보고 그가 그의 종들에게서 방패 두 개를 가져다가 시므온과 레위에게 주었다. 44 그 날에 시므온과 레위와 유다 모두가 열한 명의 강한 자들과 해질 때까지 싸웠으나 그들을 이길 수 없었다. 45 야곱이 이것을 듣고 그가 몹시 근심하여 주께 기도했다. 그와 그의 아들 납달리가 이 강한 자들에게로 갔다. 46 야곱이 다가가서 그의 활을 들고 그 강한 자들에게 가까이 가서 그들 중 셋을 활로 죽였다. 그 나머지 여덟 명이 뒤돌아서니 그들의 앞뒤에 전쟁이 있었다. 그들이 목숨을 잃을까 크게 두려워하여 야곱의 아들들 앞에 설 수 없었고 그들에게서 도망하였다. 47 그들이 싸움 중에 그들을 향하여 오는 단과 아셀을 만났다. 단과 아셀이 갑자기 그들에게 달려들어 그들과 싸워 그들 중 둘을 죽였다. 유다와 그의 형제들이 그들을 쫓아 그들 중 남은 자들을 쳐서 죽였다.

야곱의 아들들이 사르돈 사람들을 물리침

48 야곱의 모든 아들이 돌아와 그 성읍을 돌아다니며 그들이 남자가 있는지 찾다가 그들이 그 성읍의 동굴 안에서 약 20명의 젊은 남자들을 찾았다. 갓과 아셀이 그들 모두를 죽였다. 단과 납달리가 그 둘째 탑에서 도망한 나머지 남자들을 발견하여 그들 모두를 죽였다. 49 야곱의 아들들이 사르돈 성읍의 모든 주민을 쳤으나 그들이 여자와 어린아이들은 성읍 안에 남겨두고 그들을 죽이지 않았다. 50 사르돈 성

읍의 모든 주민은 강한 자들이었다. 그들 중 하나가 천 명을 쫓고 그들 중 둘이 나머지 사람들의 만 명으로부터 도망치지 않는다. 51 야곱의 아들들이 그 사르돈 성읍의 모든 주민을 칼날로 쳤고 누구도 그들에게 대항하지 못했다. 그들이 그 성읍에 여자들을 살려두었다. 52 야곱의 아들들이 그 성읍의 모든 전리품을 취하고 그들이 원하는 모든 것을 손에 넣고 그들이 양 떼와 소 떼와 그 성읍의 재산을 취하였다. 야곱의 아들들이 가살과 그 주민들에게 행한 것처럼 사르돈과 그 주민들에게 행하고 돌이켜 떠났다.

39 가나안 전쟁

야곱의 아들들이 답낙 사람들을 물리침

1 야곱의 아들들이 사르돈 성읍에서 떠나 그들이 약 200규빗 정도 갔을 때 그들을 향하여 오는 답낙 주민들을 만났으니 이는 그들이 답낙 왕과 그의 모든 사람을 친 것으로 인하여 그 주민들이 그들과 싸우러 나왔기 때문이다. 2 답낙 성읍에 남아있던 모든 자가 야곱의 아들들과 싸우러 나와 그들이 야곱의 아들들이 가살과 사르돈에서 손에 넣은 전리품을 다시 차지할 생각이었다. 3 답낙의 남은 자들이 그곳에서 야곱의 아들들과 싸웠으나 야곱의 아들들이 그들을 쳐서 그들이 도망하였다. 야곱의 아들들이 아르벨란 성읍까지 그들을 쫓아갔고 그들이 모두 야곱의 아들들 앞에서 쓰러졌다. 4 야곱의 아들들이 돌이켜 답낙의 전리품을 가져가기 위하여 답낙으로 왔다. 그들이 답낙에 이르렀을 때에 아르벨란 사람들이 그들의 형제들의 전리품을 지키기 위하여 야곱의 아들들을 대적하려고 나갔다는 소식을 그들이 들었다. 야곱의 아들들이 그들의 사람들 가운데 답낙 성읍을 노략할 사람 열 명을 그곳에 남겨두고 그들이 아르벨란 사람들에게로 갔다.

야곱의 아들들이 아르벨란 사람들을 물리침

5 아르벨란 사람들이 그들의 아내들과 함께 야곱의 아들들과 싸우

러 나갔으니 이는 그들의 아내들이 전쟁에 능했기 때문이다. 그들이 나갔는데 남자와 여자가 약 사백 명이었다. 6 야곱의 모든 아들이 큰 소리로 외치고 그들 모두가 크고 엄청난 소리를 지르며 아르벨란의 주민들에게로 달려갔다. 7 아르벨란의 주민들이 야곱의 아들들이 외치는 소리를 들으니 그들의 부르짖음이 사자들의 부르짖는 소리와 같고 바다와 파도의 소리와 같았다. 8 야곱의 아들들로 인한 두려움과 공포가 그들의 마음을 사로잡았다. 그들이 심히 두려워하여 야곱의 아들들 앞에서 물러나 성읍 안으로 도망하였다. 야곱의 아들들이 그 성읍의 성문까지 그들을 쫓아가서 성읍 안에서 그들을 발견했다. 9 야곱의 아들들이 그 성읍 안에서 그들과 싸우는데 아르벨란 사람들의 모든 여자가 야곱의 아들들에게 돌을 던졌다. 그 전투가 그들 가운데 치열하여 그 날 종일 저녁까지 계속되었다. 10 야곱의 아들들이 그들을 이길 수 없었고 그들이 그 전쟁에서 거의 죽게 되었다. 야곱의 아들들이 주께 부르짖어 그들이 저녁까지 크게 힘을 얻었다. 야곱의 아들들이 아르벨란의 모든 주민, 남자들과 여자들과 어린아이들을 칼날로 쳤다. 11 또한 야곱의 아들들이 사르돈에서 도망한 그 나머지 사람들도 아르벨란에서 쳤다. 야곱의 아들들이 가살과 사르돈에게 행한 것과 같이 아르벨란과 답낙에 행하였다. 그 여자들이 모든 남자가 죽은 것을 보고 그들이 그 성읍 꼭대기로 가서 야곱의 아들들에게 돌을 비가 내리듯 던져 그들을 쳤다. 12 야곱의 아들들이 급히 성읍 안으로 가서 그 모든 여자를 붙잡아 그들을 칼날로 죽였다. 야곱의 아들들이 모든 전리품과 양 떼와 소 떼와 가축을 탈취하였다. 13 야곱의 아들들이 답낙과 가살과 실로에 행한 것처럼 마흐나이마에 행하고 거기서 돌이켜 떠났다.

야곱의 아들들이 가아스 사람들과 전쟁함

14 다섯째 날에 야곱의 아들들이 가아스 사람들이 그들을 대적하여 전쟁을 하려고 모였다는 소식을 들었다. 이는 야곱의 아들들이 그들의 왕과 대장들을 죽였기 때문이다. 가아스 성읍에는 열네 명의 대장이 있었는데 야곱의 아들들이 첫 번째 전쟁에서 그들 모두를 죽였다. 15 그 날 야곱의 아들들이 그들의 전쟁 무기들을 지니고 가아스 주민들과 전쟁을 하려고 나아갔다. 가아스에는 아모리 민족 중 강하고 힘센 사람들이 있었고 가아스는 모든 아모리 성읍들 중에서 가장 강하고 견고한 성읍이며 세 개의 성벽이 있었다.

가아스 성읍 밖의 전투

16 야곱의 아들들이 가아스에 이르러 그들이 그 성읍의 성문이 잠긴 것과 약 500명의 사람이 가장 바깥쪽 성벽의 꼭대기에 서 있는 것을 발견했다. 그리고 해변의 모래와 같이 많은 사람이 그 성읍 밖의 뒤편에 숨어서 야곱의 아들들을 기다리고 있었다. 17 야곱의 아들들이 그 성읍의 성문을 열기 위하여 가까이 갈 때 그 성읍 뒤에 숨어있던 자들이 그들이 있던 곳에서 나와 야곱의 아들들을 둘러쌌다. 18 야곱의 아들들이 가아스 사람들에게 둘러싸였고 그들의 앞뒤로 전쟁이 있었다. 성벽 위에 있던 모든 자는 벽에서 그들 위로 화살과 돌들을 던졌다. 19 유다가 가아스의 사람들이 자신들에게 너무 힘겨운 것을 보고 찢어지는 듯한 큰 소리를 지르니 가아스의 모든 사람이 유다가 외치는 소리를 두려워했다. 벽에 있던 사람들이 그의 강력한 외침에 벽에서 떨어졌고 그 성읍 안과 밖에 있던 사람들이 크게 두려워했다. 20 야곱의 아들들이 계속해서 그 성읍의 문들을 부수기 위하여 가까이 가자 가아스의 사람들이 성벽의 꼭대기로부터 그들 위로 돌들과 화살들

을 던져 그들이 성문에서 물러나게 했다. 21 야곱의 아들들이 그 성읍 밖에 그들과 함께 있던 가아스 사람들에게 돌아와 그들을 박을 치듯이 크게 쳤다. 그들이 야곱의 아들들에게 대항할 수 없었으니 이는 유다의 외침으로 인하여 두려움과 공포가 그들을 사로잡았기 때문이다. 22 야곱의 아들들이 그 성읍 밖에 있는 모든 자를 죽였다.

가아스 사람들이 야곱의 아들들을 조롱함

야곱의 아들들이 그 성읍 안으로 들어가서 그 성벽 아래에서 싸우려고 계속 가까이 갔으나 그렇게 할 수 없었다. 그 성읍 안에 남아있는 모든 가아스 주민들이 모든 방향에서 가아스의 성벽을 둘러싸 야곱의 아들들이 그들과 싸우려고 그 성읍에 접근하지 못하도록 했기 때문이다. 23 야곱의 아들들이 성벽 아래에서 싸우려고 한 모퉁이에 가까이 가자 가아스의 주민들이 그들 위에 비가 내리듯 화살과 돌들을 던져 그들이 성벽 아래에서 피하였다. 24 성벽 위에 있던 가아스 사람들이 야곱의 아들들이 성벽 아래에서 그들을 이기지 못하는 것을 보고 그들을 조롱하며 이렇게 말했다. 25 너희가 이 전쟁에서 무엇이 문제이기에 이길 수 없느냐? 너희가 그렇게 강하지 않은 아모리 성읍들에 행한 것처럼 가아스의 강한 성읍과 그 주민들에게 행할 수 없느냐? 분명히 너희가 우리 가운데 그 약한 성읍들에 그러한 일을 행하고 그 성읍 입구에서 그들을 죽였으니 이는 그들이 너희가 외치는 소리를 두려워하여 그들에게 힘이 없었기 때문이다. 26 그래서 이제 너희가 이곳에서 싸울 수 있겠느냐? 너희가 분명히 이곳에서 모두 죽으리라. 그리고 너희가 황폐하게 한 그 성읍들의 일을 우리가 갚으리라. 27 가아스 주민들이 야곱의 아들들을 크게 비난하고 그들의 신들로 그들을 욕하며 성벽에서 그들 위로 계속해서 화살들과 돌들을 던졌다.

유다가 성벽 위에서 싸움

28 유다와 그의 형제들이 가아스 주민들의 말을 듣고 그들이 크게 화가 났다. 유다가 이 일로 그의 하나님을 위하여 질투하여 그가 외치며 말했다. 오 주여, 도우소서. 우리와 우리 형제들에게 도움을 주소서. 29 그가 그의 뽑은 칼을 손에 들고 멀리서 온 힘을 다하여 달렸다. 그가 그의 힘으로 땅에서 뛰어 성벽을 올랐고 그의 칼이 그의 손에서 떨어졌다. 30 유다가 성벽 위에서 소리치자 그 성벽 위에 있던 모든 자가 두려워했고 그들 중 몇 사람은 성벽에서 성읍 안으로 떨어져 죽었다. 아직 성벽 위에 있는 자들이 유다의 힘을 보고 그들이 크게 두려워하여 그 성읍 안으로 달아나 피신하였다. 31 그들 중 몇 명이 유다의 손에 칼이 없는 것을 보고 성벽 위에서 유다와 싸울 용기를 얻어 그를 죽이려고 가까이 갔다. 그들이 성벽에서 그를 그의 형제들에게 던질 생각이었고 그 성읍 사람 20명이 그들을 돕기 위하여 올라왔다. 그들이 유다를 둘러싸고 그들이 모두 그를 향하여 소리치며 칼을 뽑아들고 그에게 다가가 그를 위협했다. 그러자 유다가 성벽에서 그의 형제들에게 소리쳤다. 32 야곱과 그의 아들들이 성벽 아래에서 활을 들고 성벽 꼭대기 위에 있던 자들 중 세 명을 쳤다. 유다가 계속해서 외치며 말했다. 오 주여 우리를 도우소서, 오 주여 우리를 구하소서. 그가 성벽 위에서 큰 소리로 외쳤고 그 외침이 아주 멀리서도 들렸다. 33 그가 이렇게 외친 후에 그가 계속해서 소리를 질렀고 성벽 꼭대기에서 유다를 둘러싼 모든 자가 두려워하였다. 그들이 유다의 외치는 소리를 듣고 각자가 그들의 손에서 칼을 내던지고 도망하였다. 34 유다가 그들의 손에서 떨어진 칼들을 줍고 그가 그들과 싸워서 성벽 위에 있던 사람들 가운데 20명을 죽였다. 35 그 성읍에서 약 80명 남녀가 성벽으로 올라가 그들 모두가 유다를 둘러쌌다. 주께서 그들의 마음에 유다에

대한 두려움을 주셔서 그들이 그에게 가까이 갈 수 없었다. 36 야곱과 그와 함께 있던 모든 자가 성벽 아래에서 활을 들고 성벽 위에 있는 열 명을 죽여 그들이 성벽 아래 야곱과 그의 아들들 앞에 떨어졌다. 37 성벽 위에 있던 사람들이 그들 중 20명이 떨어진 것을 보고 그들이 계속해서 칼을 들고 유다에게로 달려갔다. 그러나 그들이 유다의 힘을 크게 두려워하여 그에게 가까이 갈 수 없었다. 38 그 강한 자들 중 하나인 아룻이라는 자가 그의 칼로 유다의 머리를 치려고 가까이 가자 유다가 급히 자기 방패를 그의 머리 쪽으로 들었다. 그 칼이 방패를 쳤고 그것이 둘로 쪼개졌다. 39 이 강한 자가 유다를 친 후에 유다를 두려워하여 달아났다. 그리고 성벽 위에서 그의 발이 미끄러져 그가 성벽 아래에 있던 야곱의 아들들 가운데에 떨어지자 야곱의 아들들이 그를 쳐서 죽였다. 40 그 강한 자가 유다를 쳐서 그의 머리에 고통을 주었고 유다가 그것으로 하마터면 죽을 뻔하였다. 41 유다가 그 고통으로 인하여 성벽 위에서 소리쳤다.

단이 유다를 도와 성벽 위에서 싸움

단이 그의 소리를 듣고 그가 분노했다. 그가 일어나 멀리서부터 달려가 땅에서 뛰어 그의 분노에 의한 힘으로 성벽을 올랐다. 42 단이 성벽 위에 올라 유다 가까이에 이르자 성벽 위에서 유다를 대항하여 서 있던 모든 자가 도망하였다. 그들이 둘째 성벽으로 올라 둘째 성벽에서 단과 유다 위로 화살들과 돌들을 던지고 그들을 성벽에서 몰아내려 하였다. 43 그 화살들과 돌들이 단과 유다를 쳐서 그들이 성벽 위에서 거의 죽을 뻔했다. 단과 유다가 성벽 위에서 어디로 도망하든 그들이 둘째 성벽으로부터 화살들과 돌들로 공격을 받았다. 44 야곱과 그의 아들들이 여전히 첫째 성벽 아래 그 성읍의 입구에 있었다. 그들이 그 성읍 주민들을 향하여 활을 당길 수 없었으니 이는 그들이 둘째 성벽 위에 있어서 보이지 않았기 때문이다. 45 단과 유다가 둘째 성벽으로부터 그들 위로 떨어지는 돌들과 화살들을 더 이상 견딜 수 없어서 그들이 그 성읍 주민들 가까이에 있는 둘째 성벽 위로 뛰어 올라갔다. 둘째 성벽 위에 있던 그 성읍 사람들이 단과 유다가 둘째 성벽 위로 그들에게로 오자 그들 모두가 소리치며 성벽들 사이 아래로 내려갔다. 46 야곱과 그의 아들들이 그 성읍 사람들이 소리치는 것을 들었다. 그들이 여전히 그 성읍 입구에 있었으며 그들이 둘째 성벽 위에 있어서 그들에게 보이지 않는 단과 유다를 걱정했다.

납달리가 유다와 단을 도우러 성벽 위로 오름

47 납달리가 그들이 성읍 안으로부터 들은 소리가 무엇 때문인지 알기 위하여 그가 분노에 의한 힘으로 올라가서 첫째 성벽 위로 뛰어 올랐다. 잇사갈과 스불론이 그 성읍의 문을 부수려고 가까이 가서 그들이 그 성읍의 성문을 열고 그 성읍 안으로 들어갔다. 48 납달리가 첫째 성벽에서 둘째 성벽으로 건너가 그의 형제들을 돕기 위하여 갔다. 성벽 위에 있던 가아스 주민들이 납달리가 그의 형제들을 돕기 위하여 올라온 세 번째 사람인 것을 보고 그들 모두가 달아나 성읍 안으로 내려갔다.

가아스 성읍 안의 전투

야곱과 그의 모든 아들과 그의 모든 젊은 남자들이 성읍 안으로 들어와 그들에게 이르렀다. 49 유다와 단과 납달리가 성벽에서 성읍 안으로 내려가 그 성읍 주민들을 쫓았다. 시므온과 레위는 그 성읍 밖에 있었고 성문이 열린 것을 알지 못했다. 그들이 그곳에서 성벽으로 올라가 그 성읍 안으로 그들의 형제들에게로 내려갔다. 50 그 성읍 주민들이 모두 그 성읍 안으로 내려갔고 야곱의 아들들이 다른 방향에서 그들에게로 가서 그들의 앞뒤에서 전쟁을 했다. 야곱의 아들들이 그들을 크게 쳐서 그들 남녀 중에서 약 이만 명을 죽였고 그들 중 한 사람도 야곱의 아들들에게 대항할 수 없었다. 51 그 성읍 안에서 피가 많이 흘러 그것이 마치 물의 강과 같았다. 그 피가 그 성읍 바깥 지역으로 강처럼 흘러 벧호린 사막에 이르렀다. 52 멀리서 벧호린 사람들이 가아스 성읍으로부터 피가 흐르는 것을 보았다. 그들 가운데 약 70명의 사람이 그 피에 대하여 알아보려고 달려가 그 피가 있는 곳에 이르렀다. 53 그들이 그 피를 따라가서 가아스 성읍의 성벽에 이르러 그 성읍으로부터 피가 나오는 것을 보았다. 그들이 가아스 주민들이 울부짖는 소리를 들었으니 이는 그것이 하늘에까지 올라갔기 때문이다. 그 피가 물의 강처럼 계속해서 많이 흐르고 있었다. 54 야곱의 모든 아들이 계속해서 가아스 주민들을 치면서 저녁까지 남녀 약 이만 명을 죽였다. 고린 사람들이 말하기를 이것은 분명 히브리 사람들이 한 일이니 그들이 여전히 아모리의 모든 성읍에서 전쟁을 하고 있기 때문이라 하였다. 55 그 사람들이 급히 벧호린으로 달려가 각 사람이 그의 전쟁 무기를 들고 벧호린의 모든 주민에게 외치니 그들도 또한 가서 야곱의 아들들과 싸우기 위하여 그들의 전쟁 무기를 들었다.

가아스의 세 강한 자와의 전투

56 야곱의 아들들이 가아스 주민 치기를 마치고 그들이 그 성읍을 돌아다니며 모든 죽은 자들의 옷을 벗겼다. 그들이 그 성읍의 가장 안쪽 지역으로 갔는데 저쪽에서 매우 강한 세 사람을 만났다. 그들의 손에는 칼이 없었다. 57 야곱의 아들들이 그들이 있는 곳으로 가까이 가

자 그 강한 자들이 도망하였다. 그들 중 하나가 스불론을 잡았는데 그가 보기에 스불론이 어린 소년이고 키가 작았기 때문이다. 그가 그의 힘으로 스불론을 땅에 내동댕이쳤다. 58 야곱이 그의 칼을 들고 그에게 달려가 그 칼로 그의 허리 아래를 쳐서 그를 둘로 베었더니 그의 몸이 스불론 위로 떨어졌다. 59 그 강한 자들 중 두 번째 사람이 가까이 가서 야곱을 잡고 그를 땅에 넘어뜨렸다. 야곱이 그에게 돌이켜 소리치자 시므온과 레위가 달려가서 칼로 그의 허리를 치고 그를 땅에 쓰러뜨렸다. 60 그 강한 자가 화가 나서 땅에서 일어나자 그가 제대로 서기 전에 유다가 그에게 가서 그의 머리를 칼로 치니 그의 머리가 쪼개져 죽었다. 61 세 번째 강한 자가 그의 동료들이 죽은 것을 보고 야곱의 아들들 앞에서 달아나자 야곱의 아들들이 성읍 안에서 그를 뒤쫓았다. 그 강한 자가 달아나면서 그 성읍 주민들의 칼 하나를 발견하여 그가 그것을 줍고 야곱의 아들들에게로 돌이켜 그 칼로 그들과 싸웠다. 62 그 강한 자가 그 칼로 유다의 머리를 치려고 그에게 달려갔으나 유다의 손에는 방패가 없었다. 그가 유다를 치려고 하자 납달리가 급히 그의 방패를 들어 유다의 머리로 가져갔다. 그 강한 자의 칼이 납달리의 방패를 쳤고 유다가 그 칼을 피했다. 63 시므온과 레위가 그들의 칼을 들고 그 강한 자에게 달려가 그들의 칼로 그를 힘차게 쳤다. 두 칼이 그 강한 자의 몸으로 들어가서 그를 세로로 둘로 쪼갰다. 64 야곱의 아들들이 그 강한 자 세 명과 가아스의 모든 주민을 쳤다. 그리고 날이 저물어가고 있었다. 65 야곱의 아들들이 가아스를 돌아다니며 그 성읍의 모든 것을 노략하였고 어린아이들과 여자들을 살려두지 않았다. 야곱의 아들들이 사르돈과 실로에 행한 것처럼 가아스에 행했다.

40 가나안 사람들이 평화를 구함

야곱의 아들들이 벧호린 사람들을 물리침

1 야곱의 아들들이 가아스의 모든 노략물을 가지고 밤에 그 성읍에서 나갔다. 2 그들이 나가서 벧호린의 성으로 나아갔고 벧호린의 주민들은 그들에게 대항하려고 그 성으로 가고 있었다. 그 밤에 야곱의 아들들이 벧호린의 성에서 벧호린 주민들과 싸웠다. 3 벧호린의 모든 주민은 강한 자들로 그들 중 하나가 천 명 앞에서도 도망치지 않았다. 그들이 그 밤에 성에서 싸웠다. 그 밤에 그들이 외치는 소리가 먼 곳에서도 들렸으며 땅이 그들의 소리로 인하여 진동했다. 4 야곱의 모든 아들이 밤에 싸우는 것에 익숙하지 않았으므로 그들을 두려워하고 크게 혼란하였다. 야곱의 아들들이 주를 부르며 말했다. 오 주여, 우리를 도우시고 우리를 구하셔서 우리가 이 할례받지 않은 자들의 손에 죽지 않게 하소서. 5 주께서 야곱의 아들들의 소리를 들으셔서 주께서 큰 두려움과 혼란이 벧호린 사람들을 사로잡게 하셨다. 그래서 그들이 밤의 어둠 가운데 자신들끼리 한 사람이 다른 사람과 싸웠고 서로가 많은 사람을 죽였다. 6 야곱의 아들들이 주께서 그 사람들 가운데 패역의 영을 주셔서 그들이 서로 이웃과 싸우게 하신 것을 알고 그들이 벧호린 사람들의 무리로부터 나아가 벧호린 성의 내리막길까지 멀리 갔다. 그들이 그곳에서 그들의 젊은 자들과 함께 그 밤을 안전하게 보냈

다. 7 벤호린 사람들이 밤새 싸움을 하며 한 사람이 그의 형제와 싸우고 다른 사람이 그의 이웃과 싸웠다. 그들이 성의 모든 방향에서 소리쳤고 그 소리가 멀리서 들렸으며 온 땅이 그들의 외침으로 진동했으니 이는 그들이 땅의 모든 사람보다 강했기 때문이다. 8 가나안과 헷과 아모리와 히위 성읍의 주민들과 가나안의 모든 왕과 또한 요단 저편에 있던 자들이 그 밤에 외치는 소리를 들었다. 9 그들이 말했다. 이것은 분명히 히브리 사람들이 그 일곱 성읍 가까이에 이르러 그 성읍들과 싸우는 전쟁의 소리이다. 누가 그 히브리 사람들에게 대항할 수 있겠는가? 10 가나안 성읍들의 모든 주민과 요단 저편에 있던 모든 자가 야곱의 아들들을 크게 두려워했으니 이는 그들이 이렇게 말했기 때문이다. 보라 저 성읍들에 일어난 일이 우리에게도 일어날 것이다. 누가 저들의 강한 힘에 맞설 수 있는가? 11 그 밤에 호린 사람들의 외치는 소리가 매우 컸고 계속해서 커졌다. 그들이 아침까지 서로를 쳤고 그들 중 많은 사람이 죽었다. 12 날이 밝았고 야곱의 모든 아들이 새벽에 일어나 그 성으로 올라갔다. 그들이 그 나머지 호린 사람들을 쳐서 그들이 모두 성 안에서 죽었다. 13 여섯째 날이 되자 멀리서 가나안의 모든 주민이 벤호린의 모든 사람이 벤호린 성 안에서 죽고 그들이 양과 염소의 사체처럼 흩어져 있는 것을 보았다. 14 야곱의 아들들이 가아스에서 얻은 모든 노략물을 가지고 벤호린으로 갔다. 그들이 그 성읍이 바다의 모래와 같이 사람들로 가득한 것을 발견하고 그들과 싸워 저녁때까지 그들을 쳤다. 15 야곱의 아들들이 가아스와 답낙에 행한 것처럼, 그들이 가살과 사르돈과 실로에 행한 것처럼 벤호린에 행했다. 16 야곱의 아들들이 그 날에 벤호린의 노략물과 그 모든 성읍의 노략물을 가지고 그들의 고향 세겜으로 갔다.

야곱의 아들들이 세겜으로 돌아감

17 야곱의 아들들이 그들의 고향 세겜 성읍에 이르렀다. 그들이 성 밖에 머무르며 그들이 전쟁에서 벗어나 그곳에서 쉬었고 그곳에서 온 밤을 보냈다. 18 그들이 그들의 모든 종과 그들이 그 성읍들에서 취한 모든 노략물을 성읍 밖에 두고 그들이 성읍 안으로 들어가지 않았다. 이는 그들이 말하기를 어쩌면 우리를 대적하여 싸우는 더 많은 자들이 있어서 그들이 와서 세겜에서 우리를 둘러쌀지도 모른다고 하였기 때문이다. 19 야곱과 그의 아들들과 그들의 종들이 야곱이 하몰에게서 다섯 세겔에 산 밭에서 그 밤과 그 다음 날을 지냈고 그들이 노략한 모든 것들도 그들과 함께 있었다. 20 야곱의 아들들이 얻은 모든 노략물이 해변의 모래와 같이 어마어마했다. 21 그 땅의 주민들이 멀리서 그들을 지켜보며 이런 일을 행한 야곱의 아들들을 두려워했으니 이전에 어떤 왕도 이와 같은 일을 행한 적이 없기 때문이다.

가나안의 모든 왕이 야곱의 아들들과 화친을 맺기로 함

22 가나안의 일곱 왕이 야곱의 아들들과 화친을 맺기로 결심했으니 이는 그들이 야곱의 아들들로 인하여 크게 두려웠기 때문이다. 23 일곱째 날이 되는 그 날에 헤브론 왕 야비아가 아이 왕과 기브온 왕과 살렘 왕과 아둘람 왕과 라기스 왕과 가살 왕과 그들의 수하에 있던 모든 가나안 왕들에게 은밀히 사람들을 보내어 말했다. 24 나와 함께 올라가자. 내게로 와서 우리가 야곱의 아들들에게로 가자. 내가 그들과 화친을 맺고 그들과 조약을 맺으리니 이는 너희가 듣고 본 것처럼 야곱의 아들들이 세겜과 그 주변 성읍에 행한 것과 같이 너희의 온 땅이 그들의 칼에 멸망하지 않게 하려는 것이다. 25 너희가 내게로 올 때 많은 사람과 함께 오지 말고 모든 왕이 자기 대장 세 명을 데려오고 모

든 대장은 자기 신하 세 명만 데리고 오도록 하라. 26 너희가 모두 헤브론으로 와서 우리가 함께 야곱의 아들들에게 가서 그들이 우리와 평화의 조약을 맺도록 간청하자. 27 그 모든 왕이 헤브론 왕이 그들에게 사람을 보내 말한 대로 하였으니 이는 그들이 모두 그의 계략과 명령 아래에 있었기 때문이다. 가나안의 모든 왕이 야곱의 아들들에게 가서 그들과 화친을 맺기 위하여 모였다. 야곱의 아들들은 돌이켜 세겜 안에 있던 밭으로 갔으니 이는 그들이 그 땅의 왕들을 믿지 않았기 때문이다. 28 야곱의 아들들이 돌이켜 그 밭에서 열흘을 머물렀으나 아무도 그들과 전쟁을 하러 오지 않았다. 29 야곱의 아들들이 전쟁의 조짐이 없는 것을 보고 그들이 모두 모여 세겜 성읍으로 갔다. 야곱의 아들들이 세겜에 머물렀다.

가나안의 모든 왕이 헤브론에 모임

30 40일이 지나고 아모리의 모든 왕이 그들의 모든 지역에서 모여 헤브론에 있는 헤브론 왕 야비아에게 이르렀다. 31 야곱의 아들들과 화친을 맺으러 헤브론에 이른 왕들의 수는 21명이었고 그들과 함께 온 대장들의 수는 69명이었으며 그들의 사람들은 189명으로 이 모든 왕과 그들의 사람들이 헤브론 산 가까이에 있었다. 32 헤브론 왕이 그의 세 대장과 아홉 명의 사람들과 함께 나갔고 그 왕들이 화친을 맺으러 야곱의 아들들에게 가기로 결심했다. 33 그들이 헤브론 왕에게 말했다. 당신이 당신의 사람들과 함께 우리보다 앞서 가서 우리를 대신하여 야곱의 아들들에게 말하시오. 우리가 당신을 따라가서 당신의 말을 확인하겠소. 헤브론 왕이 그렇게 했다.

야곱의 아들들이 세겜 성문에서 가나안의 모든 왕과 만남

34 야곱의 아들들이 가나안의 모든 왕이 함께 모여 헤브론에 있다는 것을 들었다. 야곱의 아들들이 그들의 종들 가운데 네 명을 정탐꾼으로 보내며 말했다. 가서 이 왕들을 정탐하고 그들의 사람이 많은지 적은지 살펴보라. 만일 그들의 수가 적으면 그들 모두의 수를 세어 돌아오라. 35 야곱의 종들이 은밀히 그 왕들에게 가서 야곱의 아들들이 그들에게 명령한 대로 행했다. 그 날 그들이 야곱의 아들들에게로 돌아와 그들에게 말했다. 우리가 그 왕들에게 이르니 그들의 수가 적었습니다. 우리가 그들의 수를 세니 그들이 왕들과 그 사람들이 288명이었습니다. 36 야곱의 아들들이 말했다. 그들의 수가 적으니 우리가 모두 그들에게 가지 않을 것이다. 아침에 야곱의 아들들이 일어나 그들의 사람 가운데 62명을 택하고 야곱의 아들들 가운데 열 명이 그들과 함께 갔다. 그들이 말하기를 그들이 우리와 전쟁하러 오고 있다 하여 그들이 전쟁 무기를 지녔으니 이는 그 왕들이 자기들과 화친을 맺으러 오고 있는 것을 그들이 알지 못했기 때문이다. 37 야곱의 아들들이 그들의 종들과 함께 세겜 성문으로 가서 그 왕들에게로 향했고 그들의 아버지 야곱도 그들과 함께 있었다. 38 그들이 나아가니 헤브론 왕과 그의 세 대장과 아홉 명의 사람들이 야곱의 아들들을 향하여 길을 따라오고 있었다. 야곱의 아들들이 그들의 눈을 들어 멀리서 헤브론 왕 야비아가 그의 대장들과 함께 그들을 향하여 오고 있는 것을 보았다. 야곱의 아들들이 세겜 성문에서 자리를 잡고 나아가지 않았다.

야곱의 아들들이 가나안의 모든 왕과 화친을 맺음

39 헤브론 왕이 그의 대장들과 함께 야곱의 아들들에게 가까이 나아갔다. 그와 그의 대장들이 땅에 엎드려 그들에게 절하고 헤브론 왕

이 그의 대장들과 함께 야곱과 그의 아들들 앞에 앉았다. 40 야곱의 아들들이 그에게 말했다. 오 헤브론 왕이여, 당신에게 무슨 일이 일어났소? 당신이 어찌하여 오늘 우리에게 왔소? 당신이 우리에게 요구하는 것이 무엇이오? 헤브론 왕이 야곱에게 말했다. 내가 내 주께 구합니다. 가나안의 모든 왕이 오늘 당신과 화친을 맺으러 왔습니다. 41 야곱의 아들들이 헤브론 왕의 말을 듣고 그들이 그의 제안에 응하려 하지 않았으니 이는 야곱의 아들들이 헤브론 왕이 속여 말한다고 생각하여 그를 믿지 않았기 때문이다. 42 헤브론 왕이 야곱의 아들들이 말하는 것을 듣고 그들이 자기의 말을 믿지 않는다는 것을 알고 야곱에게 가까이 다가가 그에게 말했다. 내 주여, 당신이 이것을 확실히 알기를 구합니다. 이 모든 왕이 화친의 조건으로 당신에게 왔으니 이는 그들이 그들의 모든 사람과 함께 오지도 않았고 그들이 전쟁 무기도 가져오지 않았기 때문입니다. 이는 그들이 내 주와 그의 아들들로부터 평화를 얻으려고 왔기 때문입니다. 43 야곱의 아들들이 헤브론 왕에게 대답하여 말했다. 당신이 우리에게 진실을 말한 것이라면 당신은 이 모든 왕에게 사람들을 보내어 그들 각자가 홀로 우리 앞에 오도록 하시오. 만일 그들이 무기 없이 우리에게 오면 우리가 그들이 우리에게 평화를 원한다는 것을 알게 될 것이오. 44 헤브론 왕 야비아가 그의 사람 중 하나를 왕들에게 보냈다. 그들이 모두 야곱의 아들들 앞에 와서 땅에 엎드려 그들에게 절했다. 이 왕들이 야곱과 그의 아들들 앞에 앉아서 그들에게 말했다. 45 우리가 당신들이 당신들의 칼과 매우 강한 팔로 아모리의 왕들에게 행한 모든 일과 아무도 당신들에게 대항할 수 없었다는 것을 들었습니다. 우리가 그들에게 일어난 것과 같은 그 일이 우리에게도 일어나 우리가 목숨을 잃을까 하여 당신들을 두려워했습니다. 46 그래서 우리가 우리 사이에 평화의 조약을 맺으러 당신들에게 왔습니다. 그러므로 이제 우리와 함께 평화와 진실의 언약을 맺어 우리가 당신들에게 간섭하지 않는 한 당신들이 우리에게 간섭하지 않게 해 주십시오. 47 야곱의 아들들이 그들이 진정 평화를 구하러 왔다는 것을 알고 그들의 말을 듣고 그들과 언약을 맺었다. 48 야곱의 아들들이 그들에게 간섭하지 않겠다고 맹세하였고 모든 가나안 왕들도 그들에게 맹세했다. 그리고 야곱의 아들들이 그 날 이후로 그들에게 공물을 바치도록 했다.

야곱의 아들들이 가나안 성읍의 노획물을 돌려줌

49 이 일 후에 이 왕들의 모든 대장이 그들의 사람들과 함께 야곱과 그의 아들들을 위한 선물을 손에 들고 야곱 앞에 와서 땅에 엎드려 그에게 절했다. 50 그리고 나서 이 왕들이 야곱의 아들들에게 아모리의 일곱 성읍에서 얻은 모든 노획물을 돌려달라고 간청했다. 야곱의 아들들이 그렇게 하여 그들이 얻은 모든 것과 여자들과 어린아이들과 가축과 그들이 손에 넣은 모든 노획물을 돌려주었다. 그들이 그것들을 돌려보내 그것들이 각자의 성읍으로 돌아갔다. 51 이 모든 왕이 다시 야곱의 아들들에게 절하고 그 때에 그들이 야곱의 아들들에게 많은 선물을 보냈다. 야곱의 아들들이 이 왕들과 그들의 사람들을 보내어 그들이 평화롭게 그들의 성읍들로 떠나갔고 야곱의 아들들도 그들의 고향 세겜으로 돌아갔다. 52 그 날 이후로 이스라엘 자손이 가나안 땅을 기업으로 얻으러 올 때까지 야곱의 아들들과 가나안 왕들 사이에 평화가 있었다.